语文教学解读论

王　林◎主编

YUWEN JIAOXUE JIEDU LUN

安徽师范大学出版社
ANHUI NORMAL UNIVERSITY PRESS
·芜湖·

图书在版编目(CIP)数据

语文教学解读论 / 王林主编. — 芜湖 : 安徽师范大学出版社, 2021.12
ISBN 978-7-5676-5146-3

Ⅰ. ①语… Ⅱ. ①王… Ⅲ. ①中学语文课—教学研究 Ⅳ. ①G633.302

中国版本图书馆CIP数据核字(2021)第271827号

语文教学解读论　　王　林◎主编
YUWEN JIAOXUE JIEDU LUN

责任编辑: 李克非
责任校对: 胡志恒
装帧设计: 张　玲
责任印制: 桑国磊
出版发行: 安徽师范大学出版社
安徽省芜湖市北京东路1号安徽师范大学赭山校区
网　　址: http://www.ahnupress.com/
发 行 部: 0553-3883578　5910327　5910310(传真)
印　　刷: 苏州市古得堡数码印刷有限公司
版　　次: 2022年1月第1版
印　　次: 2022年1月第1次印刷
规　　格: 700 mm × 1000 mm　1/16
印　　张: 20.5
字　　数: 320千字
书　　号: ISBN 978-7-5676-5146-3
定　　价: 51.00元

为学生而“辩”

陈　军

王林是我十分敬佩的老师。他语文功底深厚，特长突出；尤其是独立思考，勤于研究，不从所谓的大流，文字与做人，质朴而厚道，自成高格。这是很不容易的。

王林的著述，我都爱读，一个很大的原因，在于他总是从学生的立场上思考问题并提出切实有效的办法。这样有师道，有德性的教学文章，才是一个教师所应该具备的表达之“德”。王林值得我学习，这是最主要的一点。

比如王林的这部大著，讲“教学解读”，就是在天下纷纷扬扬讲“解读”而漠视学习者——中小学生——的实际情况下，被逼出来的。不写，实在是看不下去了。忍着，随他去吧，这不是老师的德行。王林讲的“教学解读”，通篇洋溢着对学生的认识，对学生的体谅，当然也有很多的期待。字字句句都是盼着学生成长的。王林的这个“为学生而辩”，我以为，或许是这部著作十分重要的思想立意。

与王林教学思想不同的一些“解读”，确实是要引起警觉的。偏于解读者个人兴趣与爱好；偏于新观点新材料的炫耀；偏于细密幽微，不看西瓜，只盯芝麻；偏于制造新词，自诩哥伦布新发现，如此等等，虽然也有些参考价值，但大多都是一种不成熟的自我表现。说到底，这还是读得少，见识浅，不关心学生所致。

从中小学生的立场上讲“解读”，是相当困难的事，难就难在要面向全体学生，要考虑语文学科的课程目的与标准，要抓住“基础教育阶段”这个“基础”和这个“阶段”的根本点。王林所以强调“教学解读”，就是从这样的学生立场与条件以及相关要求上，来讲“教学生自能解读”。完成解读的过程也是自能改进的过程。解读，是一种学习；教学解读，是对学习的学习。有些极平常极基本的技能恰恰是学习的经验，对中学生而言尤其要学习其“学习”。归纳段落大意，概括中心思想，提炼写作特点……这些学习要求和做法，常常被人诟病，现在弄得语文老师都不敢讲，不好意思讲了。其实这三大学习要求没有什么错；不仅没错，而且相当必要，哪一个阅读者不是一段一段地读？哪一篇作品的教学不需要认识其中心、主旨？哪一样富有创意的表达艺术不要化为学生读写能力的血肉？这些自古及今本来就是“解读”的基本技能与要求，反而因一些当代学者先生们的鼓噪而在当下课堂上掩藏起来甚至废弃掉，岂非咄咄怪事？当然，我也不主张“归纳段落大意，概括中心思想，学习写作特点”程式化、简单化。我只是想说，基本的“解读”还是要从学生语文能力成长的实际出发。这是家常菜，不能因为天天吃而嫌其“旧”，恰恰相反，正是因为天天吃而不能“弃”。

当然，王林讲的“教学解读”，比我所讲的要系统得多，深刻得多，理性得多。这也正是王林这部著作的学术创新。把“教学解读”讲得如此立体多维，充分体现了王林的学术深功！我不过是借王林的“教学解读”谈谈感想而已。另外，我还有一点看法提出来向大家请教。有个广告语说，“我们不生产水，我们是大自然的搬运工”。我觉得给我们做教师的有很好的启迪。水，是自然之物；选定好水，搬给消费者，功德无量。中小学语文教学中的“解读”，如果说要去“创新”，我想，认真挑选一些经典性“解读”（包括学生的“解读”）来催化我们课堂上的当代学生“解读”，也许就是最好的“创新”吧？为师之道，神圣乎此，岂可懈怠耶？

王林讲“教学解读”，岂好辩哉？乃不得已也。

王林这部书的序，我委实是不敢写的。我哪里是写序呢？我是跟在王林的后边，也说点“予不得已”吧，感谢王林给我一个表达的机会！

目　录

导　论

第一节　语文学科的本质

语文这门学科到底是什么？如果我们翻看一下近年来出版的各学科的课程标准，如数学的、英语的、物理的、化学的等，我们就会发现：只有语文学科课程性质的定义是最模糊的。数学、英语、化学、物理等对自己这门学科的定义非常清晰，既有内涵，又有外延，而语文则不然。长期以来，我们对语文的定义是“语文是最重要的交际工具，是人类文化的重要组成部分。工具性与人文性的统一，是语文课程的特点”。这个定义不是确定“语文”是一门什么学科，而说它是“工具”，这个“工具”是实指还是比喻，老师们不清楚，因为没有内涵，只有外延。《普通高中语文课程标准》（2017年版）[①]对语文课程是这样定义的：“语文课程是一门学习祖国语言文字运用的综合性、实践性课程。工具性与人文性的统一，是语文课程的基本特点。语文课程应引导学生在真实的语言运用情境中，通过自主的语言实践活动，积累言语经验，把握祖国语言文字的特点和运用规律，加深对祖国语言文字的理解与热爱，培养运用祖国语言文字的能力；同时，发展思辨能力，提升思维品质，培育社会主义核心价值观，培养高尚的审美情趣，积累丰厚的文化底蕴，理解文化多样性。”可以说，《课程标准》对“语文”学科的定义是近几十年来对语文课程定义最清晰的一

① 以下部分行文简称为《课程标准》。

次，说明我们对语文学科本质的认识更进了一步。但仔细思考，这个定义在内涵的表述上还不够清晰和完整，说明我们对语文学科的性质还需要继续进行深入研究。应该明确的是：语文是师生学习、研究祖国语言文字及其形成的篇章作品，并运用语言进行创造的一门学科。语言源于人类文明的发展，和人类的生活关系密切，是人类交流表达的工具，因此，语文具有人文性和工具性的特点。语言是人类思维的载体和工具，语言的学习和思维的训练紧密地结合在一起，因此，语文教学要以语言的学习为中心，通过语言的训练带动思维的提升。而语言的学习是一项实践性很强的活动，语文教学中，师生要借助语篇，在真实的语言运用情境中，开展语言实践活动，积累言语经验，把握祖国语言文字的特点和表达运用的规律，加深对祖国语言文字的理解与热爱，提升思维品质，提高对语言艺术作品的审美鉴赏力，并在语文学习中进行文化传承。

言语性是语文学科区别于其他学科的本质属性。语文学科的言语性是学习者个体在特定的语言环境中学习语言、运用语言的特殊属性。对于语文学科的“言语性”，前人早有表述。叶圣陶在《略谈学习国文》中说：“学习国文就是学习本国的语言文字。”他在《语文是一门怎样的功课——在小学语文教学研究会成立大会上的发言》中说“这门功课是学习运用语言的本领的”。夏丏尊在《学习国文的着眼点》中说：“学习国文，应该着眼在文字的形式上，不应该着眼在内容上”，“国文科的学习工作，不在从内容上去深究探讨，倒在从文字的形式上去获得理解和发表的能力”。两位先生早就指明了语文学科的本质，但我们今天的语文教学中，仍然普遍存在忽略言语，只教内容和情感的现象，从某种意义上说，忽略言语的学习，就游离了语文的本质。

我们以言语性来作为语文学科区别其他学科的种差，就是要表明在语文教学中，要以言语性作为语文的本质属性，一切语文教学活动都要围绕言语这个主轴，以语言学习带动思维品质的提升，在语言学习中学会思辨、学会鉴赏，进而形成学生特有的审美情趣，在语言学习中实现民族文化的传承。

事实上，我们所学习的语文教材中的每一个语篇，都是语言的编织物。诗歌、散文、戏剧等形式的课文，都是由语言构成的，语文教师如果不引导学生理解语言甚至不涉及语言，就像建筑师不考虑建筑材料一样，最后构建的语文课堂必然是“豆腐渣工程”。因而，我们只有通过语言的路径才能走进文本，也只有通过语言的路径才能跨越时空，走进作者的心灵世界。抓住语言的课堂才是真正的、具有实效的语文课堂。

当然，学生对语言的学习，在不同的学段，重点也不同：在小学阶段，主要是语感的培养，通过识字、写字、阅读和表达等训练，帮助学生感知、存储语义，逐渐建立正确的语言框架；在初中阶段，通过学生对语篇的阅读和表达，帮助他们吸收和理解语义，逐渐掌握语言文字的规律，形成正确的语言框架，从而进行自由的阅读和表达；在高中阶段，主要是语感的提升，通过学生对语篇的阅读、思考、探究和表达，培养他们对语义的分析、理解、鉴别等能力，进而能够进行自由的表达与创造。

语文作为现代教育的一门独立学科，人们对它的学科地位、教育作用的认识随着社会及学科本身的发展而不断发展变化。随着社会发展的需要，人们对语文教育的需求越来越大，过去语文教育停留在识字、书写及对人的思想熏陶上，现在更突出它的实际运用。在语文教学上，语文更重视与现实生活的关联，注重对学生实际语文能力的培养。在强调教育平等、教育质量，致力培养合格现代公民的今天，人们赋予语文教学的“功用”愈加丰富。

从宏观的角度说，目前，整体化、综合化成为教育的重要趋势，高质量、高科技是未来教育的发展方向。从《课程标准》来看，时代对语文教学的要求越来越高。从部编新版的语文教材来看，语文课文的选材更加丰富，语文教育教学改革，不仅从语言学、文学的角度加深对语文学科的认识，还从心理学、教育学、社会学、人才学、脑科学等多方面对学生进行培养，尤其是重视从现代公民所应得到和谐发展的角度来考虑语文学科的作用。语文还承担着为学生适应学习化社会、学会学习、学会合作、个性得到健康发展等方面的教育作用。

从学科本质的角度说，语文教会学生运用语言并进行思考。语言和思维是学习和交流的基本工具。人们在听、观察、记忆时，以及表达观点和感情时，都要运用语言。语文学习和书写的所有语篇都依赖于思维和语言的作用。我们生活在语言的世界里，从某种意义上说，人的存在就是语言的存在。我们通过语言的指称，认识了丰富多彩的现象世界；我们通过语言的演绎，构筑起自己的观念世界；我们借助于语言进行思考，并把思考认识的结果表述为言说和文本；我们通过对语言的分析，把言说或文本中的思想、知识、观念理解出来，再进行传播。因此，语文学习的最大功用就是能帮助学生学习语言、运用语言。语文的作用还表现为“思维能力的培养”。思维能力是我们认知世界的动力，这不仅是语文学科的作用，也是其他学科的作用，但语文学科的着力点是培养学生的语言能力。

语文是一门基础性的学科，它为学生其他学科的学习打下基础。语文是现代公民在社会生活实践中最重要的交际工具和思维工具，是人类认知世界、传承和发展人类文化的重要工具之一，更是人类文化的重要组成部分。学生通过对语言文字所承载的各类信息（各学科、各领域）的收集、筛选、分析、整合等，获得现代公民自主学习和生存发展的本领。他们通过语言文字这个载体，领悟内涵，受到感染与熏陶。同时，人是一个知识能力系统的整体，人的言语能力与他的整体素质——思维、情感、意志、文化素养、个性品格等，都有着不可分割的联系。因而，语文学科既具有工具性，又具有思想性、人文性和知识性等。在语文教学中，思想教育、文学教育、知识教育等紧密相连又各有其位，这些教育不是“事实知识”的简单累加，也不是各种因素的随意混加，而是有机生成，共同为培养现代合格公民而产生作用。

第二节　何谓教学解读

一、关于文本解读

“文本解读”本是文学理论的一个术语，也是文学研究中的一种行为，但是这个术语近年来却频繁出现在语文教学研究中，并且成为语文阅读教学的一种行为。这个词是在20世纪八九十年代，随着一些从事文艺理论研究和文学研究的学者介入中学语文教学，并对中学语文课文中的文学作品进行解读而被引入语文教学研究，进而被语文教师所接受的。“文本”（text）是一个舶来词，是西方现代文学理论中常见的一个术语，“文本解读”意味着从某一理论体系出发，采用某一特定的方法，对文本进行理性的、详尽的分析和研究。但这一术语被引进语文教学领域这么多年，尽管经常挂在语文教师的口中，却一直沿用着文学理论的定义和文学研究的操作方法，没有被语文教学消化和吸收而转化为语文的教学理论和教学行为。事实上，语文教学的文本解读，一直把控在那些介入中学语文教学的文学理论研究者和文学研究者的手中，由于他们解读的理论水平、知识背景、解读的深度及学术视野都高于中学语文教师，所以，很多一线教师在教学中往往直接使用这些专业人士对中学语文课文的文本解读成果。而事实上，这些脱离学生认知能力和认知水平的解读成果，并不符合语文阅读教学的实际，在课堂上呈现出教师一味拔高而学生却如坠雾里的现象，表面上看课堂教学目标很高，而实际教学效果很不理想。造成这种现象的原因，就是“文本解读”把文学研究中的方法和过程直接应用于语文教学，忽略了教学的因素，缺少了学生的在场。而要解决这个问题，我们必须走出目前“文本解读”的困局，实施属于语文教学的“教学解读”。

二、欣赏阅读和文本解读

什么是“教学解读”？我们先不急于给其下定义，而是看“教学解读”在阅读活动中处于什么地位。

首先，从阅读的状态看，通常，我们把阅读分为“欣赏阅读”和“文本解读”。

“欣赏阅读”是对作品的体味，它包含领略、赏玩等因素，人们一般称其为“看”。“欣赏阅读”因作品的品质和魅力而引起人们阅读的兴趣和欲望，读者在理解文字意义的基础上，也会产生思考、分析和评价，在阅读的过程中，读者还会将自己的情感和人生经验投射到作品中，进而产生文字之外的意义和美感。

“文本解读”是理论工作者从学术的角度对文本进行分析和研究，它将研究的对象看成“文本”而不是“作品”。“文本”和“作品”这两个概念，虽然都是指作为作家创作活动的结果和读者阅读对象的语言篇章，但在实际意义上是有差异的。“作品”更强调阅读对象与作者的关系，突出作者的主体地位，关注作者的生平经历、思想情感、人格情操等因素对作品的影响；“文本”强调阅读对象的独立性和客观性，它切断了作者与作品之间的脐带，把阅读的对象（语篇）看成一个由语言材料组成的一个自洽的、有内在结构的语言实体。“文本”更凸显符号性，认为意义是从符号中产生的，且具有开放性。因此，“文本解读”会置作者于不顾，只专注于文本本身，专注于语言符号，并运用一定的理论、方法对语言符号进行分析、理解和阐释。由此可见，“欣赏阅读”是一般性的普遍意义上的阅读，而“文本解读”是高层次的专业性阅读。“教学解读”则介于两者之间，它面对的不仅是“作品”，也不仅是“文本”，准确地说是“课文”（因为当我们称其为“课文”的时候，是把它看成是用于在课堂上进行师生教学的文章或语篇，突出它的教学作用），它既高于一般意义的“欣赏阅读”，又低于专业性的“文本解读”，它既关注作家，又关注语言。在阅读意图上，它不是“欣赏阅读”的随意欣赏和消遣，也不是“文本解读”的专门学术研究，“教学解读”意在通过师生对课文的共同解读来教会学生阅读同类的文本。

其次，在读者类型上，我们一般把读者分为普通读者和专业读者两种。这两类读者在阅读目标、阅读方式、阅读对象等方面都有很大的差异。在阅读对象的选择上，普通读者会根据自己的喜好来选择，且随意性很强；而专业读者往往不仅有自己的喜好，有时还会因专业研究的驱动而超越自己的好恶去阅读不同类型、不同风格的作品。在阅读的方式上，普通读者主要希望获得身心满足，如情感的宣泄、增长见识、心灵的净化和精神的陶冶等。普通读者喜欢某部作品不需要什么深层的理由，只求好读、有意思，不去思考“何以如此”等问题。而专业读者在阅读的过程中，始终保持着冷静的思考，他专注于文本符号，对于产生的某种效果不断追问“何以如此”“为什么这样”等问题。专业读者也会从阅读中获得愉悦，但这种愉悦是双重的：既包含作品的内容和艺术魅力给他带来的享受，又包含他在阅读分析中破解了语言符号的结构密码，因洞悉了作品产生艺术魅力的缘由，而产生的豁然开朗的喜悦。在阅读的目标上，普通读者在读完作品后不一定要发表意见和评价，也不一定要和其他读者进行严格意义的交流和探讨。而专业读者把欣赏作为阅读的一个环节，并且不是随意地阅读，而是细读、批评性地读，他要对文本的语言符号系统进行解析和研读，从而发现文本的内在秘密。“教学解读”的读者是教师和学生，且以学生为阅读的主体，阅读介于普通读者和专业读者之间，他们没有选择阅读课文的余地，必须要超越自己的好恶去阅读每一篇课文。他们既要关注课文的语言符号系统，又要关注作者和时代对它的影响；既要获得知识和技能，又要达到情感宣泄、增长见识、净化心灵和陶冶精神的目的。师生的阅读喜悦既来自课文的内容及艺术魅力，又来自他们对课文“何以如此”“为什么这样”等问题的探索和发现。

三、语文教学解读

语文的“教学解读”就是指在语文教学中，师生对课文的语言、结构、思想、情感、背景、手法、技巧、意义、风格及作家等问题进行比较深入地分析和研究的双边共通的教学活动。在一系列教学解读活动中，教师利用课文培养学生的语言感受力，提升学生的思维能力，培养学生感受美的能力，帮助学生在学习吸纳各种文化的基础上不断进行文化的创造。在教学解读中，师生阅读的对象是课文，课文既是和作家血肉相连的作品，又是有完整结构的语言符号实体，更是学生学习语言的范本。教学解读的目标是师生通过对课文的解读，极力发现汉语组合的规则及产生不同意义的组合密码，进而掌握汉语言的组合规律，在学习中产生对汉语言热爱的情感，通过对课文的解读，学会同类文章的阅读方法和鉴赏方法，通过课文的阅读带动更广泛的阅读，逐步构建学生的知识结构，拓宽学生的阅读视野，提高他们的审美鉴赏能力，全面提升学生的语文素养。

教学解读重视作家，在研究课文时，把它看成作家生命情感的结晶，要追索、想象、还原出创作它的那个生命主体是什么样子，是在什么情形下创作的，他想表达什么等。教学解读重视“文本”，把课文看成是一个自足的语言有机生命体，通过语言的路径对它的内涵进行诠释。教学解读重视阅读教学活动的主体——学生，因为学生“学”的需要，所以教学内容既有知识的成分，又有能力的成分，既有技能的因素，又有精神的因素。

总的来说，教学解读对待课文的态度是既把它看成作家创作的作品，也把它看成是语言符号的结构系统，这二者的结合体——课文，就是一个处于潜在状态下的深层语义结构系统和具有某种价值取向的意义系统，它是一个召唤结构，有待于师生通过阅读教学解读活动将其意义现实化和具体化。反过来说，师生通过互动的教学解读活动，对课文进行分析和研究，了解课文之外的作家生平、创作背景，领悟课文的主旨与思想情感，鉴赏其艺术形式和表现手法，在阅读中形成良好的语言能力，在分析探究中提升学生的思维能力，增加学生的人生经验，学习作家创作的方法和技巧，全面提升学生语文素养的解读活动，就是教学解读。

四、教学解读与欣赏阅读和文本解读的区别

“教学解读”区别于“欣赏阅读”和“文本解读”的突出特征是其教学性。教学解读，顾名思义就是教学的解读。一方面，在阅读教学中师生需要对课文进行解读；一方面，对课文的解读是为了开展教学活动，帮助学生更好地理解文本。基于此，“教学解读”和“文本解读”有很大的差异性。教学解读是教师、学生、课文三者之间的关系，解读活动更多地关注如何帮助学生阅读，哪里是阅读的关节点，如何让学生发现课文结构的秘密，如何帮助学生欣赏课文的艺术魅力，如何在阅读中培养学生的思辨能力等。解读中师生是互动的、对话的，既是理性的，又是诗性的；而文本解读是研究者和文本之间的关系，研究者更多地关注自己对文本的结构和艺术魅力的独到发现，他无需关注别人对文本是否读懂，只追求解读的深度和广度，且在解读的过程中，解读者除却心

灵与作者和文本的对话，几乎处于内心独白的状态。同样，教学解读和欣赏阅读在目的和方式及阅读的深度等方面也具有很大的差异。

我们还可以从教师、学生、课文三个视角来进一步理解“教学解读”。

首先，从教师的角度看，教师对课文的解读包含三个环节。第一个环节：既研究文本又研究作品。研究文本时，他作为一个类似的研究者对课文进行解读，在这个过程中，他要极力地探索、破解课文的结构密码，探究课文的主旨、艺术魅力及其形成的原因，不断地追问“何以如此”“为什么会这样”等问题；他研究作品，是希望给学生提供更多的作家知识和写作背景知识，帮助学生更好地理解课文的主旨及写作意图。在他自认为对课文已经有了比较深入的解读以后，他会进入第二个环节：研究教学内容。在这个过程中，他会根据学情确定解读的目标，确定解读的重难点。根据他解读的经验，预设学生在解读中会遇到哪些语言问题，哪些内容问题，如何引导并推动阅读活动，如何利用对课文的解读来训练学生的思维，等等。这两个环节，我们一般都称之为备课。当备课完成后，便进入第三个环节：课堂解读。课堂解读是由师生共同完成的。在这个解读活动中，目的是教师引导学生解读，教会学生解读。解读中，师生一起进入课文的内部，对其形式、结构、言语、语义、主旨等进行理性的探索，这个过程包含发现和意义的生成。所谓发现，就是在教师的引导下，学生发现了言语符号的结构密码，发现了“何以如此”“为什么会这样”等原因；所谓意义的生成就是师生在解读的过程中，通过对课文本身语言意义的解读，读出课文语言内部所蕴含的意义。这时，师生的阅读享受是双重的：破译课文语言符号结构密码的快乐和领悟语言内部蕴含意义的快乐。如解读柳宗元的《江雪》：“千山鸟飞绝，万径人踪灭。孤舟蓑笠翁，独钓寒江雪。”学生在“鸟”“绝”、“人”“灭”的描写中，看到了生命的消失；而在“翁”“钓”的描写中看到了生命的存在，进一步在这消失与存在的对比中，解读出作者超凡脱俗的、澄澈的精神境界。学生既破译了语言的密码，又发现了艺术手法的高妙，又领悟了语言背后的意蕴，受到了精神的陶冶。在师生共同解读的过程中，发现与生成有时并不是教师备课时所预设的，有时因学生的阅读情况和知识储备的差异而发生很大的调整和改变，且有时课堂上的解读深度和意义生成会超出教师备课之初的目标和深度。

其次，从学生的角度看，学生对课文的解读也包含三个环节。第一个环节：初步感知。这里，学生作为一个普通的阅读者对课文进行阅读，只是学生没有选择课文的余地，必须阅读课文，有时他还需要按照老师布置的问题进行思考，这一环节的阅读还只是浅层次的阅读。第二个环节：理解探索。这个环节，学生在老师的引导下对课文进行专业性地解读。他在第一环节预习时遇到的问题，无法理解的语言，对“何以如此”“为什么会这样”等问题的困惑，都会在教师的启发下和学生之间的合作努力下得到解决。在这个过程中，他积累了语言，进一步掌握了破译语言密码的技能，逐渐养成正确的阅读方法，感受到阅读的享受和快乐。第三个环节：深入解读。这个环节中，学生会在课堂教学结束后，对课文的整体、某一部分、某一艺术特征、主旨及意义等进行更深入的思考，并逐步进入了研究的状态，思维逐步提升，语言表达能力变强，个性化的阅读特征更加突出。

最后，从课文的角度看，在教学解读活动中，课文是师生用于阅读教学的语言材料，它是师生在规定的时间内和特定的时空中必须共同阅读的。同时，相较于欣赏阅读和文本解读的阅读材料，课文更具有示范性。它在语言、结构、手法、思想、主旨等方面更突出，在内容上更集中，言语形式和问题特征更鲜明，语言的运用和表达更成熟，更利于对学生进行阅读技能的训练和思想的影响，更适合学生学习和模仿。

因此，教学解读是一种区别于欣赏阅读和文本解读的客观存在，它是适合于语文阅读教学的解读形态。这些年中，这种解读形态只存在于部分清醒的、有经验的教师的语文阅读课堂中，更多的时候，它迷失于喧嚣的文本解读中，一味追求解读的高深和广博，导致以专业研究者的知识背景和学识眼界来代替学生的知识结构和生活经历，以文学研究者的解读来代替教师和学生的解读，有时甚至把这种学术解读的成果直接灌输给学生，以至于语文阅读教学失去了自我，语文课堂变成了文艺理论研究和文学研究的跑马场，用文学研究者的文本解读形态代替了教学解读的教学形态，降低了语文阅读教学的质量和实效。我们提出教学解读，就是对目前语文阅读教学现状的纠偏，就是要让师生对课文的解读回到真正意义的教学形态，让师生在教学解读中获得发现的快乐，获得领悟的愉悦，在解读中掌握正确的阅读方法，在阅读中提升学生的语文素养。

第三节 教学解读的表现特征

教学解读关注学生的阅读行为、阅读经历和阅读呈现，从课堂看，它主要表现为以下几个特征。

一、关注词语进入学生大脑的过程

在阅读之前，教材对学生来说就是一本阅读材料，课文就是冷漠的文字符号，词语是一种外在于学生大脑的物化存在，它们只有被学生阅读吸收并产生一定的意义，才能被认为是教材和课文，才是具有意义的言词。因此，教学解读非常关注词语进入学生大脑的过程。

张必隐教授根据认知理论认为，词语是以认知、理解的方式进入读者主体的，阅读的过程是破译词语符号密码和提取词语意义的过程。[①]学生在阅读的过程中，认知和理解等思维活动起始于对系列字词的扫视，并通过词的语音、字形等表征在心理中去搜索相应的词条，然后表达它的意义。[②]而心理学家高觉敷认为，阅读认知应关注与人相关的动机、情绪、情感等变量的因素，提出了一种带情感、动机、情绪的阅读方式。[③]根据目前认知心理学家为我们提供的种种假设性的阅读模式和实验证明可以看出，学生阅读的过程不是一个纯物理学的信息加工、提取的过程，其动机、情绪、情感等因素对阅读的效果起着

① 张必隐：《阅读心理学》，北京师范大学出版社1992年版，第1页。
② 张必隐：《阅读心理学》，北京师范大学出版社1992年版，第66页。
③ 高觉敷：《西方心理学的新发展》，人民教育出版社1987年版，第97页。

直接的作用，而这正是教师在教学之初和教学的过程中能够操作和控制的。唤起学生的阅读期待，调动学生思考的积极性，通过情境设置推动学生的阅读理解等，都直接影响教学解读的效果。

二、将解读视为一种阅读活动

教学解读把对课文的解读看成阅读活动。在课堂上，尽管教师已对课文进行了深入的、专业的解读，尽管教师已经进行了认真而细致的备课，但教师依然要倾听学生的表达，根据学生的阅读表现来再次进行教学设计，安排教学活动，引导学生在阅读、讨论、质疑中完成一个个学习任务，朝着培养学生的阅读理解能力的目标前进。在教学活动中，教师在学生阅读之前通过导入，激起他们良好的阅读动机，拓宽学生的阅读知识背景，唤起他们个人的、历史的、文化的和既有的知识联系，为其更深入有效的阅读做准备。然后促使学生对课文形成初步的认识，让他们在阅读中或阅读后记下自己的观点、疑问或需要思考、讨论的问题，诸如：现在有什么想法？读完后有什么看法？有什么阅读困惑？等等，然后让学生带着这些自认为有价值的问题到课堂上参与讨论。讨论中，学生经过思考和辨析，明晰或改变自己对课文的初始认识，阅读活动逐步推进和加深。接着，教师聚焦学生提出的问题，引导他们进行深入全面的阐释，去探索语句、结构、主旨、情感、手法等问题。最后，师生对整个阅读活动进行反思与批判，教师和学生从课文中抽离出来，客观理性地思考课文的阅读结果和自身的阅读经历，通过对课文主题、历史、当下生活的分析，反思自己的阅读方法、思考路径以及结论正确与失误的原因，这是一个吸收与摈弃的过程，也是一个不断对话的过程。它使课堂充满了开放性，也充满了思辨性。学生的阅读知识体系和能力在此过程中逐步完善。

三、以评价推进解读

在教学解读中，教师和学生不断地将课堂中的教学活动生成建设性的或反思性的评价，评价的目的是根据学生的思考成果、思考过程的评价，来设计或匡正接下来可能发生的思考路径、思考方法及行为方式。当然，这种评价是在教学的进程中默默进行的，它相当于评估，但这是一种有效的反馈机制，是对教学过程、学习过程的反思与应对。评价的要素包括：课文阅读后是否形成了初步的认知？是否提出了切中课文的相关问题？是否发现了课文内部与外部的联系？是否多角度地分析了课文？是否对课文进行了丰富的阐释？是否通过课文的学习加深了对自我和生活的理解？等等。通过评价，及时调整教学行为和学习方法，从而使教学更贴近学生、更有效，进而形成教学、评价、反思、成长交融的语文课堂。

第四节　教学解读的三个层次

从教学的角度来看，“教学解读”有一个由“低”向“高”，由“浅”入“深”的过程，这个过程就是包括文文化知识的学习、语言的理解与积累、课文言语结构的分析、学生从课文阅读中获得人生的意义等几个层面。

一、在解读中积累文化知识和语言知识

（一）作者的生平和课文的写作背景

在“教学解读”中，作者的生平、创作风格和课文的写作时代是学生学习的重要知识，这种知识没有专门的课程或专门的章节，它随文出现，教师也随文讲解。从“教学解读”的方法、内容、角度等方面来看，了解作家的个性、人格、思想、风格、所处的时代及课文写作的背景、创作过程、创作心理等，既能够丰富学生的文化知识，又能够拓宽学生的文化视野，还有利于学生对课文进行深入地解读。如王安石的《泊船瓜洲》：“京口瓜洲一水间，钟山只隔数

重山。春风又绿江南岸，明月何时照我还？”如果撇开作者只看这首诗，我们会把解读的重点落在“春风又绿江南岸”的“绿”字上，会分析“绿”字的炼字之妙。如果我们联系作者的生平及写作背景，知道王安石在政治上几起几落，多次罢相，而宋神宗熙宁八年（1075），王安石再次被起用为相，他自江宁赴京途经瓜洲时写下了这首诗，在这个背景下来看“春风又绿江南岸”，诗句解读的重心应落在“又”字上而非“绿”字上，“又”字表现了他政治生命重新复活的欣喜，但前次罢相的经历让他余悸在心，便遂吟出“明月何时照我还”。同样，在解读鲁迅的《药》时，介绍辛亥革命的背景，能够帮助学生更好地理解夏瑜的悲剧、华家的悲剧及中国社会的悲剧，更深入地理解鲁迅的创作意图。当然，对作者的生平及文化知识的讲解，要根据不同的课文采取不同对策，在解读《荷塘月色》和《雨巷》等课文时，刻意追寻时代背景与主旨，反而会破坏作品的意境美。因此，我们要从学生学习的角度，从丰富和加深学生对课文理解的角度去讲授这些内容。

（二）理解语言的含义

理解语言就是解释课文中的字、词、句的含义，包括理解字面义和暗示义、引申义和隐喻义等。“教学解读”力图通过语言的路径走进课文，走进作家的内心世界。解读中，对字音、字形、字义的理解是我们深入理解课文的先决条件。课文是词语的编织物，词语由字词构成。单纯的字词由其音、形、义构成，没有意向性。字词只有在一定的语境中作为表达某种意思的词语，它的意义和内容才能显现出来。如，“外”是一个方位词，表示某个地域以外的地方；“下”，可以是名词，表示下面，位置在下，也可作动词，表示下来、降下等；“面”可以是名词，表示外表、表面，也可以是形容词，表示当面，还作方位词的后缀，构成上面、下面等；“雨”是名词，指从云层中降向地面的水。“了（le）”是语气助词，既可以表示肯定的语气，也可以表示感叹的语气等。这些字组成“外面下雨了”这句话，其字面意义上只是对天气状况的一种描述，但在特定的语境中表达的意义却各不相同：它可以是一种劝告，“外面既然下雨了，就不要走了”；也可以是一句提醒的话，“外面下雨了，出门不要忘记带伞”；还可以是一种威胁，“外面下雨了，你走不了了”，等等。要准确地理解这句话，必须要结合特定的语境。因此，教学解读中，教师就是要引导学生在阅读中，通过说话人的语气、语调、表情、动作等语境，准确理解词语的意思及表达目的。如鲁迅《记念刘和珍君》中：“当三个女子从容地转辗于文明人所发明的枪弹的攒射中的时候，这是怎样的一个惊心动魄的伟大呵！中国军人的屠戮妇婴的伟绩，八国联军的惩创学生的武功，不幸全被这几缕血痕抹杀了。”这里的“文明人”“伟大”“伟绩”“武功”是学生理解的困难所在，教师要引导学生理解鲁迅的反语和反讽，感受鲁迅通过这些词语表达的悲愤之情。

（三）分析课文的语言结构

教学解读把课文看成是一个自足的语言有机生命体，通过语言的路径对它的内涵进行诠释，其目标是师生通过对课文语言结构的探究，极力发现汉语组合的规则及产生不同意义的组合密码，发现汉语言的组合规律，进而运用这种组合法则去解读更多的课文与作品、去进行语言表达和语言创造。从某种意义上说，任何一篇课文都是一种意义存在，组成课文的文字符号已经不是作为自在状态的“字”和“词”，而是作为一系列词语关系的存在，任何一个字和词，其意义的确定都依赖于前后词句间的关系，这种关系，带来超越词语个体本来意义的意向和表达。

课文是由各种不同文体的语篇组成的，包括说明文、论说文、散文、诗歌、小说、戏剧等。这些文体，其词语的组合表现为不同的方式和特点。对于实用文体来说，其语言更多的是描述性、陈述性和逻辑性的语言，词语的意义更为确定，词语间的关系相对明确清晰。而文学作品中的每一个词、语句的意义既相对确定，又相互制约与关联，其内部充满着矛盾、张力、复义等现象，造成作品意义的不确定性。王安石《泊船瓜洲》“春风又绿江南岸”中的“春风”是“春天的风”吗？春天的风为什么要“绿江南岸”呢？春天的风对于江南来说年年都吹，但诗人为什么要说“又”呢？明白了“又”，我们便能理解诗人为什么在“绿”“过”“到”“入”“满”“渡”等词语中选择了“绿”，因为

“过”“到”“入”“满”“渡”等词语在整个诗歌的语境中，意义太直白，不能表达出诗人政治生命复活的隐喻义，所以他选择了“绿”。

教学解读就是让教师和学生在语言结构里探索，逐渐积累词语的意义，读出课文中表达的思想、观点，进而读出更多词语的隐喻义。学生在语言的密林里穿行，进入密林的深处，进入课文的内在意义结构。在孟浩然的《春晓》中，四句诗形成一个内在的意义结构，其语言充满矛盾和张力。首先，我们发现，“春眠不觉晓”一句，作者表达的是“不觉”；“处处闻啼鸟”一句，作者表达的是“觉”；“夜来风雨声”，作者表达的是“知”；“花落知多少”一句作者表达的是“不知”。由此我们看出，四句诗，构成了一个意义跌宕起伏、不断转换的变化曲线。它由“不觉”—“觉”—“知”—“不知”，形成了一个环形的“内在意义结构”，在这个结构中，我们可以读出两种不同的情感。即如果从时间的角度看，昨夜“风雨声”，今天“春眠不觉晓，处处闻啼鸟”，尽管昨夜风雨交加，也不知打落了多少花朵，但今天早上起来，春睡美美，鸟语花香，春意融融，这图景真是让人内心充满欣喜之情；如果从结构的角度看，春意融融，春光美好，婉转而又热闹的鸟叫声把我从睡梦中叫醒，忽然想起昨夜窗外的风雨，心想那些盛开的花朵也不知被打落了多少，花儿落了，春天就要过去，让人心中充满了惜春之情。“教学解读”就是抓住这些词语的组合特征，抓住课文的语言结构，带领学生读出诗歌表达的复杂情感。学生对语言结构的拆解视角不同，得出的意义和情感也不同，但这就是开放的解读，个性化的解读，多元的解读。

二、从语言事实分析转向阐释和评价

教学解读的一个重要层级，就是学生对课文进行阐释和评价。所谓阐释，就是在理解课文的基础上，对课文做出具体的分析，提出自己的观点，做出思想价值和艺术价值的判断等。课文中，除了说明文、论说文等实用文体的语言意义相对确定外，文学性的课文会产生多重理解和阐释，孟浩然的《春晓》就有“喜春”和“惜春”两种不同的理解。过去，人们受接受美学观念的影响，认为文本的意义是读者赋予的，放大了读者的作用，认为学生根据知识储备和认知能力，对课文的理解、阐释只要合理就行。而“教学解读”强调解读的科学性和规范性，在解读和阐释中，更关注作者写作中对语言符号的选择、组合意图和意义指向，关注语言符号为表述某种“意义”而形成的规则或约束。如《愚公移山》，时下流行至少有四种理解和阐释。第一种是传统的理解，认为课文表达了作者对愚公不顾年迈力衰，敢于挑战的勇气和精神的敬佩之情，批判了智叟这类目光短浅、害怕困难的人；第二种观点认为愚公确实愚蠢，因为他从经济效益和家庭发展的角度看，搬家是最明智的，其观点可以概括为“挖山不如搬家”；第三种观点认为，愚公挖山的精神可嘉，但方法是错误的，他应该开发山区资源进行自我发展，即“挖山不如开发”；第四种观点认为，最后是神仙帮助愚公把山搬走了，因而文章是颂扬神仙的伟大。这些不同的理解和阐释，固然丰富了《愚公移山》故事本身的意义，但阅读课文，我们从语言的解读中，只能看出两个基本的信息：一是愚公带领全家人移山；一是这种行为感动了神仙，把山搬走了。这样，我们可以对其阐释为：作者赞美了愚公不怕困难敢于挑战的精神，也颂扬了神仙力量的伟大。至于“挖山不如搬家”“挖山不如开发”的观点，是读者以今人的眼光审视愚公的行为和故事内容而生发的，它是附着于寓言故事之上的意义而不是文本本身的意义，这样的理解和阐释不是教学解读所追求的阅读的本质，只能用作思维训练的一种方式。

三、在教学解读中获得人生的意义

教学解读主张学生在阅读中丰富自己的心灵世界，进而形成更强的语言能力。第一，语言是人类思维的载体和工具，是人类交流的媒介，它更是人类认识世界、探索新知和解决现实问题的工具。语言和思维紧密结合在一起，教学解读以语言的学习和训练带动学生思维的提升，从而使学生能创造出意义丰富、逻辑严谨的文本和话语，进而通过敏捷的思维去探知更多的未知世界。第二，教学解读是学生与他人的互动与探索的学习活动，有利于学生从不同的角度看问题，增强他们对阅读和生活中复杂事物的敏感性。同时，在这种互动的解读过程中，锻炼了学生在班级和更为广阔的、复杂的社会群体中思考及参与的能力。面对他人，倾听他人，对分歧、质疑、观点和判断保持开放的对话心态，不断在互动中反观自省，这对提升学生的批判能力、思辨能力、理解社会差异能力，促进人文素养提高与个人发展，都具有重要的意义。第三，学生从阅读中获取源源不断的精神力量，扩展他们的人生经验，获得高雅的情感和深邃的思想，帮助他们摆脱现实生活的重压，抵抗游戏化、娱乐化的生活环境，从而更好地认识和理解世界、他人、人生和自我，进而理解生命的本质和意义，从容地面对未来人生。

总之，"教学解读"是区别于"文本解读"的一种独特的阅读教学形式，它的表现特征凸显了活动性的运行机制，它的三个视角凸显了教学性，它的三个阅读层次，反映了其在阅读教学中的实际操作过程。在教学解读过程中，学生感知语言，探究语言结构，剖析语言的内在意义结构，发现总结语言规律，在阅读、理解、阐释、对话中获得人生的意义。因而，我们只有走进"教学解读"，才能实现具有语文教学特征的，并属于语文教学自己的阅读教学。

第一章　语文教学解读的主体性

第一节　语文教学解读主体性的建构基础

照理来说，作品被创作以后，其意义就在字里行间得以明确化。如果作品的意义是唯一且不变的，那么文本解读的主体性就无从谈起，读者就会是被动的接受者。然而事实并非如此，读者从来就不是单纯的被动接受者，而是主动的建构者。正是读者的主动建构，使得文本解读的主体性成为可能。这种读者的主体性表现在“教学解读”中，就是教师和学生的主体性。

作为读者的教师和学生之所以能够获得建构的主体资格，是因为文本一旦被以确定的形态创作出来，就意味着作者在某种程度上的离席，即使作者当初想要在文本中表达的意义是确定且唯一的，在读者那里却是变化的、多样的。要理解这种变化性和多样性何以成为可能，可以从文本的构成要素来分析探究。

一、文本各构成要素在意义生成上的可能性与多义性

波兰现象学哲学家和美学家英伽登在《文学的艺术作品》中尝试对文学作品的构成层次进行分类，20世纪新批评理论的代表人物韦勒克和沃伦在《文学理论》中对这种层次分类予以肯定和修正，并从声音、意义单元、意象和隐

喻、特殊“世界”、形式与技巧、文体和文学类型等方面对文学作品的内在结构进行了详尽的分析。

顺着这种分类意识和思路，为便于直观起见，我们不妨将文本的构成要素分为语音、字词、句段、篇章和空隙五个方面，并从这几个方面来探究各构成要素在意义生成上的可能性与多义性。

（一）语音

文本的语音要素包括音、调、韵、节奏等内容，一些常见的造词手法（如叠词）、修辞手法（如顶真、排比、对偶）和句式特点（如长短句、整散句）也会呈现出一定的语音特点。

长期以来，语音要素的功能被人们所忽视，以为其只是单纯的声音符号，但实际上，语音在文本的情、意、美生成中有其独特的价值。例如老舍的《想北平》一文中，有这样一段表述：

墙上的牵牛，墙根的靠山竹与草茉莉，是多么省钱省事而也足以招来蝴蝶呀！至于青菜，白菜，扁豆，毛豆角，黄瓜，菠菜，等等，大多数是直接由城外担来而送到家门口的。雨后，韭菜叶上还往往带着雨时溅起的泥点。青菜摊子上的红红绿绿几乎有诗似的美丽。果子有不少是由西山与北山来的，西山的沙果，海棠，北山的黑枣，柿子，进了城还带着一层白霜儿呀！哼，美国的橘子包着纸，遇到北平的带霜儿的玉李，还不愧杀！

文中的“哼”是语气词，它虽然不指向具体的对象，但它短促和不屑的语调传递着对北平“玉李”的自豪情感。上文罗列了一组蔬菜的名称，似乎语音要素不明显，但是它们之间的间隔用的不是常见的顿号，而是逗号，这表明需要相对较长时间的语音停顿，正是在这种较长的停顿中，读者可以感受到一种特别的情感——如数家珍般的细细回味感。仿佛能让人感受到作者每说一个名称，就要回味一下，咂摸一下，满脸的陶醉和满足。

又比如徐志摩的《再别康桥》中的第一节：

轻轻的我走了，正如我轻轻的来；

我轻轻的招手，作别西天的云彩。

这一段所表达出来的那种因为珍视、喜爱而表现出来的动作轻柔意境，不全是来自对细腻动作的描写，还有“轻轻的”“走”“招手”“西天”“彩”等字词的语音因素。这些字词大多有舌尖音和清辅音，其轻柔的语音和意境融为一体。

哪怕是议论性的文章和语句中，语音也担任着增强说服力的功能。比如排比和反问的句式，就往往给人一种无可反驳的力量。传统民间谚语中的押韵也是如此。例如“不听老人言，吃亏在眼前”这句话是押韵的，这种押韵往往给人一种暗示：之所以押韵是因为众口相传，表达、传播这个观点的人多了，或者说的次数多了，就越说越溜了，以至于押韵了。这就意味着，这句话有广泛的传播范围，有大量的信众，甚至经过了长时间的传播。这样一种感受给人传递这样一种信息：这句话已被长期以来的广大人群所接受，既然如此，我是该好好掂量、认真对待这句话了。

（二）字词

作为文本表意的基本单元，字词在构成文本含义的多义性特征以及影响文本解读指向的差异性和水平的差异性方面，扮演着重要角色。

汉语言文字是一种象形文字，在造字过程中，先贤们以名词为起点，逐渐构建了汉语言文字的大厦。相比英语而言，汉语的基本词汇比较少，但丝毫不影响其表意的丰富性，这是因为大量的基本词汇通过活用、比喻、引申等方式，获得了远大于其本义的各种含义。比如汉字“清”，可以用来形容视觉上所感的水之清澈，触觉所感的温之清凉，听觉所感的声之清静，情之所感的境之冷清，意之所感的气质之清雅。其含义非常丰富，但是当它以单音节词的形式出现时，其表意就不确定了。如古诗十九首之《迢迢牵牛星》中有“河水清且浅，相去复几许”，这里的“清”解释为“清澈”或是“清凉”，其诗意就会产生差异，解诗者的主体性就凸显出来了。

又如《论语》的第一章“学而时习之，不亦说乎”，从词义的多样性角度来看，这句话就可以有多种解读。以“时”为例，如果解释为“按时”，则可以解释为根据一定的时间规律，尤其是记忆的遗忘时间规律来学习；如果解释为“时时”，则强调的是不断地重复的价值；如果解释为“时而不时”，那学习的方式又有所不同。再如这里的“习”字，是“复习”还是“练习”？解释为“复习”，着重点就在于知识的反复记忆；解释为“练习”，着重点在于知识从理论到实践的转化。

我们通常说汉语博大精深，并以如下“段子”为例表明其难以捉摸。

某甲给某乙送礼时，两人的对话颇有意思。

某乙：“你这是什么意思？”

某甲：“没什么意思，就是意思意思。”

某乙：“你这就不够意思了。”

某甲：“小意思，小意思。”

某乙：“你这人真有意思。”

某甲：“其实也没有别的意思。”

某乙：“那我就不好意思了。”

某甲：“是我不好意思。”

某乙：你肯定有什么意思。

某甲：真的没有什么意思。

某乙：既然没有什么意思，那你是什么意思？

某甲：其实，我的意思就是想意思意思。

在这一段简短的对话中，集中展现了“意思”的多重含义。其他如“骑单车，一把把把把住了，下象棋，孤将将将将死了”，“冬时能穿多少穿多少。夏天时能穿多少穿多少”等。这些实例无不生动展示了汉语字词含义的多样性，从而带来了文本含义的多样性和不确定性。

照理来说，作家是语言的魔术师，是把握字词含义的高手。但是，他们即使能确切地知道字词的含义，却并不一定会在文学创作的时候主动追求表意的确切性。有时候出于政治和人情关系原因不便明言，有时候出于文化心理原因，表达感情不能过于直白，甚至有时候出于刻意制造陌生化效果，或者故意追求文本含义的多样性来留给读者发挥的空间，而故意使用一些表意不确定的字词。古代文学中众多的干谒诗、含蓄委婉的抒情诗都属于此列。

说到古典诗歌，在字词层面常有两种表意的手法，那就是用典和意象。字词所包含的典故所指向的往往是一个故事，而故事本身就有见仁见智的多种解读角度。以字词形式出现的意象，“象”是明确的，“意”却是多样的，这些字词含义的多样性，最终成就了解读者的主体性。

（三）句段

词语组成句子，句子组成段落。文本所表达的意义，只有在句段层面才显出端倪。从文本的情、意、美生成角度看句段，则句子之间的逻辑关系，句子中的表现手法，是文本意义丰富性和多样性的重要来源，也是读者发挥解读主体性的重要场所。

我们通常说“诗无达诂”，为什么不说“文无达诂”？这并不是说非诗类文章就一定有着确切的情、意和审美效果，而是说相对于“文”而言，“诗”的解读自由度更大，读者的主体性体现得更为明显。原因之一是，迫于音韵和句式等形式性因素的限制，诗歌常常不能使用关联词，这就使得句子的关系不够明朗，解读的多样性方面就多了一层可能性。

例如《诗经》中的《伐檀》：

坎坎伐檀兮，置之河之干兮，河水清且涟猗。不稼不穑，胡取禾三百廛兮？不狩不猎，胡瞻尔庭有县貆兮？彼君子兮，不素餐兮！

人们通常将这首诗解读为讽刺不从事农业生产和狩猎的统治阶级对百姓的盘剥。这样的解读是基于对句子关系和词语含义的这样一种理解：（他们）不稼不穑，是怎么取禾三百廛的？这是一个疑问句，暗含的回答是：他们不是通过自己劳动取得的，而是通过盘剥掠夺他人的劳动果实取得的。照此推理，“彼君子兮，不素餐兮”就是一句反讽句。但是，如果换一种句子关系：（如果他们）不稼不穑，怎么可能取得三百廛禾呢？（如果他们）不狩不猎，怎么会看到你的庭院里有县貆呢？照这样理解，那么这里的问句就是反问句，表示他们取得的三百廛禾，他们庭院里悬挂的猎物是通过自己稼穑狩猎获得的。照此理解，“彼君子兮，不素餐兮”就是正面的赞扬，他们是君子，不是吃白食的寄生虫！

上述例子告诉我们，句子关系的不确定造成了文本含义的不确定，使得读者阅读的主体性有了发挥的空间。在句段层面，还有更多的比喻、拟人、夸张等修辞手法，对这些手法的识别与否，理解的程度深浅，都决定着读者获得审美体验的多寡。

例如汪曾祺的文章《陶虎臣》里有这样一段：

> 陶虎臣家的货色齐全。除了鞭炮，还出一种别家不做的鞭，叫作“遍地桃花”，不但外皮，连里面的筒子都一色是梅红纸卷的。放了之后，地下一片红，真像是一地的桃花瓣子。如果是过年，下过雪，花瓣落在雪地上，红是红，白是白，好看极了。

在这个段落中的“放了之后，地下一片红，真像是一地的桃花瓣子”一句话，作者将一地的鞭炮纸屑比作“一地的桃花瓣子”，粗浅的阅读者可能只看到这个比喻写出了鞭炮纸屑的桃红特征，细心的读者却能感受到更多的因素：鞭炮纸屑铺了一地，有满地桃花花瓣的铺陈之美，鞭炮的喜庆和桃花的艳丽在氛围上也有一致性。

（四）篇章

篇章是由段落构成的，因此段落的关系特征必然影响到篇章的含义表达。回顾历史我们就知道，汉语文本最初是没有标点也没有段落的。自从白话文运动以来，标点的引入大大明确了句子之间的关系，顿号、逗号、句号、冒号、问号等标点符号不仅仅有句读停顿功能，还能较为明晰地表明句子的性质和句子之间的关系，减少了因断句不清，句子关系不明而产生误解、误读的可能性。然而到段落层面，现代的段落之间全部用换行和首行缩进的方式表示段落的结束和开始，这种段落区分样式基本上只有分段功能，丝毫不能表明各个段落之间是什么关系。这加大了读者把握文章各段之间逻辑关系的难度，造成了各个阅读主体在解读文本时的水平差异。

从篇章整体看，材料的取舍、内容的详略、叙事的顺序、段落间的逻辑关系等也包含着丰富的意义生成可能性和特有的审美价值。（详见本书“第五章第四节”的相关论述）

（五）空隙

沃尔夫冈・伊瑟尔提出了文本的“召唤结构”，认为虚构性的文学文本，在意义结构和形象体系中，存有意义空白和意义不确定性，它们如桥梁联结着创作意识和接受意识，对读者心理上产生一种召唤和期待，促使读者在阅读文学作品过程中赋予本文中未定意义以确定的含义，填补本文中的意义空白。

此处所述的文本空隙是指，在文本中不以具体的语言文字呈现，需要读者通过想象、联想、推理而填补的信息。这类信息虽然在文本有相应的线索或依据，但主要由读者自主构建，最能体现阅读者的主体性特征。文本的空隙主要有如下几种类型：

句子成分（含关联词）缺失造成的空隙。这种情况在古诗词和古文中最为常见。《诗经》中的《无衣》有“岂曰无衣？与子同袍。王于兴师，修我戈矛。与子同仇”句。这句诗并没有指明主语，也就是留下了“说话人”角色的空白。《毛诗序》评论说：《无衣》，刺用兵也，秦人刺其君好攻战，亟用兵而不与民同欲焉。认为《无衣》是讽刺秦军好战，用兵次数多，但又不与士兵同甘共苦。在《毛诗序》看来，“岂曰无衣”这句话的言说者是士兵，士兵说：“他（秦君）哪里说过‘如果你没有衣服，就和你共穿一件衣服’这类的话？”当然，我们现代一般把这首诗解读为“劝征诗”，我们理解的“说话人”就是前来劝征的官吏、同乡的参战积极分子，对诗句的理解就是——劝征者说：怎么能说没有衣服呢？我和你共穿一件衣服。由此可见，本诗在“说话人”角色上留下的空隙，就为解读的主体性实现创造了条件。

勾勒与侧面描写造成的空隙。在记叙类文体中，常会用到描写的方法。任何描写都很难穷形尽相，这就给读者留下了补白的空隙，这一点在勾勒式描写和侧面描写中体现得更为明显。《诗经》中的《芣苢》一篇就是典型的例子：

采采芣苢，薄言采之。采采芣苢，薄言有之。

采采芣苢，薄言掇之。采采芣苢，薄言捋之。

采采芣苢，薄言袺之。采采芣苢，薄言襭之。

《芣苢》全诗只有一个名词“芣苢”和“采”“有”“掇”“捋”“袺”“襭”六个动词，代词“之”和名词“芣苢”指向对象相同，“薄言”是语气词，无实义。在这首诗中，既没有对名词“芣苢”加以修饰的定语，也没有对动词进行具体描绘的状语，那么整个采摘过程是欢快的还是艰辛的？就主要靠读者根据自己的想象来补充。

至于侧面描写所形成的空隙，从而带来解读的差异性这一点，在影视改编文学作品上表现得最为明显。可以设想“秦罗敷”这一形象如果出现在荧屏上，一定很难找到众口交赞的演员。不是因为现实中找不到如此美的女性形象，而是《陌上桑》一文采取了侧面描写的方法，并没有具体描绘秦罗敷的形象。读者心中的秦罗敷形象完全是由各个读者根据侧面描写补白而成的，而各人的审美标准千差万别，任何一个导演心中的秦罗敷，或者任何一个演员扮演的秦罗敷，都无法合乎所有读者心中构建的秦罗敷。

以事（叙）代议造成的空隙。论述类文本的核心是表达观点，但在我国古代的大部分论说文中，形象化说理（举例、类比、比喻）非常常见，以故事（事例）引导甚至代替议论的情况非常普遍。这就会造成论点不够明确，论述（推理）过程形成空隙，增加了确切理解的难度和误解的可能性。在司马光的《训俭示康》一文中，列举了20多个事例，其论述的观点看似简单——戒奢以俭，但是对奢的危害性，以及危害产生的缘由缺少直接而明确的表达；对俭的必要性，行俭行奢所带来结果的必然性、普遍性的直接表述也付之阙如。这些空隙对于有较高分析能力的教师来说，自然容易通过事例解读而得到填补，但对大部分学生而言就困难了，从而导致对司马光观点的一知半解。

古文中以事（叙）代议现象的出现，离不开我国传统文化中对悟的偏爱。无论是庄子的“得意忘言，得鱼忘筌”，还是禅宗的“拈花一笑”，甚至是内敛的人格追求和复杂的社会关系所形成的含蓄文化心理，都偏重于“意会”而不致力于“言传”。这种逻辑推理和观点表达的空隙，自然就会给读者的解读带来困扰和歧见。

心理背景的空隙。“知人论世”批评方法在教学解读中很常见，但对同一篇文本的创作心理背景却各不相同。郁达夫的《故都的秋》的创作缘由在其日记中有明确的记载，那就是杂志社的再三催稿，作者在到达北京后的第二天早上看到蓝天就灵感迸发迅速成文。但其出于什么心理来创设这种“清、静、悲凉”的美，就没有明确的文字记载了，因而就有“白色恐怖”政治环境，在当时接连的酷暑中寻求一点凉意，甚至郁达夫本身抑郁自虐式人格特质的必然表露等不同的解读。

二、读者（解读主体）的特性

文本离开了作者，必然会获得其独立性。作者在用语言文字构成句子、段落、篇章，进而构建一个表情达意的系统时，这些语言文字及其所构成的系统具有一种开放性。在这个系统面前，作者和读者的地位是平等的，这个系统可以表达作者想要表达的内容，也可以提供给读者想要看到的内容。

海德格尔指出：“无论何时，只要某事物被理解为某事物，解释就将本质地建立在前有、前见和前设的基础上。一个解释绝不是无须预设地把握呈现在我们前面的东西。”①读者并非白纸一张，阅读的过程不是作者利用文本在读者头脑中投影、蚀刻，而是读者主动参与的一种积极互动的活动。读者在阅读之前的“前有、前见、前设”主要包括：读者的社会历史文化知识，字词句的意蕴相关知识，文学文体相关知识，个人兴趣、价值观、动机相关心理背景等。这些前置的读者因素因人而异。

（一）读者掌握的文本相关社会历史文化信息与解读主体性

人们将作者的创作意图、作者相关的背景信息纳入文本解读范畴的行为，被维姆萨特和比尔兹冠以“意图谬误”的名称来加以否定，他们还用“读者谬误”来批驳与读者反应相关的文学批评理论，主张对文本内部进行文学本体

① 海德格尔：《存在与时间》，生活·读书·新知三联书店1987年版，第192—193页。

研究。

这种意见对于过分重视作者、作品所处时代对作品的影响，以及过分强调读者解读的主体性的行为，是有警示意义的。但不论如何，这种“谬误”是无可避免的，不能因为它“不合理”就不去正视它的存在。

1.读者关注、掌握的作者与创作相关背景信息的差异

“颂其诗，读其书，不知其人可乎？是以论其世也。”（《孟子·万章下》）孟子提出的“知人论世”解读方法在教学实践中被广泛运用。几乎没有哪位教师在经典作品的教学中不提及作者与创作相关背景信息的。但是，每个人对作者与创作相关背景信息的关注点不尽相同且信息丰富程度各有差异。教师在解读《归去来兮辞》时所联想到的陶渊明相关信息，大多数侧重于“不为五斗米折腰”，不愿束带见督邮。由此得出的陶渊明归隐原因是“厌弃官场（黑暗）”。有的读者关注到陶渊明“不堪吏职”“性嗜酒”“既醉而退，曾不吝情”的特征，从而认为陶渊明归隐是出于“质性自然”“真率”“任真”的性格特征。

从创作背景来说，有人将《故都的秋》的创作背景定位于蒋介石发动四·一二反革命政变后的白色恐怖时代，从而得出革命性相关的解读体验。有人把创作背景定位于九·一八事变以来日本步步紧逼的侵华举动致使北平处于风雨飘摇之中，从而认为郁达夫表达的是国运堪危的忧虑和隐痛。还有人认为从郁达夫自幼以来孤僻、“自虐”的性格及留学日本的经历出发，认为《故都的秋》对清、静、悲凉的迷恋是这种阴郁性格和日本“物哀美学”交相叠加的结果。

不管哪一种对作者信息和创作背景的选择性勾连，都是读者在原有文本基础上，创建了“原文本+选择性背景”的“新文本”，各个读者的“新文本”之差正是解读主体性之表现。

2.语境史与解读史信息

瑞恰兹提出了超越了传统的上下文的语境理论，他将语境扩大到作品之外的时代语境和作品所处的历史语境。一旦读者掌握了某些特定的历史语境和时代语境信息，将不可避免地把文本中的信息与语境中的信息勾连在一起，从而使文本中词语、情节等所传递的信息远远大于文本本身所能提供的信息。历史

语境和时代语境信息对解读的影响之大，在中国读者观赏西方绘画时最能体现，对于《蒙娜丽莎》《向日葵》这样的经典作品，观赏者或许能单纯地被其迷人的魅力所触动，但对更多承载着历史、宗教语境的绘画作品，却很难观有所得。

如果将陶渊明《归去来兮辞》中“将有事于西畴”中的“有事”放在历史语境中考察，就可知“有事”往往是指朝廷有战争、政治变故等重大事件。基于对这一历史语境的理解，便可见陶渊明在这里是“大词小用”，将其在田野中的耕作行为对他自己的重要性（艰难度）等同于战争等重大事件对于朝廷的重要性和艰难程度。这种解读，便可体会陶渊明的价值取向和现实无奈。

姚斯认为，第一个读者的理解将在一代又一代的接受之链上被充实和丰富，一部作品的历史意义就是在这过程中得以确定，它的审美价值也是在这过程中得以证实。在这一接受的历史过程中，对过去作品的再欣赏是同过去艺术与现在艺术之间、传统评价与当前的文学尝试之间进行着的不间断的调节同时发生的。姚斯的论述启示我们，读者在对待经典作品时，解读的不仅有文本、作者和历史背景信息，还有对文本的解读史信息。

一个精深的《论语》研究者脑海里所呈现的《论语》文本，绝不是单纯的孔子弟子及其再传弟子编撰的《论语》，必然包含着朱熹、杨伯峻等前辈解读者留下的解读史信息。这种现象表现在教学解读中，就会在教师与学生间出现同名的两种文本，比如同为《关雎》，教师眼中的文本是“《关雎》+《毛诗序》”，学生眼中的文本就只是《关雎》。

3. 文本的扩大、缩小与偏移

读者结合作者、创作背景、语境史、解读史进行文本解读的行为，不可避免地造成了文本范围的变化，读者解读的文本不会是完整的“原文本”，而是扩大、缩小或者偏移了的文本。

文本范围的扩大是指在“原文本”的基础上，增加了上述背景信息。文本范围的偏移是指读者所增加的背景信息偏离了作者创作文本的本意，在增加一些并非作者所固有背景信息的同时，忽略另外一些固有信息。文本范围的缩小则不仅仅删减了一些作者原有的背景信息，也忽略了文本所指的语境信息甚至文本应有的情感、意旨指向。

虽然我们一再强调紧扣文本进行解读，但不同于科学解读的是，文学解读并不完全指向逻辑真实，其主要价值在于构建读者自身的情感真实。因此，不管是文本范围的扩大、缩小还是偏移，甚至不管是正解还是误解，都会构成一种理解。在缺少科学标准化约束的文学解读中，只要不出现对事理逻辑的严重背离，只要这种解读不违背基本的人类道德共识，这些文本范围的变化大体都是可以接受的。

（二）读者阅读情意的差异

读者阅读情意是指读者本身所具有的兴趣、性格、社会阅历、知识储备、阅读动机、立场与价值观等影响到文本解读重点与方向的因素。其中也包括读者的期待视野、读者的视域等内容。

在人物众多的叙事类作品中，读者会有明显的代入感，总是不由自主地将自己代入某个角色中。在塑造大善大恶、是非分明人物形象的作品中，读者的代入差异不会太大，但在生活化和非类型化叙事作品面前，读者的角色代入就呈现出明显的个性因素。例如读《古诗为焦仲卿妻作》时，年长的读者可能会以焦母的身份代入，有的读者会从府君家的角度代入；读《红楼梦》，也有人从林黛玉一出场就不喜欢她。这些极具个性的角色代入颇具生活的真实性，在教学解读中应予以充分的尊重。

对于《伤逝》一文，在呼吁妇女解放的时代，人们可能觉得这篇小说旨在说明妇女的解放必须有强有力的经济、社会支撑。但在周作人看来，《伤逝》是“假借了男女的死亡来哀悼兄弟恩情的断绝的”。周作人对此还深信不疑，他说：“我这样说，或者世人都要以我为妄吧，但是我有我的感觉，深信是不大会错的。”（《知堂回想录》）很显然，这是周作人在他特有的人生经历下做出的个性化解读。在著名的“郢书燕说”一例中，燕相对无关的衍文“举烛”二字解释为：“举烛者，尚明也，尚明也者，举贤而任之。”很显然这种解读与他作为百揆之首的丞相身份有关。

读者的情意带有浓厚的个人性格因素，也离不开社会塑造。每个人身处某一特定的时代，其对问题的关注点、立场和价值观自然会深受时代的影响。在语文教学中的文本，大部分是创作于古代、近现代的文本。当时的作者在创作时，往往有其当时的现实针对性。但随着时间的推移，这些所针对的问题在新的时代或许已不复存在。照理来说，问题的消失意味着作品价值的消解，但是读者有时会为作品关联“新”的背景，将文本放置在另一个时代境遇之下。例如柳宗元的《捕蛇者说》、杜甫的《卖炭翁》在当时针对的某一项具体的苛政，但现代人的感动点却不是来自对岁贡制度、宫市制度的深恶痛绝，而是取其以民为本的思想，这无疑是一种颇具现代性的精神诉求。又如《想北平》这一文本，或许它确实有塘沽协定下华北处于危机状态的政治背景，对这一背景的观照有利于培育学生的家国意识，但我们可以思考，为何当代学生在不知这一背景的前提下，仍然能被《想北平》所触动？或许是《想北平》一文也能撩拨现代社会中忙碌、疲惫、远离自然的人们心中的痛感。

《古诗十九首·今日良宴会》最后一句“何不策高足，先据要路津。无为守穷贱，坎坷长苦辛”，通常被古人评价为“淫鄙”，这是基于鄙视功名富贵的传统文化心理，但在思想逐渐解放的清人王国维那里，却说它“可谓淫鄙之尤。然无视为淫词鄙词者，以其真也”（《人间词话》）。

如果我们意识不到这种读者情意的个性差异、立场差异、时代差异，或者发现这种差异而不尊重这种差异，就会有是己非人、是古非今或者厚今薄古等胶柱鼓瑟的思维。东汉郑玄试图“述先圣之元意，思整百家之不齐”（《后汉书·郑玄传》）。认为他自己是以更科学、更符合事实、更符合文本的方式进行解读，但实际上他强调的是解读的统一性、确定性甚至解读的唯一性。从统一思想的角度来看是有积极意义的，但从当代社会彰显个性的角度来说，又是值得反思的。

对于这种因个人情意而产生的差异化解读现象，斯坦利·费希提出了“阐释共同体”概念。王凤在《斯坦利·费希读者阐释理论的实用主义特征辨析》一文中说：费希认为，要回答不同读者何以对同一文本的阐释能达成一致，同一读者何以会产生阐释差异，以及阐释何以既呈现出稳定性又呈现出有序的差异性等这一系列的问题，答案不在于文本本身的稳定性或变异性，而在于“阐释共同体”这一概念，即“一群拥有共同阐释策略的人，这些阐释策略旨在创造文本而非在传统意义上阅读文本，是他们建构了文本特征并赋予它们以意图。”应该看到，每个阐释共同体都有其自己的利益诉求和阅读动机，他们只关注、接受对其有价值的阐释。

面对这种因读者差异而呈现的解读主体性特征，教师在组织教学解读中应该秉承如下原则：珍视教师自己的个人化解读，尊重学生的个人化解读。作为教学组织者，教师应尽量超越个人化解读，将个人解读放置在众多的解读中，给学生全面认知提供机会。对学生的个人化解读应该予以尊重，但也要鼓励学生保持开放性的心态，拥有广阔的视野，通过对不同解读的了解来认识世界的百态人情。坚持“勿意勿必勿固勿我”的原则，在构建自我所需的精神大厦的同时，正视和尊重多样性。

其次，教师要自己知道并引导学生知道我们在解读中存在的“时代塑造”问题。一方面关注我们当下的时代需要，一方面回顾过往、展望未来，将当下的解读放置在时间长河中，认识到当下解读的非永恒性特征。

第二节　语文教学解读主体性的主要表现

因为文本特征和读者阅读兴趣、知识结构、价值取向等不同，读者在阅读文本时，对文本进行解读的取向会呈现出主体差异性，主要体现为情感指向、审美指向、意旨取向、批评取向和证据取向，各种取向既可以单独出现也可以综合出现，解读指向的多样化是读者走向成熟的标志之一。

一、文本解读的五种指向

（一）指向情感的解读

审视人们年少时的阅读经历，大多是从情节性的故事开始阅读的。在这种阅读过程中，始终萦绕不去的是将自身代入角色后，所获得的喜怒哀乐的情感。读者为主人公的悲剧遭遇而感伤落泪，为反面角色的应得之罚而欢呼雀跃。可以说，这是一种原初的、主流的学生解读指向，且不会随着年岁的增大而消失。一位高中同学，可能回想起初中时读过的《一千张糖纸》，仍然记得当时的义愤填膺。即使成人，在重读《林教头风雪山神庙》，读《促织》时，还是免不了为林冲的愤而杀人拍手称快，为成名的裘马扬扬欣慰不已。

这种指向情感的阅读，往往是学生爱上阅读的最初理由，是被一本书吸引，并继续读下去的重要动力来源。虽然这种阅读往往缺乏理性的思考，但在一个人形成态度和价值观方面有重大意义。毕竟，人的价值观形成往往是伴随自己对外界的情感而生的，即使在成年后对自己的价值观能说出许多支持的理由，但这往往是用来解释、强化自己坚信的原因，而并不是形成的原因。

同时，这也是一种遮蔽理性的解读。当自己深度沉浸于文本中自成体系的情境，与作品共鸣的强烈情感充斥着大脑时，读者很难对文本所设定情境的真实性、合理性做出理性的反思，也很难对文本如何构思、如何表达的写作特征做出理性的观照。

在阅读的众多情感体验中，“笑”是一种特殊的情感，尤其当这种“笑”是单纯的搞笑与滑稽感时，其阅读的指向就变成了纯粹的娱乐，这在少年儿童读者中更为常见，是需要教师进行适当引导和干预的。

（二）指向审美的解读

审美感受中必然带有情感，但审美不等同于情感，审美解读比情感解读内容更为丰富。在审美解读中，读者以超脱功利、超脱利害的审美心境，去感受文本中的风景风情美、人格人性美、心境自由美，还可以是写作技术技巧美。

审美解读中的审美心境并不是每一个读者都具备的。我们在教学实践中发现，有的同学连静下来读一段优美写景文字的心境都没有，他们的阅读，或者贪恋于恩怨情仇的快感式情感，或者执念于能从中学到什么知识的功利目的。至于发现美、感悟美的能力，就更为欠缺了。

尽管如此，还是有很多的同学能沉醉于经典的“美文”中，使得极具审美特征的文本连同颇有情感振动力的文本一起，成为中学生最爱的两种文体。中学生最能感受到的三种审美类型是：风景风情美，如《荷塘月色》中风姿秀丽荷叶，袅娜动人的荷花，沁人心脾的荷香等，其他如数量众多的写景类宋词，也是培养学生对风景风情美的感悟能力的重要文本资源。人格人情美，《边城》中的翠翠、傩送兄弟，《荷花淀》里的媳妇群像，《百合花》里的小战士，《哦，香雪》中的台儿沟少女们，总能以纯真、善良、体贴等美好的人格特质感染新时代的青春男女生们。心境自由美，如《想北平》中所展示的记忆中的北平，就是以难以察觉的给人心灵自由的内蕴打动对北平毫无生活体验的读者。在课本以外，汪曾祺所创作的一系列乡土文学作品，综合了以上的各种审美风格，为爱好审美性阅读的读者们所钟情。

（三）指向意旨的解读

指向意旨的解读是将人生哲理、社会政治规律等归纳作为文本解读的重点或归宿。这一种解读指向并不是学生读者所主动追求的，却是教师们在几乎每一次阅读教学中必然会推进的。长期以来，在文以载道、文学是政治、文学是人学等思想的指导下，在考试指挥棒的引领下，几乎每一篇作品都会被归纳出具体明确甚至唯一的“中心思想”来。以至于将语文课演变为政治、历史、道德伦理课的情况并不鲜见。这是社会历史批评这一思潮在语文教学中的体现。应该说，要落实语文学科的人文性特征，要贯彻立德树人的教育理念，这种解读方式是必不可少的。

但是，时代的改变会带来社会思潮的改变，一代人有一代人的世界观、人生观、价值观构建重点，这就要求指向意旨的解读必须与时俱进，并在教学实践中保持开放性和包容性态度。在革命年代，解读文本时将意旨指向服务革命事业的做法合乎当时的历史实际，在经济建设年代，这种解读方式必然会做出相应的调整。当经济发展到一定水平，现代人在解决温饱问题以后呈现出了一定程度的精神危机，这就给我们解读文本提出了新的要求。

在实际教学中，教师们还应注意的是意旨解读的开放性和包容性问题，应尽量避免意旨解读的唯一性和封闭性，而应鼓励学生在合乎事理逻辑、情感逻辑，合乎文本的基础上勇于表达自己的独特感悟。理由有三：第一，随着社会管理体制的日益完善，明确且可执行的法律正在全方位取代传统的由道德负责的领地。法律通过强制性手段发挥作用，道德通过自省自修的形式内化为三观并发挥作用。相对古代儒家教育实践而言，现代社会语文课堂上的道德教化功能在减弱。第二，随着生产力的发展，古代需要很多人一起齐心协力完成的事情，在今天只需要一个小团队就可以完成。也就是说，在古代需要很多人统一一个思想，在如今，只需要一小部分人统一一种思想就可以达成目标，现代人“共识”之“共”的范围在缩小。第三，现代人的精神危机呈现出多样化特征，个体更需要的是一些能治愈其个体困境的个别化意旨，而不全是集中治疗时代病的共性意旨。

（四）指向批评的解读

这是一种专业的解读活动。前三种解读方式主要站在读者的角度，关注的是自己读后的感受和体会，批评性解读则是基于读者视野又超越读者视野，不再局限于自己读后获得什么情感体验、审美感受和自己对文本所传达意旨的领会，而在于思考文本是如何表达情感，如何实现审美价值，以及文本所传达意旨的各种可能性、合理性等。除此以外，指向批评的解读还会从作家与作品、作家与时代、作品与读者等关系来思考文学创作、文本内部结构、文学接受等方面的文学理论问题。

近年来在语文教育界兴起的批判性阅读，就是批评性解读的一种，当然其着眼点还不是一种文学研究性解读，而是一种与作者对话的解读，侧重于消解作者的权威地位，在文本意旨的角度，对其合理性、合逻辑性、普遍性进行辨析，对其表达意旨的过程进行评估。

从考试评价的发展史上来看，近年来，越来越多的批评性解读题型出现在中高考中。例如对写作手法（修辞手法）巧妙性的分析，对文本构思特点的评析，对论证过程合理性的评析，对文本意旨的现实作用的评析等。

（五）指向证据的解读

指向证据的解读是指文本解读者自身已构建自己的情感、审美、意旨或文学批评的认知体系，或者具备了体系的雏形，他对某一特定文本的解读目的，在于印证、补充自己的体系。在指向情感、审美和意旨的解读方式中，解读者沉浸在文本所组建的世界里，在指向批评的解读中，解读者能够以平视或者俯视的方式对待文本世界。这两类解读方式都没有离开文本世界的整体。但是指向证据的解读方式中，某一特定的文本往往是以证据或者素材的方式出现在解读者的认知体系中。

这样一种解读方式，常常表现为一定的“非语文”特征。例如在对《红楼梦》的解读中，就呈现出众多的研究建筑、美食、社会制度、服饰文化等研究成果。这些解读者往往有与文学不相关的学术背景或者兴趣爱好。又如著名史学家陈寅恪在研究唐诗的时候，就侧重于用诗歌作品来拓宽史料来源，采用“以诗证史”的方式对古代文化和社会生活进行历史学研究，注重的是诗歌的历史学价值，而不是诗歌的文学价值。

站在文学的坐标系中，我们不难发现，这种指向证据的解读方式必将对文学作品的情感因素、审美因素和表意系统进行拆解和割裂，当它聚焦于文学作品的某一项特定的科学、史学、社会学、伦理学等方面的因素时，必然会忽视其文学价值，因而是一种“非语文”的解读，是一种泛学术化的解读。

这种解读方式在一些高年级学生中已现端倪，比如在读《林教头风雪山神庙》时，有的高中生感兴趣的可能不是林冲的人物形象这类意旨性内容，也不是“风雪”在作品中的作用这类文学批评内容，甚至也不是对当时社会失序、法制失范的痛恨等情感性内容，而是类似“宋朝时食用牛肉是否合法”“宋朝的罪犯管理制度”等政治学、历史学相关内容。

应该说，学生的这种解读指向是无可非议甚至值得鼓励和发展的，但作为语文教学活动的一环，还是应该予以引导，应着重培养其对文学性解读的敏感度和兴趣。

以上五种解读方式，是从解读的原初状态逐步深入学术性专业状态的过程。教师和学生在这几个解读方式上会呈现出一些主体性特征。

无论教师还是学生，都会偏爱、偏重某种类型，这种偏向甚至最终会发展成某种特长——特别擅长从某种角度来解读文本。但从培养学生的全面性解读能力来看，或者从基础教育应该搭建坚实而广泛的解读能力来看，这种偏向性是需要警惕的。

教师在设计开展教学活动时，往往缺少对几种解读类型的系统性思考。虽然我们在教学实践中鼓励教师不要过分依赖他人的解读成果，而应该以自身解读为起点展开教学。这种做法对于促进教师的成长，提高课堂的教学质量是有积极意义的。教师解读的偏向性特征如果只是呈现在某一个文本上，其负面影响还不大。但如果一个教师在解读大部分文本时，都呈现出偏重情感、偏重审美，或者偏重社会历史批评等整体性偏向的话，就不利于他所指导的学生形成多样化的解读习惯，不利于培养学生多样化的解读能力。

从解读方式与文本特征的切合程度来看，有的文本天然就更倾向于某一种解读方式，例如《荷塘月色》《故都的秋》《想北平》等文本显然更适合审美解读。如果非要从社会历史的角度进行对这些作品进行意旨解读，则会导致审美解读能力培养机会的丧失。

我们常听到这样的案例，某位教师厌倦了长期从某个角度来解读某一文本，在某一次备课中，忽然灵感乍现，找到一种新的解读方式，于是欣欣然抛弃以前的解读角度而从新的解读角度展开教学。可以想见，教师的这种解读突破和转向具有随机性，它对于缓解教师的重复性倦怠是有积极意义的。但这种随机的转向会不会带来解读方式的系统性的偏漏？会不会造成对学生作为解读主体的忽视？这是值得我们深思的。

总之，我们应该尊重教师和学生在解读上存在偏向性的事实，并且有意培养学生所偏爱的某种解读方式，使其特长突出。同时，我们还应注意逐层提升学生的解读层次，坚守语文性的解读指向，把非语文性的解读指向控制在一定范围内，致力于培养学生解读能力的全面性。

二、学生解读文本的主体性特征

人们常言“一千个读者就有一千个哈姆雷特”，但是在学生解读文本的时候，情况可能是一千个学生读者只有二百个完整清晰的哈姆雷特形象，在另外一些学生读者那里，其所构建的哈姆雷特形象可能是模糊的、畸形的，还有一些学生读者根本不能在读完以后形成哈姆雷特的形象。学生或是对文本表意要素感到陌生、不解、误解，或者缺乏文本相关的作者信息、创作背景信息，或是解读指向过于原始，会在解读文本时产生不解、偏解、误解的情况。

（一）不解

如前所述，文本的构成要素包括语音、字词、句段、篇章和空隙，而这些要素都是在细微处以各种方式表情达意。正如燕卜逊所提出的“含混”概念所指：语言中存在着细腻、微小却又富有意义的效果。学生如果对这些表情达意元素没有敏感度，就会遗漏重要信息，产生不解的后果。如汪曾祺的《胡同文化》有这么一段：

北京人的方位意识极强。过去拉洋车的，逢转弯处都高叫一声“东去！”“西去！”以防碰着行人。老两口睡觉，老太太嫌老头子挤着她了，说“你往南边去一点”。

这段举例的高妙之处正在于它的细腻微小的地方。照理来说，拉洋车的方位意识强，这本没有什么代表性。但是拉洋车的高叫这一声“东去”“西去”是在什么场景下说给谁听的？是在突然之间，还可能是在背对着听话人的情况之下，说给马路上并不确定的男女老幼听的。这些在路上遇到的任何一个人都能在突然之间做出响应，其方位意识极强的特点就突显得淋漓尽致了。

学生不解的另一个原因是作者、作品相关背景知识的缺失。例如文言文中大量的古代社会历史文化知识，诗词中的典故和古代文人的文化心理等就属此类。

（二）误解

哈罗德·布鲁姆认为“诗的影响总是以对前一位诗人的误读而进行的。这种误读是一种创造性的校正……一部成果斐然的‘诗的影响’的历史……是歪曲和误解的历史，是反常和随心所欲的修正的历史，而没有所有的这一切，现代诗歌本身是根本不可能生存的。”[①]但是我们应该从两个角度来思考“误解”，从个性化创构的角度来说，误解是不可避免的，甚至也是有必要的，当人们以“六经注我”的方式构建自己的、符合当时时代需求的价值体系的时候，这种误解是有必要的。就像《毛诗序》里对《诗经》的解读，在我们当下的价值观看来，大部分都是误解和曲解，但正是这种“误解”构建了符合当时社会需要的儒家价值体系。

不过，当我们从构建“阐释共同体”的角度来思考误解的时候，也不难发现误解的缺陷。每个人生活在一定的时代和人群中，都必须建立一些符合这个时代和群体需求的共同价值观，而文学解读自然是形成精神、价值共同体的一条重要途径。从这个角度来说，学生解读中的误解是需要纠正的。

误解产生的原因不外乎对文本表情达意要素的误解，对文本空隙的不合理补白等，因此，消除误解的途径当从掌握字词句段、历史文化等常识性共识抓起。

（三）偏解

从文本的构成要素来说，偏解是指不能全面把握文本的各个表情达意要素，不能全面发现细微处的意义。从文本语境来说，偏解是指仅从单一语境（在历时性语境中只看到片段，从共时性语境中只看到片面）来解读文本。从文本解读的指向来说，偏解是指仅仅从情感或审美等角度解读文本。

偏解产生的原因仍可以从字词句篇知识的不完整掌握，从背景信息的不完

① 哈罗德·布鲁姆：《影响的焦虑》，徐文博译，生活·读书·新知三联书店1989年版，第31页。

整占有来探究。从解读指向来看，也可能是被性格、经历、立场等情意因素所影响，呈现出过于强烈的人物代入感，过于单一而执着的阅读动机。

伽达默尔曾提出“效果历史”概念，认为历史或传统不仅仅是过去，而且也是一个实现的过程，历史是通过制约我们的历史理解力而产生效果。也就是说任何理解都处于历史的形势之中，不可避免地带有偏见。读者是被某一段历史所塑造的，而某一段历史对于历史全局来说总是片面的，偏解就不可避免了。

但伽达默尔所说的偏见是把人放在历史全局下观照而产生的偏见，对于处于某一特定历史时段的人来说，总归还是有很多确定的、多方位的理解的。我们所追求的减少偏见，也是从这个角度来说的。我们不追求超越历史局限，只追求在现有历史条件下，在所能理解的范围内，尽可能减少偏见。狄尔泰认为“每一字，每一个句子，每一个表情或客套话，每一件艺术作品，以及每一个历史行为之所以能够被人们所理解，正是因为有一种共通性”①。避免偏见的解读，其目标正在于指向这些确定的“共通性”。

（四）正解

所谓的正解不是指唯一正确的解读，而是指学生能对文本有所解读，且其解读符合文本内外的事理逻辑和情感逻辑。解读的正误标准不在于是否符合教师的甚至主流的意见，而在于是否符合逻辑。当然，如果某种解读看起来合乎事理却不符合伦理标准，也是应当予以指正的。

学生对文本的正确解读，有赖于通过丰富的阅读积累，逐步解决语言知识匮乏、审美心境缺失、生活经历残缺、情感空白以及思想空白等问题。

培养学生的正确解读能力，既要帮助学生通过阅读教学构建人群，甚至人类的共同世界，还要鼓励、助力学生构建其自身的个性世界。

教师在发挥教学主导性作用时，要认识到自己只是历时性读者和个性化读者中的一员，要注意尊重学生的主体地位，以贴合学生认知、情感的文本为起点，控制变量，给学生更多的批评性阅读空间。尊重学生在能力培养和价值塑

---

① 涂纪亮：《现代西方语言学比较研究》，中国社会科学出版社1992年版，第20页。

造方面的多样化需求，保持阅读指向的多样性和均衡度。

教师的示范性解读和对文本的拆解式解读在培养学生解读能力的过程中是必要的，但要持以探讨性态度，而不至于单一标准化和模式化，以免造成对学生创见式和自我体系构建类解读的破坏。

第三节　师生教学解读的同向化与差异化

一、师生教学解读的同向化

（一）解读的同向化

何为同向化？“向”有目标、意志所趋之意。师生解读同向化是师生在面对课文进行解读时的趋同，也就是说在课文解读过程中老师和大部分学生会有部分解读的重合，这个重合是方向同一性，既可能是解读角度切入点的重合，也有可能是内容理解的重合。

目前来看，在语文教学过程中，从文体角度切入进行的解读是师生课文解读同向化表现最集中的地方。罗宗强先生认为：“文体是体式，文体的另一指称是体貌，体貌之‘体’，有时指作品之全貌，依体式辨全貌，情辞事义、境界格调种种因素都构成作品的整体体貌特征。”正因为文体可以反映课文整体体貌，所以从文体的要素去解读课文，遵循文体思路，分析课文特征，由此走入课文，师生便可以借此领略课文的“情辞、事义、境界、格调”等。

以说明类作品为例，说明文是以说明为主要表达方式的文体，是对客观事物做出说明或对抽象事理做出阐释，从而使人们对事物或事理有科学的认识。说明文教学解读过程中多数从以下几个问题切入：把握说明对象的特征，让学生获取课文所说明的科学知识；理清说明顺序及这种说明顺序的好处；学习和掌握说明方法的特点及作用；品读说明文语言的科学性和文学性等。学生通过这种解读策略基本上可以理解多数说明文的内容。

再如小说类作品的解读通常需要从以下几个方面的内容入手：叙述情节；梳理结构——故事的开端、发展、高潮、结尾；理解人物形象；理解环境描写的作用；理解小说的主题等等。对小说解读的这种范式非常容易掌握。这种解读模式最大的优点就是学生易于模仿，便于解决各类小说的基本问题，学生可以通过这种解读训练找到阅读相同文体课文的基本切入点。

然而，这种方法是否有助于学生对这篇课文而非那篇课文的理解呢？我们依然以小说的这种解读策略为例，是不是所有的小说都有故事开端、发展、高潮、结尾？这种方法能够解读"生活横断面"式的小说吗？虽然这种解读模式对于初期学习小说的学生来说非常容易模仿，但我们需要考虑当所有小说都被这样去解读，我们学生的思维是否会陷入固化？学生对课文的理解是否会流于表面？答案是肯定的。"这样的解读思路在实际操作时未必能切入小说的肌理"。①总是以这样的方式阅读课文，无论从学生还是老师来说，往往会因为没有沉浸到文章里，对课文的理解总是浮在浅表处，很难使学生对作品有深刻的理解，而浅尝辄止式的解读并不是我们教学的目的。

（二）解读同向化的原因

1.范式模仿的操作性

2017版语文课程的标准指出：语文课程应引导学生在真实的语言运用情境中，通过自主的语言实践活动，积累言语经验，把握祖国语言文字的特点和运用规律，加深对祖国语言文字的理解与热爱，培养运用祖国语言文字的能力。语文教学面对的教育对象是学生，目的是引导学生掌握阅读技巧和掌握解读文章的基本技能，为终身学习打下良好的基础。我们需要强调的是"基本"两字，需要给学生提供能解读多数文章的基本架构。

另外，前文我们已经指出，课文解读有五种解读指向，有的文章天然适合某种指向的解读。因此，无论是学生还是老师对此类课文的解读非常容易实现

---

① 詹丹：《语文教学与文本解读》，上海教育出版社2015年版，第4页。

重合，这种同向化是合理的，并值得鼓励。

2.解读传统的共通性

中国解读传统比较注重对作者创作意图的阐释，主要的理论基础是言意理论，其中的一个角度即“言以足志，文以足言”的观念，意思就是语言足可以表达情志思想，而文字足可以表达语言。作家创作也多秉承着“诗言志”的原则，所谓“志”是指“‘志’的字形‘从心之’，会意心之所之，即一种精神的走向，指抱负、志向、信念、欲望、情怀，具有强烈的意向性，是主体人格的显现，与伦理学层面的教化相关”①。

也可以这样理解，作家、诗人之所以进行创作，非常重要的动机就是现实生活中的某种理想和愿望无法达成而诉诸文字，这是由心理代偿机制决定的。作家创造作品，作品入选教材成为课文的时候，这篇课文的意义已经先于学生理解而存在，解读一旦离开了课文的“原意”，解读就会丧失衡量的客观性标准和依据。在这种观点之下，无论老师还是学生，在解读课文的时候很容易向作者直接靠拢，通过分析字里行间的意义和写作背景等，将文章的理解直接落实到作者的写作意图方面，特别是美刺教化等。

3.解读主体的固化性

文学作品的创作与解读不应该脱离历史和时代的语境，前文已经有所涉及。作为课文解读主体的师生，都会有这种意识，尽量避免从自己的时代和视角出发，而应当进入到作家作品的历史语境中去分析独特的时代语言，理解作者的创作意图和表达的主旨。这种无限靠近作者语境的情况也会使得师生的解读具有同向化的倾向。另外“完整的接受美学由两个相互区别的研究方向组成，以姚斯为代表的接受研究着重于读者研究，……而以伊瑟尔为代表的效应研究，着重于接受活动中的本文研究”。②从解读主体的角度来说，解读作品的时代烙印同样不可避免，对同一篇课文的解读印迹往往会因教师在对下一代的教育过程中而传承，这种传承不是源自作品本文原意的传承，而是解读主体解读固定性传承而导致的课文解读的同向性问题。这是对课文解读与对作品解读

① 周裕锴：《中国古代阐释学研究》，复旦大学出版社2019年版，第47页。

② 金元浦：《文学解释学》，东北师范大学出版社1997年版，第79页。

非常关键性的不同，也是容易同向化的原因之一。

同向化的解读有它的合理性，然而并不代表这是对课文的最优解读。阅读的主体特别是教师，如果不能与时俱进，多读书、多思考，往往会造成吃老本的现象，课文解读的同向化也就成了必然的结果。因此，课文教学解读的多元化也应当是必然的趋势。

二、师生教学解读的差异化

（一）师生解读的差异

文学作品的诞生是从作者创作到被读者理解的过程，作为教学范本的课文也是如此，不可能缺少这两个阶段：第一阶段是作者创作作品；第二阶段是师生对课文进行再创作。从表面看课文解读属于第二阶段，强调读者的作用，但是基于读者个体因素的课文解读同样需要以课文为基础，理解课文的过程依然是在理解作者创作下的课文。因此课文解读的过程中，作者、课文、教师和学生的作用都不可忽略。

师生可以从不同角度和方向走入课文、理解课文。如《百合花》的主题向来被认为是“歌颂军民鱼水之情”。而在教学过程中，也有学生通过分析小通讯员英勇无畏，面对“我”时的拘谨、紧张和面对新娘子拒绝借被子的笨拙，认为军民鱼水情中可能隐藏着两性间纯洁、朦胧的情感。“这种关系没有定位在英雄主义的颂歌上，也回避了在男性和女性之间可能产生的爱情的联想。”[①]这种情况不能被忽视，它也是语文教学在《课程标准》指导之下必须重视的地方。

这样，新的问题就需要我们去思考，老师和学生在课文解读的过程中存在差异的具体原因和表现。

① 孙绍振：《经典小说解读》，上海教育出版社2016年版，第122页。

（二）师生解读差异性的原因

1.师生知识体系的差异性

解读是阅读者运用思维对课文的艺术形象、艺术结构、情感主旨等方面进行认识的过程。理解作为语文教学解读活动的前提，意味着师生会寻求自己熟悉或者喜爱的视角去解读课文。语文阅读教学实践的过程中，作为阅读者的教师与学生因知识体系的广度和深度不同，在理解课文的视野开阔度等方面存在明显差异。

欧阳修的《秋声赋》中写道："夫秋，刑官也，于时为阴；又兵象也，于行用金。是谓天地之义气，常以肃杀而为心。天之于物，春生秋实，故其在乐也，商声主西方之音，夷则为七月之律。商，伤也，物既老而悲伤；夷，戮也，物过盛而当杀。"因大部分学生对中国传统文化中"五时、五行、五音、五方"之间的对应关系并不了解，因此学生并不容易理解作者表达草木被秋风摧折的悲凉以及人生命途不易的体悟；当然更难理解"百忧感其心，万事劳其形，有动于中，必摇其精。而况思其力之所不及，忧其智之所不能"的真正原因。

此时就需要具备超越学生阅读和鉴赏能力的教师，去引导学生理解作者的写作意图和课文的原意，同时也需要通过这个过程让学生自主建构知识体系缺失的部分，进一步充实自己的知识经验。

2.师生解读取向的差异性

在解读过程中，相对于固定、被动的作品，作为阅读者的师生是主动的，文本需要接受老师和学生的裁量。"解释者看到的东西，都是他的经验准备让他看到的东西，解释者总是根据自身的经验来理解和解释作品，总是将作品与自身经验联系起来，因而对同一作品，深者不觉其深，浅者不觉其浅的情况到处可见"①。学生作为一般读者，他们只能依靠自己的知识储备、生活阅历等已有的经验来去理解、体悟课文。

我们提倡教师解读课文时，应当摒弃已有的成见，对课文进行假设性初

① 曹明海：《语文教学解释学》，山东人民出版社2007年版，第5页。

读，从而获取在当下知识经验和生活阅历背景下的课文解读，在教师与课文、作者的对话交流中，教师获取的是个人此时此刻最新颖、最深刻的审美体验。然而，教师既是语文教学活动中课文解读的参与者，也是学生解读得以完善的组织者。比如同一篇课文，放在这单元或者放在那单元，课文解读的重点也许并不一致。教师在解读课文的过程中，也会考虑编者安排本篇课文在本册本单元的意图是什么，这时候具备教师身份的阅读者对课文的解读与学生解读的方向也就并不完全一致。

以课文《老人与海》为例，沪版教材《老人与海》是编写在高中语文第五册第三单元，本单元主题是“品味与格调”，目的是通过本单元的学习，引导学生树立正确的价值观，培养高尚的情操；单元教学目标是通过单元课文来表现朴素、刚强、不屈服于命运的悲剧之美等。因此，教师在解读《老人与海》时必然通过引领学生感受主人公的硬汉形象，去理解本文蕴含的哲理。而《老人与海》在部编版教材中被编写在选择性必修上的第三单元，所在的单元属于“外国作家作品研习”任务群。设置这个任务群的目的是引导学生了解不同国家和民族不同时期的社会文化风貌，感受人类的精神财富，培养阅读外国经典作品的兴趣和开放的文化心态。因此，教师在任务群目标的引领之下的解读，重点是通过分析圣地亚哥老人与鲨鱼五个回合的奋力激战，体会客观、精简的文字所表现出摇摆的、矛盾的内心活动，展现人类不仅要与外在的敌人争斗，更要与内心怯弱、畏惧等负向心理活动搏斗的过程，解读课文中所蕴含的人类需要永不停歇地与命运斗争的象征意味。因此，学生对课文的解读阐述可以多元化，教师却需要将自己的解读视野与学生的解读视野融合，并把控在规定的“界域”之内。

3.情感还原方式的差异性

从创作者的角度来说，“在‘书不尽言，言不尽意’的形上等级制中，文字成为最低级的东西”[①]。语言有时难以穷尽对世界的认识和体验，优秀作家创作的作品往往是可以突破时间空间的限制的，作家活跃的思想情感有时在文字中的显现是微弱的。师生阅读课文时都在想尽办法从字里行间捕捉课文隐藏

① 周裕锴：《中国古代阐释学研究》，复旦大学出版社2019年版，第29页。

起来的情志，但是捕捉作者情感志向的方式是有很大不同的。

学生可以凭借自己已有的知识经验察觉，而老师除了是解读的主体以外，还是课堂教学的引导者，解读过程必须能够自觉地彰显阅读方法，从而使学生阅读素养提升的目的得以落实。以阅读课文《大卫·科波菲尔》为例，学生可以体会大卫的孤独绝望的处境，也很容易理解米考林夫妇债多不愁、拿腔作调的人物形象。但是学生的这种解读依然是浅显的，尽管学生能从课文中找出相关的语句作为理解的佐证去还原人物形象，但是从教师的解读来看，还应当帮助学生将其对“大卫和米考林夫妇之间关系”理解的空白点补充进来，帮助学生解读“孤独绝望的大卫为何没有在与米考林夫妇相处中变得更痛苦”。

为此，教师解读课文过程还会考虑的更为深层次的问题是，如何通过解读课文的这个问题帮助学生掌握一些阅读的方法。譬如阅读小说需要思考作者塑造看似矛盾的艺术形象的意图，探究人物性格发展变化与外在环境的关系，从而促使学生达到对小说的真正理解和阅读方法的掌握。因此，在还原课文作者情感志向的过程中，学生的思维比较多的是点对点的思考，容易散乱；教师对课文的解读过程则更有目的性，更偏重于理性思考。除了发现学生所未发现，突出文章解读的深度以外，还要给学生呈现出解读课文的过程与方法。

三、解读必备的基本能力

真正意义上的文本解读需要采用某种理论或者方法来对文本进行分析、研究和概括，而语文课堂的主体是学生，无论是文化底蕴还是知识结构，我们都不能强求学生超出个人能力进行课文解读。语文课堂需要帮助学生在固有的知识经验基础上，加强形象思维和逻辑思维能力，培养审美情趣，并在经验、情感、体验等方面的共同作用下，进而实现解读能力的螺旋式提升。也就是说解读课文的过程应当是学生多种能力综合作用下的过程。

（一）艺术感知能力

东西方文化背景下的文学解读有共通之处。德国哲学家伽达默尔的阐释学理论最重要的一点是强调理解的历史性，他认为作品存在的客观意义会因为读者所处的历史性而存在“偏见”，也就是说对同一作品的理解会具有独特性，并且继续成为下一次解释活动的基础。感受能力因个体的不同而不同，它是感觉、直觉，是师生在面对课文时的感性把握，是对课文最初的感受，也是整体感知。

“这些在审美者的感知中，已不完全是纯粹的外在存在形式，而是与审美者的心境、情绪以及身体感觉形成直接的同构作用。”①无论学生还是老师初读课文，必然经历艺术直觉思维。这种艺术感知能力决定了对课文艺术形象的抓取，并且在头脑中进行迅速地重组，形成最初的直觉体验，从而获得感性的整体情感体验，而且不受作家创作意图的控制。这个过程不是理性分析的过程，而是师生通过自己已有经验阅读课文时做出的最本能最直接的情感反应。例如李清照的“昨夜雨疏风骤，浓睡不消残酒。试问卷帘人，却道海棠依旧。知否，知否？应是绿肥红瘦”。初读这首词后，学生会迅速抓取两组意象“雨疏风骤”“绿肥红瘦”，因为这两组意象是对比性意象，在对比之中强烈冲击学生心理的体验使他们可以感知这种残红狼藉的画面带来的伤感凄凉的心理感受。当然，我们所说的“有何作用”，“有何深意”，这些并不属于艺术感知范畴，但是敏锐地意识到问题所在，恰恰就是属于艺术的感受能力了。

（二）艺术联想能力

艺术联想力与艺术感受力是不同的。这种思维形式更要求师生在课文解读的过程中充分发挥想象与联想，将作者创作过程中留白的部分进行还原，从而让师生进入课文所营造的特定情境中去，对课文反复咀嚼、反复揣摩、反复体验。例如读李白《玉阶怨》“玉阶生白露，夜久侵罗袜”，学生会去合理想象玉石台阶的华丽和寒意，“白露”的“白”字原本是色彩的词语，因为与玉阶的组合而促使学生想象这是怎样如霜的凉意。在教学解读过程中，学生充分调动自己想象力去还原诗歌“生”字形成的空白情境，体味诗中渐渐生成的凉意——薄暮时分的水汽在凉意之下慢慢凝结成珠，此情此景该是令人心生无限感

① 叶继奋：《文学课堂审美论》，浙江大学出版社2016年版，第59页。

伤。学生在解读的过程中必然会因个体经验和感悟能力的不同，而有了不同的体味，同时都会在原有的能力基础上进行提升。

因此语文教学活动中的课文解读必须引导学生入境，去推测、补充、丰富语言，捕捉其中的韵味，尽量产生共情。老师在教学活动中，引导学生通过语言文字进入到情里面去，顺着文辞的波澜找到作者情感的源头，即使再委婉含蓄的情感都可以探究出来。

（三）艺术推断能力

艺术推断能力更偏重于理性。学生在课文解读的过程中能够把抽象的语言转换为生动可感的艺术画面，并且给予补充、丰富和发展，这是非常个人化的情感体验，然而当学生在解读过程经历感性的阶段后，必然去思考、推测、揣摩创作者的用心和意图。这样的思维需要学生调动自己的人生经验与阅历去思考课文“为何如此”。当曾经沉淀的经验和课文的内容结合起来时，就建立起了新的思维通道。这种思维通道的建立会让学生从理性的角度观照课文，不停地去追问“为何如此”，与课文的对话交流过程就成为对世界认知重构的过程。这个过程既是对课文和作者原意的解读，也是对课文的再造和创新，是课文与学生之间的双向建构。

孙绍振先生认为，对于林冲来说，重要的不是火而是雪。如果不下那么大的雪，林冲很有可能被烧死在草料场内。雪在情节中起到非同寻常的关键作用，林冲被雪压死，情节将无以为继。学生阅读课文《林教头风雪山神庙》“彤云密布，朔风渐起，却早纷纷扬扬卷下一天大雪来”“那雪下得正紧”“看那雪，到晚月下得紧了”“那两间草厅，已经被雪压倒了”等语句的时候，就应当会敏锐地意识到需要追问自己几个问题：作者在文中多次写雪的目的是什么呢？为什么在不同的位置，对雪的描写有差异？对雪的这几次描写可以省略掉吗？可以调换次序吗？当学生运用自己的艺术推断能力去思考这几个问题之后，他对课文的解读就进入了理性思维的阶段。这种解读不仅是对课文意象的理解，更是对结构意脉的思考，甚至可以说是对情感走向的洞察。

四、多元化解读的边界

是否有对课文的最佳解读？入选教材的作品多数都是经典作品，它可以跨越时间、地域、种族。同时会因为不同的社会背景和不同经历的阅读者而呈现出多元化的解读，这种多元化会让文学作品焕发出蓬勃生机，这是经典文学作品的生命力和价值所在。但我们不能因此而判定这种或那种解读就是最佳解读。因此对经典作品的解读应该是永远在路上而没有终点。然而，对经典课文的解读虽然永远是进行时，但是不是所有的课文都可以进行多元化的解读？课文解读是否具有边界？

在课堂这个特定的空间内，包容态度是多元解读的前提条件，学生彼此的碰撞和讨论过程能完善学生对课文的理解。然而，这并不意味着课文的解读就应当处于一种完全自由散漫式的状态。学生多元化解读过程中特别容易出现几种超出边界的随意解读："混淆文体间的差异，生硬地嫁接主旨。""脱离文本整体意蕴，抓住只言片语无限生发。""用现代观念和标准评价古人。""将某些不成熟的'新研究'当解读依据。"[①]这几点基本上可以涵盖学生为了标新立异而过度解读的几种情况。在多元解读的问题上，我们需要特别留意以下几点：

（一）封闭式主旨的课文

多元解读以课文本身具有阐释的开放性这一先决条件，并不是所有课文都易于多向化的解读。"如果本文是一个完全封闭的结构，那么对它的阐释就必然只存在一个唯一正确的答案，而无所谓多样性可言。"[②]例如，"科学与文化论著研习任务群"，学习目标主要是培养科学探索精神，发展科学思维，培养学生辨证思维方法和严密逻辑思维。这类课文通常具有高度的思想性和科学性，很难对它进行宽泛的多元化解读，如果强行多元解读，是不符合科学规律的。

① 郑桂华：《中学语文教学设计》，高等教育出版社2019年版，第123页。
② 金元浦：《文学解释学》，东北师范大学出版社1997年版，第359页。

（二）规约性的语文课程

根据《普通高中语文课程标准》（2017年版）的要求，语文教学应当在真实的情境中，让学生通过自主、合作、探究等方式培养学生的综合能力，落实语文核心素养，在言语的建构中提升学生语言、思维、审美等素养，从而为学生终身学习和个性化的未来发展打下基础。中学语文教师解读课文的目的并不是为了运用理论工作去解读而是需要在正确把握课文的基础之上，通过自己的判断来对学生的多种解读进行恰当的引导，这个引导并不是引导到自己的解读框架里，而是提倡各种解读的碰撞，从而形成在当时情境下最合适的、最便于理解、最容易被多数学生所接受的解读，进而完善对问题的认识与思考。

中学生各种认知并不成熟，人的自我意识和经历会不经意间影响主观判断，多从课文中品味百态人生，可以帮助学生弥补生活阅历的不足，开阔思考问题的视野。所以，我们在尊重学生的审美体验和感悟的基础上，还应以达成教学目标和落实核心素养为原则，避免语文课堂呈现出"放羊式"解读。

（三）需尊重文本原意

从阐释学角度来说，作者原意与文本原意有重叠也有不同。但就中学语文课文解读而言，为了便于讨论，我们暂将二者合二为一。如果说多元解读的理论前提是以"读者"为中心，那么对课文多元解读就是以"学生"为中心，重视学生的审美体验和感悟。但是语文教学要素中还有一个重要的部分就是课文本身。课文作为作品来说，表达了作者的"情"与"意"，引导学生"知人论世"，理解课文，理解作者的"情意"，这不仅是中学语文教学的基本目标，也是阐释学里非常重要的角度即尊重作者原意。

周裕锴指出："从阐释学的角度来看，'亲证'的目的乃是重新回到作者的本意。由于这种阅读方法，强调的是重新经历作者的创作过程，因而避免了'心解'的纯粹主观推测和'活参'的理解的随意性，读者的思境和作者的思境，在相同的体验中合而为一。"[①]尽管语言文字具有多义性、开放性的特点，

① 周裕锴：《中国古代阐释学研究》，复旦大学出版社2019年版，第263页。

又因为语言的约定俗成，哪怕在特殊语境下因组合结构的不同而有了其他的理解，也还是在一定范围内的理解，不可能无限制地延伸开来，这是保证作品理解的客观性的最普遍的方式。

第二章　语文教学解读中课文意义的生成与途径

生活中处处有意义，我们每个人都置身于各自的意义世界里。无论我们有意识或无意识，我们无时不在解读着意义。解读就是确立某个对象的意义，解读课文就是确立课文的意义。对此，我们有一系列问题需要思考：什么是意义？意义如何产生？对象对意义的产生有何作用？与对象相对的解读主体对意义产生有何作用？课文的意义从何而来？这些思考对语文教学解读有何启示？

第一节　关于意义

一、意义产生的原因及符号化过程

（一）意义产生的原因

为什么会产生意义？苟志效教授从马克思主义实践论的角度进行了分析，他认为："意义首先是一种活生生的、能够满足人类生存实践需要的精神媒介和思想程序。依靠这一媒介和程序，人类行为才能保持与外部环境的平衡。"[①]意义的产生源于人类的生存与生活的需要，这是人类之所以为人的一种先天能力。人类生活在物质世界中，这个世界给人类提供了生存基础，同时外在自然

① 苟志效：《意义与符号》，广东人民出版社1999年版，第50—51页。

条件以及有害的物种又威胁着人类的生存。人类一方面要依赖于外在世界解决吃穿住行的问题，另一方面人类要改造外在世界，改善生存条件。

外在世界纷繁复杂，又千变万化，为了便于识别它们，更好地利用与改造它们，人类就给外在世界进行编码，并加以分类，这就是意义。如人类看到天上飞的叫作“鸟”，水中游的叫作“鱼”，等等。所以，卡西尔所说：“人类知识的最初阶段一定是全部都只涉及外部世界的，因为就一切直接需求和实践利益而言，人都是依赖于他的自然环境的。如果不能不断地使自己适应于周围世界的环境，人就不可能生存下去。”①

（二）意义符号化的原因

人类对外在世界赋予意义后，就可以识别它们，理解它们，但是意义只存在于每个个体的头脑中，还不能满足交流的需要。要想相互交流，必须把头脑中的意义呈现出来，使意义外在化、物化。意义的物化的原因与意义形成的原因一样，都是人类生存的需要。如一个男孩和一个女孩在散步，女孩饿了，她看到路旁树上有李子，她就用手势以及喉咙、舌头和嘴唇发出一个声音。男孩跑过去摘下李子，把它交给女孩。这个故事中，女孩之所以要做个手势，要说话，都是因为她需要满足自身的需要。

意义外化必然由某种东西来承载，这类东西就是符号。女孩的手势、声音，甚至她呆呆地望着李子树时的表情都是意义符号。

符号的产生，人类的生活世界随之发生巨大变化。日本符号学家池上嘉彦说：“通过依靠语言（或一般性符号）进行‘给予意义’的活动，人类不断地从自身力量，根据与自身的关系，捕捉未知的、与人类无关的现象，把它编进自己的文化世界，使自我的生活世界更加丰富。”②因为意义可以用其他物体来表征，所以个体的意义可以呈现出来，供他人分享，与他人交流；个体的意义也能突破时空限制，可以长期保存，可以携带跨地域分享、交流。符号产生后，人类的意义世界愈加丰富。

---

① 卡西尔：《人论》，甘阳译，上海译文出版社1988年版，第5页。

② 荀志效：《意义与符号》，广东人民出版社1999年版，第90—91页。

（三）意义符号化的历史进程

人类在生存与生活中，发展出动作符号、话语符号、图形文字符号和象形文字符号，以及当代的多媒体符号。

1.动作符号

动作符号，如伸出两个手指头、耸耸肩、跷起大拇指、伸出“ok”指头，包括人的行为等，它们是意义物化最初的形式。美国文化人类学家摩尔根说，人“必然是先用姿态或手势表达语意而后才有音节分明的言语”，因为“这是一种自然符号的语言，所以它具有通用语的要素。发明一种手势语言比发明一种音节语言要容易；而且，因为掌握手势语言也要方便得多，所以我们作出假定，认为手势语言之出现早于音节分明的语言”。①

动作符号不同于一般动作，它承载着一定意义，且有目的向他人传达某种意义，舞蹈就是由一连串动作符号组成的艺术。动作符号与原初事物有着相同之处，它相当于一个实物，他人看到它明白一定的意义。动作符号相对于原初事物，它已经具有一定人化的意味，是人的创造。人有目的借用肢体运动，创造出某种造型。

动作符号早于话语符号与文字符号，它的意义介于原初意义与话语意义之间，它的意义与原初意义一样直接源于事物。动作符号是表意明确、直接的符号，它与自身要传达的意义之间紧密相连，没有中间环节，也没有中介，它的意义让人一望便知，如看到一个人微笑，便知快乐与友好；看到一个人皱眉，便知心中不快。

因人体的运用不可能保持不变，所以动作符号总是及时性的，在瞬间完成，一会儿就更换。而且，动作符号不能超越自身所在的时空而传递，也不能作长期保存。

2.话语符号

话语就是说话，它是纯意义符号，与动作不同，有的动作并没有承载意义，而话语没有不承载意义的。话语起源于自然的呼唤和喊叫，这些声音都是

① 苟志效：《意义与符号》，广东人民出版社1999年版，第92—93页。

用来表达高兴、痛苦、惊奇等意义。安托万·阿尔诺说：“说话是用符号来表达自己的思想，这些符号是人们为此目的而发明的。”[①]

话语由发音器官发出，可以自由地描述事物与表达情感，在传达速度与信息的数量上要远远超过动作符号。话语轻灵、细腻，能表达无数个意义信息，话语与人类世界无数事物相关联，能给世界中任何事物起一个名称，为人类在意义发展的道路上作了重大突破。这给人类超越自我，与他人共享信息带来重大转变，对人类之所以为人起到重要作用。

人类对世间万物赋予意义，而话语让这些意义物化、抽象化，使人类的意义世界无限增大。话语不光能指称现实世界真实的事物，还能指称心中虚构的对象。话语现实性与虚拟性共在，话语离不开现实世界，但话语能超越现实世界，创造出一个虚拟世界，因而意义的个性化与虚拟性也就产生。

意义是人类思维的重要功能，是人类对外在世界的抽象与概括。而话语使意义物化，是意义的化身，它本身并不是意义，只是意义表征，只是激活意义的一个符号。所以话语一说出来，就脱离了原在事物，就是老子所说的“道可道，非常道”。话语是有限的，所以常常就会产生“言不尽意”的现象。

当然，话语符号也是及时性的，适用于口耳相传，也不能突破其自身所在时空限制，不能长期保存，还不是人类最好的意义符号。

3.图画符号

话语符号的出现是人类的文明的肇始。人类文字的到来就是文明的真正到来。最初的文字则是图画符号，它是人类用来表达思想、情感，以及记录生活的一种最原始的文字。它是简单线条构成的粗笨的图画。陈兆复先生说：“岩画艺术是人类为生存而斗争的图解：它揭示了当时社会的劳动样式、经济活动、美学倾向和哲学思想，人类与自然和超自然环境的关系。所有这一切，使它成为人类试图清楚地说明世界、反映世界的一种手段；在当时，又是试图有力地改造世界的一种手段。”[②]如果把一小块壁画截下来，它可以携带与保存。图画符号的历史意义在于超越时空，岩画符号的出现，在人类意义发展的道路

① 苟志效：《意义与符号》，广东人民出版社1999年版，第98页。
② 苟志效：《意义与符号》，广东人民出版社1999年版，第103页。

上的贡献在于信息可以突破及时性的困境，能长期保存下来。

当然，图画符号的抽象程度远不如话语符号。图画符号虽然不同于图画与绘画艺术，它也只是对现实对象作了模仿，只是现实的画像，图画符号的意义就是图形本身，它表达不了抽象的意义，而且从形到意，图画生成的意义很有限。

4.象形文字符号

象形文字符号对图画符号的超越表现在它代表话语，而图画符号代表的是物体。文字与话语联姻，既让表达有了无限可能，又能突破时空的限制，让意义超越个体，又可作历史性的累积，使人类的意义世界无限扩大，让人不得不活在意义世界里，人就成了意义的人。

人们可以读到古人文字，了解他们的思想、情感；人们也可以读到不同地域人的文字，感受到他们的思想、情感。这样使自身的世界无限扩大，信息无限增多，对自身意义的生成起到重要作用。

文字是话语的化身，和话语一样具有概括性与抽象性，文字本身并不是意义，它只是激活意义的符号。相对于话语，文字离开了语境，给意义的生成带来了极大的麻烦。不是面对面的交谈，而作跨时空的交流，失去了时代的文化背景和地域的文化背景；通过文字来交流，失去了说话者当时寄予的思想、情感的语调、语速等，从而使原本的语境中的意义变得抽象与疏离。所以“言不尽意”，“道可道，非常道”。

5.电子媒体符号

现在信息时代，电子媒体已成为人们生活中重要的意义符号，电子媒体的出现，将极大地改变人类的思维方式与丰富了人类的意义世界。它的神奇与创造给人们带来方便，同时也带来忧患。

二、意义的本质

意义是一种在认识中获得含义的过程，这种过程是对对象进行概括、抽象，且符号化的心理活动。因而，也可以说意义就是原初意义与符号意义统一体。

如“海上生明月，天涯共此时”，明月从海上升起，如果一个人看到了明月，而头脑并没有意识到那是个明月，还不能说它他产生了意义。当他意识到明月与大海的存在，它就产生了意义。至于一位诗人，看到明月，意识到它，并联想到天下人都在这一刻望月怀远，思念亲人，就产生了更加丰富深刻的意义。

但是诗人看到的明月与大海是它们本身吗？或者说诗人是以真实的明月与大海产生意义的吗？我们先来看物理学上的一个案例。

天上有个太阳，我们一抬头就能看到它，但是，通过理性的分析得知，我们看到的不是太阳本身。根据科学计算，太阳的光线需要8分多种才能到达地球，也就是说，我们在地球上8分钟以后才能见到现在的太阳。我们现在看到的太阳只能是8分钟之前的太阳发出的光线到达我们的眼睛形成的一种表象，真正的太阳本身我们还看不到，我们见到的只是一个与实在的太阳不同的表象的太阳。

从以上的分析我们得出一个结论：有两个太阳，一个实在的太阳，我们看不到；一个表象的太阳，我们看得到。

同样的道理，水中鱼的表象与实在的鱼在空间上也是分离的，我们看见水中的鱼所在的位置与鱼实际所在的位置是不同的，所以渔民不会将鱼叉投向眼睛看到的鱼所在的位置。

这样在现实中有两个事物：表象与事物本身，而意义只是建立在能被我们看到的表象基础上，事物本身我们没法看到。

实际上意义是两个自我合作的结果。自我有两部分：本能的我与理性的我。感官就是本我，负责选择、接受、转化外来信息，形成感觉图像，并把它呈现给自我，自我直观感觉图像，因此，我们看东西时是大脑在看，而不是眼睛在看，眼睛的作用是向内接受转化信息，它不是向外看。大脑直观到本我转化外来信息形成的感觉图像，所以真正在看的是自我，自我才能向外看，但是自我看到的是本我提供的感觉图像，而不是外物本身。

本我在转化外来信息形成感觉图像时，由于各种原因，有时会产生出不正常的感觉图像呈现给自我。自我能认识这种感觉材料的差异，但是自我却不能纠正这种错误。例如，我们在看海市蜃楼时，我们知道那是假的，但我们还是确认它是真的。

如此说来，如果诗人面对大海、明月即时吟诵，那个大海、明月是表象，而如果离开那个观望的情境创作诗句，那么大海、明月则是印在他的大脑中的记忆材料。话语或文字是表征大海、明月的表象或记忆材料的符号，被诗人借来表达心中的意义。

意义本质是人在大脑中对感觉材料的表象或记忆、想象材料进行内在直观的过程，我们产生的意义与事物本身没有关系，但是事物本身是产生表象的基础。创作者借符号表征表象、记忆或想象材料，而阅读者面对符号激发自己大脑中相关表象、记忆或想象材料。

三、意义的特征

（一）超越性

外在世界无限丰富，它们的表现形式也是复杂多变，人类只抓住与自身生存活动最相关的信息，来建构它们的意义。意义相对于外在事物是一种创造性的超越。人把天上飞的事物叫作“鸟”时，对这类事物的信息进行了简化处理，也就超越了原物的特征。天上飞的可能是黑色的，也可以是白色的；可能是会鸣叫的，也可能是不会鸣叫的；可能是大身形的，也可能是小身形的。上述这些特征都被省去，人类只要抓住它们拍动翅膀在空中飞行的特征，从而达到自己的目的。

人类赋予意义时，只需要抓自己所需要的那些特征，省去其他的特征，这就使事物的意义与事物的原样不是一回事，意义超越了原事物。当人们说“鸟”时，虽然指称这类飞行动物，但并不是某个具体的鸟。

（二）概括性

意义不是对原来事物的重现，而是脱离原物的一种概括。洛克说："字眼的大部分都是概括的——一切存在的事物都是特殊的事物。因此，人们或者会想，字眼既于事实相契，所以它们亦应该是特殊的（据其意义而言）。不过我们所见的，恰与此相反。一切语言中大部分字眼都是概括的名词，这并不是疏忽或偶然的结果，乃是理性和必然的结果。"[①]事物总是具体的，特殊的，而代表其意义的词语总是概括的、抽象的。

所谓概括就是归类，给一个事物命名或赋予意义，就是给它们作一种类别的划分。面对外在庞杂的对象，如果没有意义的概括，人类的思维将会被淹没，人们头脑中的信息将会以天文数字来计算，这将会超出人脑的记忆功能。如果对于天上飞的，地上跑的，水中游的，都一一记着它们，是不可能的。因而赋予它们意义，叫鸟、云、马、鱼等。说出这些名词时，实质上是对这类事物作出的一种归类，以便交流。

（三）抽象性

意义源于外在事物，外在事物是具体的，而意义则是一种抽象。抽象与具体本是悖论，不抽象，人类无法认识事物，一抽象就脱离了原来事物。生活中我们有圆形的器具，还有中秋月圆、长河落日圆等自然景象，人们总是用圆形来描述，但圆只是人们对圆形事物的一个抽象认识，实际上本不存在"圆"这样的东西。维纳说："世界的任何实际部分都不能这样简单，以致不用抽象就不能为人们所理解和控制。所谓抽象，就在于用一种结构上相类似的，但是又比较简单的模型来取代所研究世界的一部分。"[②]没有抽象思维也就不会有意义，没有意义也就不能理解世界与控制世界。

---

① 苟志效：《意义与符号》，广东人民出版社1999年版，第118页。

② 苟志效：《意义与符号》，广东人民出版社1999年版，第119页。

（四）主观性

如果人们没有对世界赋予意义的能力，不能建立一个意义世界，生活将是无序的一团糟乱，人们无法认识客观世界，无法理解各类事物之间的种种关系，也无法将各类经验进行处理、储存和推理。

但意义是人的一种心理体验，是对外界事物或人进行主观概括和类的划分的心理过程，是一种赋予世界以一定结构，并使其从无序转向有序的心理活动。人们说“嫦娥奔月”“月宫折桂”时，赋予月亮丰富的意义，这些意义只存在于人们的头脑中以及文化意识中，天空中那个不发光的星球是怎样还是怎样。

代表意义的各类符号，不是意义本身，“月”这个文字符号不是意义，只是被人们约定为月亮这个意义表征。不识字的人只把“月”当作一个图画，识字的人之所以把它当作文字，因为他被告知并接受“月”这个图画代表着月亮。

（五）符号性

亚里士多德认为，说话只是心理经验的符号，而文字又只是说话的符号。心理经验就是人们对世界产生的意义，在各类符号没有产生之前，这些意义只处在默念状态。当话语符号与文字符号产生后，意义就被物化。

各类符号只是意义的表征，人们对一个事物或人产生意义时，他可用两种方式承载意义：一是内在的心理语言，即内在语言；二是外在的话语或文字符号，即外在语言。内在语言是基础，外在语言是表征。

（六）生成性

意义是生成性的，它源于世界对象。意义必须以对象为基础，但光有对象并不一定有意义，还须要有人来激活对象的意义。

明代思想家王阳明说：“你未看此花时此花与汝同归于寂，你来看此花时，则此花颜色一时明白起来。”人们未看到花时，花没有意义，而人们来看此花时，花的颜色这个意义被人所激活。这种生成因所看的人不同而不同。色盲的人看花的颜色是灰色的，而正常的人看花的颜色是丰富艳丽的。普通人看花的颜色，也就是看到了而已。而园丁看到花的颜色就知道花是否存在生病情况。当然，在夜间或阴天，与在阳光下同样的花被看到的颜色也是不同的。

（七）稳定性

意义有着生成与持守的矛盾，意义本是源于世界，又超越世界，它在世界中生成，它是对世界的一种抽象与概括。

意义一旦生成后就会相对的稳定。狄德罗说：“深刻的思想就像铁钉，一旦钉在脑子里，什么东西也没法把它拔出来。”意义也是这样，一旦产生后，就有一定的稳定性。人为了生活，就赋予世界以意义，而为了交流，有些意义就要约定俗成，保持稳定。如中国传统文化中，“柳”“月”“鸿雁”“寒蝉”等，它们表征的意义较为稳定，人们一读到这些词语就会联想到它们表达的意义。

（八）通约性

看到同样的事物，人们可以得出相似的意义。如看到明月，人们都可能产生思乡的意义。看到一段文字，人们能够理解作者所要表达的意义。所以说，意义在一定程度上有着共通性。

意义有着通约性，主要是因为人们生活环境的相似，也因为人们感知世界的器官与神经结构的相似。人们共同生活在地球上，没有空气人无法呼吸，没有水和食物人无法生活，没有火食物不香。生存环境一致，最终导致生成的意义一致。看到叶子是绿的，看到明月是圆的，这是因为人们感官功能的一致。

意义的通约为人们有效交流、共同分享生活建立了基础。因而，不同民族的人可以分享各自的文明成果。

第二节　意义生成及类型

物质世界是意义生成的基础，物质世界丰富导致意义生成的丰富。当然，意义生成有着内在规律。我们考察一下几种意义的生成过程，理解意义生成的条件，便于高效地生成意义。

一、意义生成条件

（一）原初意义生成的条件

物理学上对颜色有这样一个科学结论："桌子上放着一个柚子。我们从来没有'看'到柚子。我们看到的是柚子表面反射的光线。反射的光线约6000埃，我们很自然（但不准确）地将其称作光谱中的黄色部分。""光谱中的光线只有不同的波长。颜色是由活着生物的心智所创造出来的，当辐射的各种波长抵达视网膜上的视锥细胞，它们又沿着神经通路，把电子消息传导到大脑中的视觉皮层。只有在那里，大脑才会将不同的波长转换成各种颜色的感受。因此，颜色是大脑的创造。"[①]

颜色生成需要下列条件："①反射光的波长；②光照条件及身体两个方面；③视网膜的三种色彩视锥细胞，它们分别吸收长、中、短三种波长的光；④这些视锥细胞联结到的复杂神经元回路。"[②]这个科学结论对我们理解颜色这一概念的生成过程与条件很有启发。颜色本不是客观存在的事物，是人的心灵的产物，因而可以说，颜色不在外物中，而存在于人的心灵里。

---

① 克里斯蒂安：《像哲学家一样思考》，赫忠慧译，北京大学出版社2015年版，第105页。

② 莱考夫，约翰逊：《肉身哲学：亲身心智及其向西方思想的挑战（一）》，李葆嘉等译，世界图书出版公司2018年版，第22页。

我们能够体验到外物的颜色，第一，取决于外物反射光的波长的特性。外物表面的物理特征不同，它们对光的波长吸收与反射能力就不同，反射给身体器官的波长不同，所以我们能看到绿叶红花不同的色彩；第二，取决于外在环境施加的光照情况，晴天与阴天，或是黎明与黄昏，我们所见到青山的色彩是不同的，不同天气不同时段光照波长不同；第三，取决于视网膜的视锥细胞吸收光的能力，以及大脑神经元处理电信号的能力。

外物反射波长传输到大脑，我们产生了色彩的体验，但还没有产生色彩的概念。要形成色彩的概念，还需要有一个人脑对色彩进行分类与用语词表达的环节。

不同的民族语言所产生的基本色彩的词各不相同，如“英语中正好都有11个基本色彩词，但有的语言不全有，有的甚至只有两个颜色词：黑与白”“在新几内亚达利族中，只使用两个颜色词：mili和mola，前者表示黑色和冷色（黑、绿、蓝），后者表示白色和暖色（白、红、黄、橙、粉红、紫）”①

不同语言颜色词的数量虽然不同，但对颜色的分类有着共同的特点：①在所有语言里都有表示“黑色”和“白色”的词；②语言中如果有表示第3个颜色的词一定是“红色”；③语言中如果有表示第4个颜色的词，它不是“黄色”，就是“绿色”，或者是“蓝色”，但这三种颜色词不会同时出现。

颜色词相同是因为人类的身体器官与大脑处理信息的能力大致相似，颜色词语的数量不同只是缘于各民族的文化背景不同。各民族所处的地理位置不同、生活习惯不同，创作的词语各不一样。在生活中没有出现事物与行为活动就不会创造相关的词，如吃生食的民族就不用创造“煎”“炒”“炸”“煮”等词语。同样，在生活中不需要分辨鲜明亮丽色泽的民族，就不用创作丰富的色彩词语。

在生活中存在的事物与行为活动，会促成人们创造出相关的词语。新几内亚达利之所以有“黑”与“白”的两个颜色词是因为他们有着白天与黑夜的经验。生活中原有的生命体验是人类生成意义的背景与条件，这类生命体验决定着意义生成的内容，而且没有这样的背景也生成不了意义。

① 王寅：《语义理论与语言教学》，上海外语教育出版社2014年版，第106页。

我们把这种原初的生命体验叫作意义生成的心智背景，这类背景多数是以无意识状态存在于每个人的心里，它们或是最初的生命体验，或是群体共同承袭的集体无意识等。

意义本是一种分类，生成了颜色意义就是对某种颜色进行的分类。用某个语词标识了外物的颜色，就是生成了颜色这一意义。

直接从外物中生成的意义，我们叫作原初意义。颜色的原初意义生成有四类条件：一是外物吸收与反射波长的特征，即外物特征；二是外在环境施加给外物的光照情况，即施加条件；三是身体器官与大脑接收与处理信息的能力，即自身能力；四是文化背景与生存环境带给人的体验倾向，即心智背景。身体器官与大脑处理信息的能力，在人类中大致相似，可以看作是个恒量，因而，我们悬置第三个自身能力的条件。这样，在考察颜色原初意义生成的条件时，我们就关注其他三个条件：外物特征、施加条件、心智背景。

（二）符号意义生成的条件

颜色的原初意义生成后，人类并没有就此止步，而是在颜色的原初意义上，又施加了更多的意义。如红色，中国人对它情有独钟，看到红色就想到喜庆、吉祥、幸福、胜利、好运、热情；在生活中总爱用红色来点缀气氛，新婚穿红衣，贴红喜字；春节时，贴红对联；行业开张，挂红灯笼。红的色彩不仅是颜色的一个种类，还有着丰富的情感、意愿、思想内容。

但是在西方，红的意义与中国完全不同。他们认为红象征着流血、暴力、灾祸、警告、恐怖、愤怒、困境等。

在红的意义生成中，红的外物特征，以及对红的感知，中西方大致相似，而民族历史、道德信仰、地域风情等形成的心智背景则有着明显的差异。

中国人喜爱红色，因为农业民族主要靠天吃饭，阳光对农业的发展至关重要，于是在远古的中国产生了对太阳崇拜的信念，红色就赋予了喜庆、吉祥、热烈的文化内涵，然后投射在个体与群体的心智背景中。

在西方，《圣经》说一条红色的龙化身为魔鬼撒旦，所以红的色彩寄寓着不祥与反面的意义。

在色彩的意义生成中，由民族历史、道德信仰、地域风情等形成的心智背景起着关键作用。

这类对颜色施加的意义不同于它的原初意义，但又没有脱离原初意义。由这个原初意义而生成的间接意义，我们叫作颜色的符号意义。颜色的符号意义与原初意义生成一样，必然源于红色的外物特征，红色的物体只能产生红的颜色，而且在一定的光照条件下才能产生红的颜色。

心智背景在红的意义生成中起着关键作用，文化背景中有喜爱红的倾向就生成喜庆、吉祥等意义，而文化背景中有着厌恶红的倾向就生成残暴、灾祸等意义。各民族的民族历史、道德信仰、地域风情等复杂丰富，因而所生成红的意义也随着复杂丰富。

（三）语词意义生成的条件

与物体色彩一样，语词（语音与文字）纯粹是一种符号。每个语词都是图形与意义的统一体。

它们的意义生成也遵循着三个条件：外物的特征、施加条件以及心智背景。如“大”字，图形就是它的特征，它是“大”字，而不是“小”字。

它象征着一个张开手脚顶天立地的人的样子，相对人的周围外物，人是大的，超过它们，因而大的意义与人、人事有关，这是因为人的生命体验所致。

“大”还有“对人尊称（大人、大夫），超过一般（少有大志），重要、重大（大事、大计），规模大（大会宾客）”等意义，人类活动的复杂丰富也带来“大”字意义以复杂丰富。

在意义生成的外物特征上，词语“大”的意义体现在形状上，“大”字的图形激活了阅读者头脑中的意义。

对“大”的意义积累不同的人形成了不同心智背景的人，他们对“大”的理解完全不同。

（四）课文意义生成的条件

在语句中，每个语词所包含的丰富意义不是同时共在，而在句子的语境中只呈现其某一意义。这一意义与其他的语词的某一意义共同组合，形成一个意义融合体。

如："大漠孤烟直，长河落日圆"，"大"呈现出"广大"的意义，与"漠"的意义融合，形成一个"广大无边的沙漠"的景象。再加上"孤烟直"，笔直的一缕荒烟，融合成一幅广大无边的沙漠中一缕荒烟笔直升起的画面，让人感到大漠无边空寂、悠远荒僻。

语句意义生成的外物特征体现在语词的组合与搭配上，如果改成"沙漠孤烟直，黄河落日圆"，所能生成的意义完全不同，没有了沙漠的广大与黄河的悠长之感。如果改成"大漠直烟孤，长河圆日落"，所能生成的意义也完全不同，更突出了荒烟的孤独与太阳坠落的动态。

在读这个句子时，见过无边的大漠与没有见过的人，见过九曲黄河与没有见过的人，所能生成的意义也会是完全不同。见过大漠的人，会生成绝对宁静与生命渺小之感；见过九曲黄河的人，会感到黄河的绵延不绝与生命的悲壮。意义的生成离不开心智背景的参与。

二、课文意义生成与一般阅读意义生成的同与异

我们认为意义生成需要三个条件：外物特征、施加条件以及心智背景，课文意义生成同样需要这三个条件。现在，我们从这三个条件梳理课文意义生成与一般意义生成的异同。

（一）课文意义生成与一般阅读意义生成的共同点

课文是用于课堂中进行师生教学的文章或语篇，它们虽然与一般阅读作品有所不同，但是课文与作品同属于意义生成的阅读对象，有着一些共同点。

首先，从外物特征上来看，两者的阅读都不可凭空想象，都是建立在课文或作品基础上。而且，课文与作品内容的主体部分是完全相同的，如选入教材作为课文的《老人与海》（节选）与一般读者所阅读到的小说《老人与海》的相关章节完全相同，读者都面对着相同的文字来解读其中的意义。课文或作品

都在向读者呈现着思想内容与艺术特色，呈现着人物性格、情节变化、环境描写等属于小说的特点。

读者对人物性格会有不同角度的理解，但作品的主人公必然是老人桑提亚哥；读者对情节、环境安排会有不同的感受，但作品的情节安排、环境描写都是相同的。

其次，从施加条件上来看，两者都是以白底黑字的文字符号方式呈现内容，阅读者都是透过文字寻找意义。

最后，从心智背景上来看，阅读者都要调用语言文字的理解能力，通过文字激活自己关于大海、小船、鲨鱼、鱼叉、船桨等意象图式，以及划船、击打等直接与间接经验图式。通过文本生成新的意义，形成新的心智背景。

（二）课文意义与一般阅读意义的不同点

相对于一般意义生成的一人一书一心智，课文意义生成的环境存在着众多不同。

首先，从外物特征来看，课文不再是单个语篇，而是在选文的基础上，增加了附着编者意图的语篇，成了数篇文章的组合。相对原来作品，课文增加了信息源，外延增大，从而影响到意义的生成；语篇之间具有相互阐释性，选文前后增加语篇的意义总会有意无意地指向它，从而促成意义的生成。编者增加的语篇带有他们的指令，给教师的教与学生的学作出指导，从而引导意义的生成。

如教材中《老人与海》（节选）前面的单元导语说道："《老人与海》和《百年孤独》属于现代小说，在题材内容、创作手法等方面有诸多创新，极大地拓展了小说的天地。""要了解小说多样化的风格样式，从主题内容、叙事手法、语言风格等多方面入手把握作品独特的艺术成就"，这就给出了解读小说的切入口，引导老师与学生解读，消解了一般阅读的无目的性，提高解读的效率。

而在学习提示中，引导性的语意更加具体。"'一个人可以被毁灭，但不能被打败。'……体会小说所赞颂的'人的灵魂的尊严'。"明确提示了《老人与海》（节选）的主旨在于表现人一种永不言败的精神。“他的小说语言凝练而又精当……文章还有大量的内心独白……”明确提示了艺术上的特征。这些能帮助意义的生成，同时也限定了意义的生成。提高了阅读的效率，也限制了意义生成的空间。

其次，从施加条件与感官方式来看，一般阅读只是面对着文字，通过视觉获得文字信息，不会为了理解文字内容而观看相关影视或聆听作品朗读。而课文阅读时，教师或学生会有目的地去观看相关影视和聆听作品朗读，既采用视觉，又采用听觉，甚至采用触觉与味觉。施加条件与感官方式不同，生成的意义必然不同。事物的特征是多层面的，利用不同感官，就能多层次多角度获得它们的特征，最终融合成意义。

如在阅读《老人与海》之前，教师播放俄罗斯动画大师亚历山大·彼德洛夫制作的同名动画片《老人与海》，动画片极致的唯美画面，给学生留下了深刻的印象，对老人、大海生成一定的意义。以此作为一定的意义背景，再来阅读文字生成新的意义，前后意义融合而形成的新意义丰富性远远超过一般阅读所能生成的新的意义。

最后，从心智背景来看，一般阅读时，只存在着阅读者一个人的心智背景，由这个唯一的心智背景而生成了一个人的意义。在课文阅读中，是一个群体共存的阅读，一个老师加上几十个学生同时的阅读。虽然最终生成的存在于每个个体大脑中的意义同样各不相同，但是建构新的意义时，各个个体心智背景都会拿出共享。

如在阅读《老人与海》时，有的同学分享了对作者海明威个性的了解，有的同学分享了《老人与海》的写作背景，有的同学分享了作者海明威的写作特点。分享有重叠强化，有矛盾争议，在后续的讨论与论证中形成新的融合意义。

在课堂上心智背景分享是共时性的，如果在老师的组织下建立微信的“共读伙伴群”，心智背景分享则是延时性的，每个成员把自己先前的了解与阅读后的体会与感悟分享在微信群里，共读伙伴们分享后来生成新的意义帮助更大。

从外物特征、施加条件与感官途径以及心智背景来看，课本阅读与一般阅读所生成的意义大不相同。

（三）课文意义类型

我们认为对语句、语篇融合意义的生成，以及语词在语境中意义的生成，是语文教学解读的主要任务。我们从意义生成的三个条件：外物特征、施加条件与感官途径以及心智背景，进一步探讨课文意义的类型。

英国语言学家利奇把词义分为七个类型：概念意义、隐含意义、社会意义、情感意义、反映意义、搭配意义、主题意义。这样分出意义类型，有利于我们多层面去生成词语意义，但这只限于词语层面，对于句子与篇章的意义生成则显得有点单一。

语言学教授王寅从语言形式结构角度，把语言意义从宏观意义到微观意义作了分析。[1]如下图：

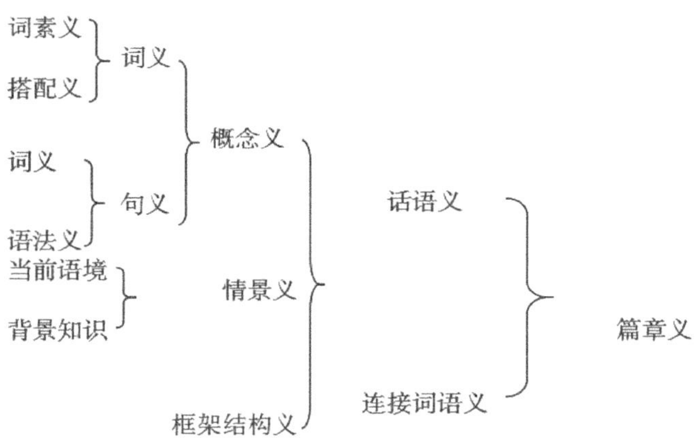

这样的分法，涵盖了词语、句子、语篇，对于我们全面理解语言意义很有启发，但这种分法的内在逻辑不太严密，如“当前语境”和“背景知识”只是情景义生成的条件而不是情景义的所含内容：情感意义与主题意义。再者，框架结构义应该归属于表达技巧义。

我们可以重新整理出意义类型，如以下图示：

① 王寅：《语义理论与语言教学》，上海外语教育出版社2014年版，第359页。

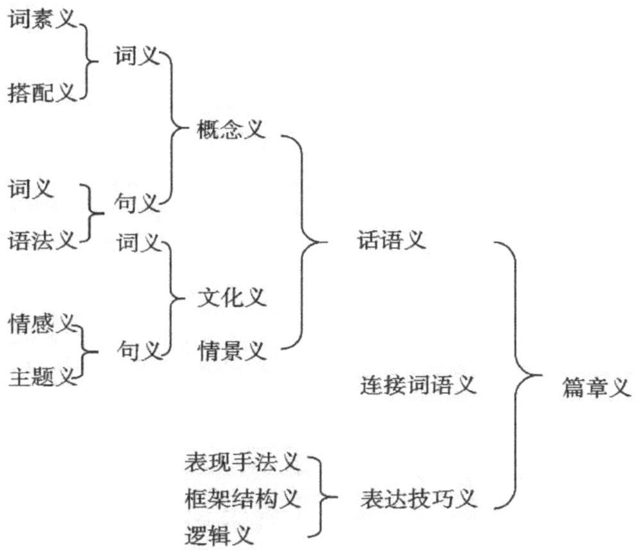

现作逐条分析，以便对语篇的意义类型作深入理解。

1. 概念义

概念义是从生活或语言情景中提炼和概括出来，但又脱离语境而存在，且具有相对稳定性的意义类型。如“鸟”这个词的概念义是“脊椎动物，卵生，全身有羽毛，会飞”。概念义是语言交际的核心基础，没有概念义就不可能生成情景义。

概念义的生成源于人们对事物的抽象分类，如把麻雀、八哥、孔雀等归类为“鸟”。概念义与对事物的指称不同的是，概念义不是以意象图式存在于人脑中，而是以抽象的关系图式存在于人脑中。

在具体阅读情境中，人们用概念义的部分特征来生成相关的情景义。如“床前明月光，疑是地上霜”中的“霜”，概念义是：“附着在地面或植物上面的微细冰粒，白色，深秋季节，水蒸气冷至摄氏零度以下凝结而成”，在诗句中，“霜”的“白色、深秋季节、冷”的特征来隐喻月光的特征“白色、深秋季节，冷”的特征，这样就生成了诗句的意义：诗人在深秋时节，凝视地上的月光，仰望明月，油然而生一种长期漂泊他乡的孤单寂寞、凄凉无奈之情。

概念义是意义生成的前在心智背景，在阅读中，人们因眼前的词语符号激活了先前储备的概念义，以此为基础生成新的意义。传统文学理论中十分强调物象，实际上，物象不可能是某个具体的事物，而是抽象的概念。因而，概念义的先前储备在生成新的意义时，尤为重要。

2.文化义

文化义不同于概念义，它是一个词语中除概念意义之外而附着的一些意义，相当于利奇所说的“隐含意义”，如“母亲”有着“慈爱、贤惠、勤劳、善良”等意义。

在阅读中，激活词语文化意义有利于生成新的意义，如《林教头风雪山神庙》一文中写林冲在山神庙里处决了仇人，“山神庙”有一定的文化意义，庙中的塑像——“判官”，代表着奖善惩恶、公正裁决的力量。林冲在山神庙里，得到心灵暗示与力量的支持，因而改变他以往委曲求全、忍气吞声的性格，在山神庙的背景中，林冲坚决果敢地处决了恶人。

文化义与概念义一样也是先前存在的，因而，文化义的先前储备尤为重要。

3.情感义

情感意义就是语词或语篇所反映的说话人或作者感情和态度的意义。情感义一般通过景物描写、事件叙述和直接抒情三类形式来表达。

直接抒情，凭借语言的所指意义与语气直接表达。而景物描写与事件叙述的心智背景相对复杂，隐藏着一种人与物以及人际关系的离合的隐喻关系。

人与物，以及人与人之间分离时情感趋向悲伤、痛苦、忧愤等，而会合时情感趋向于愉悦、快乐。

以杜甫的《登高》为例，“风急天高猿啸哀”一句，“风”急速吹着，是说“风”在急速离人而去，“天高”也是说“天”离人很远。“猿”在哀鸣，也是说人与“猿”的疏远而陌生。“渚清沙白鸟飞回”一句，“渚清”“沙白”是说沙洲上作物不生，它们离人而去，“鸟”飞回去了，也远离而去。“无边落木萧萧下”，树叶飘下，也是一种离去。“不尽长江滚滚来”，也是说长江水滚滚向东，离别而去。

事物与人分离，不是人所期望，因而产生一种悲伤、忧痛的感情。人所期望的是和煦的风留驻在脸上，“猿”与“鸟”与人亲近，沙洲上、山上的草木葱郁茂盛，但现实的一切与人的愿望完全相反，悲与喜的情感也就完全不同。

除了与物的背离外，还与他人、自我背离。“作客”与亲人分离，“多病”“霜鬓”“潦倒”与自我旺盛的生命相背离，这双重分离在人与景物的分离的痛苦上又生发更重的痛苦。

愉悦、快乐之情同样源于人与人之间的会合，杜甫的《闻官军收河南河北》是生平第一快诗，“却看妻子愁何在，漫卷诗书喜欲狂”，是因为他将要“好还乡”，他可以回到家乡与亲人会合，见到想念的人，万分激动、快乐。

当然，人与人、人与物既不存在分离，也不存在会合时，情感则表现为闲适、安宁。如“山气日夕佳，飞鸟相与还”，“山”之物不见少，也不见多，“飞鸟”归来，它们不是离人而去，因为人就在山中，它们只是回到自己的住处，人与鸟同在山中。

作者在写作时，把人与人、人与物趋向关系表达出来，而读者借用着这种关系可以生成语句的意义。

4. 主题义

主题意义就是语言所表达的说话人或作者的意图。语言符号是说话人或作者借以用表达意图的工具，它们本身不代表着意图。就好比设置红绿灯，行人看到它们就理解了“停”与“行”的意义，红绿灯本身并没有意义，它们的颜色特征激活了人们心中约定的意义。也就是说红绿灯的设置者掌握着它们的意义，行人也掌握了它们的意义。红绿灯在设置者与行人之间传递着关于“停”与“行”的意义，语言符号也扮演着这样的功能。

因而，语言材料的选择与顺序设置以及阅读者对材料原始意义的先在掌握对于主题的意义生成至关重要。英国语言学家利奇把词语意义分为七种类型，其中之一的“主题意义”，他认为是“指语言用于组织信息的方式（如语序、强调、语调等手段）所传递的意义”[①]，就是强调了语言材料的选择，顺序安排、强调突出等手段在意义生成中的作用。

如《复活》（节选）一文，描写了聂赫留朵夫第一次去监狱探望玛斯洛娃

① 王寅：《语义理论与语言教学》，上海外语教育出版社2014年版，第153页。

的过程，聂赫留朵夫带着忏悔与决意拯救玛斯洛娃的心情，向她坦白心声，但她并没有相信聂赫留朵夫，只是怀着质疑与利用他的心理与他交谈了一番。充分表明玛斯洛娃受到伤害之深，以及对生活彻底的绝望。

而作者托尔斯泰原来的稿子情节与此完全不同，原稿的情节是玛斯洛娃听了聂赫留朵夫真诚忏悔后，就充分相信了他，原谅了他，而且立即答应了他的求婚。

情节内容不同，生成的主题意义必然也不同。这两处情节不同点就是玛斯洛娃未能原谅与立即原谅了聂赫留朵夫。在第一次探监时，聂赫留朵夫受到了原谅，他救赎的目的达到，这样不能区分出他的救赎是因为受到宗教信仰的压力，还是出自良心的压力。而在第一次探监时聂赫留朵夫未得到玛斯洛娃的原谅，他面临着新的选择：继续还是放弃。他必然经历内心矛盾的过程，经受深层内心的自省与挣扎，如果为了宗教信仰的压力，他的拯救行为是为了求得上帝的原谅，但他看不到玛斯洛夫回头的希望，他就不可能求得上帝的原谅，他只能放弃拯救行动。如果他不是为了上帝而拯救玛斯洛娃，无论能不能求得上帝的原谅，他都要拯救玛斯洛娃，他的救赎行为不带有任何外在目的，只是为了她。这样一种复活是纯粹良心的复活，是俄国贵族阶级彻底的忏悔。修改后的情节安排，生成的意义与之前完全不同。

虽然两种情节安排所生成的主题意义不同，但主题意义生成的实质就是对一类人与物的概念归类。主题意义就是对语篇所描写的对象作抽象分类。聂赫留朵夫所经历的种种事件，最终在表明他所代表的一个贵族阶层的概念定义，对贵族阶层作内涵与外延上的界定，基本形式就是：种差+属。《复活》的主题意义就是一个贵族青年自我的精神解脱的完成。

5.表现手法义

表现手法与情感、主题一起依托着语言，不可能独立存在。因它们外在特征不同，所以它们的种类不同，有比喻、拟人等修辞手法，也有象征、想象等表现手法。

它们基本上是“生活中简单、熟知的物象来解释情景中抽象、复杂、深刻的意义”形式，而且截取了熟知事物的部分特征来表现抽象事物，更加形象生动，易于理解与体味。

如《荷塘月色》中句子“微风过处，送来缕缕清香，仿佛远处高楼上渺茫的歌声似的”，运用了通感与想象的手法，用“歌声”来映射“清香”，达到表达效果。“清香”与“歌声”，人们都很熟悉，但是用“淡淡”“似有似无”等概念性的词语好像不能完全切中荷花清香的特征，甚至说借用这些词语对其抽象时，偏离了它的特征。如果借用“远处高楼上渺茫的歌声”可以达到特殊的表达效果，“远处高楼”说明距离遥远，歌声能够传得过来必有一定的声量。而且从高处传来是不受地面声响的阻碍与干扰，声音很纯净。“渺茫”又显得模糊不清，声音很细微。因此表达出的荷香是随着风的吹动，时有时无，轻淡纯净，细微但沁人心脾。

再如《荷塘月色》中句子“月光如流水一般，静静地泻在这一片片叶子和花上”，运用了比喻的手法，借用“流水”的部分特征来描绘月光。“水”是透明、柔和的，又是流动的，是说月光透明柔和，照在荷叶和荷花上不是一种静态，而是如流水般不断流动着，甚至在冲洗着荷叶与荷花，让荷叶与荷花保持着洁净滋润，等等。这些特征用抽象的概括性的语言无法表达，艺术手法使原有的事物意义大大增多，这是艺术手法本身的意义所在。

6.框架结构义

框架结构义相对语篇而言，每一篇文章都是一个整体，所以必然有个框架。就像人一样，每篇文章的框架有大致相似的地方，开头段、承接段、过渡段、主体段和结尾段。当然也有着不同的框架组合，有连续并列，也有持续推进，等等。

如朱自清的《荷塘月色》是前后照应圆环式结构，史铁生的《合欢树》是“母亲”与“合欢树”的两个并列结构，柳宗元的《始得西山宴游记》是两次游山的前后推进结构，等等。

课文结构与艺术手法一样，不会独立存在，它是对课文的整体样态作形式化呈现，它自身生成意义并指引着课文情感与主题意义的生成。《荷塘月色》圆环式结构，是隐喻着回归与循环，从起点出发转了一圈又回到起点，这对情感与主题义的生成起到引导作用。原先的情感是淡淡烦忧，走出家门，来到荷塘得到精神的开脱，但回到家里，那种淡淡烦忧又回来了。在主题上，揭示那个时代知识分子面对的特殊社会问题，看不到希望，找不到出路的苦闷与烦忧。

《合欢树》的并列结构则是“母亲”与“合欢树”相互独立，又相互统一。母亲活着时种下合欢树，母亲去世后它则是母亲的化身。对树的爱就是对母亲的爱，看到树就追念母亲，两处叠加，母亲像树一样永远活着。

《始得西山宴游记》写第一次游山，只是借酒、借景消愁，但没有从心底消除被贬的恐惧痛苦。第二次游西山，感悟到西山特立，不与众小山同类，明白自己同样不与世俗小人同类，自己应该与天地精神合一，这样就不再有被贬的痛苦心情。结构的推进就是隐喻着精神境界的提升，结构就是主题。

7.逻辑义

如果说框架结构相当于人的形体特征，那么逻辑就是筋骨相连的样式。在文学作品中，人们多关注艺术形象，而往往忽略语意的内在推动逻辑。作者在作品中故意制造了一些逻辑特征，如果不去梳理这些逻辑特征，就会失去意义生成的一条路径。

梳理语言中的逻辑特征，可以提升对作品中人物形象的认知，进而生成情感义与主题义。如李清照《如梦令·昨夜雨疏风骤》中最后的句子“应是绿肥红瘦”，诗人之所以有这样的结论，是因为有着严密的推理：

如果海棠花受到风雨打击，那就必然是红花少了，绿叶显得多了

（昨夜）海棠花受到了风雨打击

所以，海棠花必然是红花少了，绿叶显得多了

诗人在昨夜看到雨狂风大，因为酒后浓睡，没有看到窗外就知道海棠“绿肥红瘦”。她惦念着窗外的海棠花，同情它们在风雨中的遭遇。她能严密推理是因为她观察着自然的变化，关注着窗外的生命。这些都在表现诗人心灵细腻，思维敏锐，对自然之物有着怜惜之情。

而侍女的回答“海棠依旧”，足以反衬女主人的细腻、敏锐。侍女不关心窗外的生命，也不懂它们，根本不懂自然变化与生命之间的关联。侍女与主人，一个笨拙憨实，一个细腻敏感，对比鲜明，这首小词巧妙而有趣。

按照逻辑线来梳理，能发掘出语篇间的隐含信息，从而生成更加丰富的意义。

如苏轼的《石苍舒醉墨堂》一诗，“人生识字忧患始，姓名粗记可以休”句子中“识字”与“忧患”存在矛盾，经过一连串的推理就可以解决矛盾。

一：如果不识字，就不会写诗作文

如果不写诗作文，就不会引发事端和遭来祸患

所以不识字，就不会引发事端和遭来祸患

二：不识字，就不会引发事端和遭来祸患

某人引发事端和遭来祸患

某人识字

这两个都是假言推理，推理正确是需要添加一个隐含条件的，识字就能写诗作文，而写诗作文必然在表达观点，观点不合他人心意就会引来祸患，而且一些小人也会歪曲诗文陷害写诗作文的人。诗人苏轼一生多次因为诗文而遭人诬陷，说这句话，就是抒发自己内心的愤慨。

文学作品中的内在逻辑，开始引起理论界的重视，但是对文学作品的逻辑意义的研讨与发掘成果还比较少，这可能是语文解读较有价值的领域。

第三节　语文教学解读中课文意义生成的途径及误区

一、课文意义生成的途径

在语文教学中，阅读课文的过程，就是发现与建构课文意义的过程。意义是课文的核心，而语文阅读教学的核心，就是课文意义的生成。课文意义的生成具有多重性、复杂性，我们认为影响课文意义生成的基本因素有三个，即教材特征、施加环境和心智背景。教材特征体现在教材上，其选文凝结了国家意

志，体现了立德树人的目标和对学生学科核心素养的培育期望，也凝聚着作者的创作意图以及编者的选编意图；这些因素都影响着课文意义的生成。课文解读中的心智背景体现在作为专业技术人员的教师，还有作为学习者的学生身上。在课文意义的生成中，要激发教师与学生心智背景。施加环境体现在语境中，除了课文所呈现的现实语境、文化传统语境等，还有师生课堂互动的语境。

结合意义和生成因素的条件，课文意义生成的途径主要有以下几条：循教材特征沿波溯源、创情境氛围披文入情、激心智背景探幽显意。

（一）循教材特征沿波溯源

意义生成需要深入了解教材及课文特征，教材及课文特征的把握是课文意义生成的第一步。

1.抓住单元组合特征，整合作者意图和编写意图

任何一位作者，在进行创作之前总要设立一定的意图，然后在作品中贯彻之，以期表达思想，寄寓情感。这种设定，开始也许并不清晰，但随着思考的深入、文本的生成，作者的创作意图也显现了出来。因此，作者的创作意图应该作为解读文本意义的基本依据，也是课文意义生成的第一步。

理想状态下，文本应该完整、准确地反映作者的创作意图，即使在作品完成、问世之后，文本仍然承载着作者意义。创作意图毕竟是作者创作构思的出发点，也是文本意义指向的目标。因此，作者意义制约着文本意义，作者的时代背景、生平经历、情感性格、创作态度等都可以成为解读文本意义的重要材料，众所周知有一种文本解读的重要方法是“知人论世”。李煜的《虞美人》中，“春花秋月何时了，往事知多少”“问君能有几多愁，恰似一江春水向东流。”将身世的无奈、无眠的悲哀、亡国之痛、故国之思寄寓其中，引发不同时代人们复杂、微妙、长久的感慨。他的创作意图也许就是表达此情此景此时此处的无边愁绪，但是结合时代背景和作者的人生经历进一步探寻，作为读者的师生才更加容易理解词中表达的家仇国恨、身世之悲、生命体验。

然而文本意义并不完全等同于作者意图，也可能偏离、违背甚至超越作者

的创作意图。语言是思维的工具，熟练而巧妙的语言使用者可以娴熟地驾驭语言，恰切地表达自己的意图，但任何人都没有能力完全掌控语言，让语言只为自己的意图服务。语言的约定俗成和社会属性可以保证作者的字面意义的传达，但却无法保证文本意义被传达的准确性和完整性。文本一旦生成，就拥有了自己的生命，就可能脱离作者当初的意图，穿越时空成为一种独立、自主的存在，开始了自己独特的生命历程，凭借时间、空间、时代、社会等超语言因素，超越作者的意图与局限，发展出更宽广、更深远、更多元的意义。

文本有时候甚至可以完全脱离原词的意义而存在。“昨夜西风凋碧树。独上高楼，望尽天涯路”“衣带渐宽终不悔，为伊消得人憔悴”“众里寻他千百度，蓦然回首，那人却在，灯火阑珊处”这三句话，在王国维的解读下，巧妙地成为“古今之成大事业、大学问者”必经的“三种之境界”——从“苦苦求索”到“执着追寻”，再到“恍然顿悟”。再如“落红不是无情物，化作春泥更护花”，在当时的情境下，作者龚自珍的意图是表明自己辞官以后仍然会尽己所能为人民、为国家服务，而在流传的过程中，诗句的意义超越了诗人原本的创作意图，扩大为一种广泛的牺牲、奉献精神。

探寻、挖掘作者的创作意图是课文意义生成的第一步，也是进一步生成课文意义的基础。

课文是一种特殊的文本，出现在教材中。教材体现的是国家意志，在优秀作品的编选过程中，编者可能因为篇幅、思想、情感等内容，对原作品进行一些缩减或者改写。因而教师在文本解读的过程中，既要查看原始版本，也要思考编者意图：为什么要删减？为什么要改编？对原文内涵是扩大还是缩小？这种变化意义何在？在仔细研读任务群目标和单元目标，对照原文本与课文，思考上述问题以后，教师可以在领会编者意图的基础之上，结合学情分析，决定是否将改编、删节部分提供给学生感悟、理解和分析、品味。

在任务群中、在单元中理解编者意图显得更为重要。一篇课文可能有多种教学价值，而在编入任务群、单元之后，不管将其置于单篇阅读还是群文阅读，教师都要根据人文主题和任务群要求，领会编者意图，选择课文的解读生成点。比如在“劳动精神”单元，师生需要共同解读的就是不同时代、不同职业的人们的劳动精神，从课文的内容和语言表达中理解劳动的欢欣与繁重，劳动对于自身、对于社会和时代的意义，这样才能使学习目标清晰而集中。

作品一旦成型，作品意图就不仅仅承载作者意图，而是可以被不同的读者、不同的时代赋予不同的意义，被多元解读。而编者作为读者，作为承载国家意志的教材选编课文的一分子，他们的解读可能更加宏观，比如统编教材中，《荷塘月色》《故都的秋》《赤壁赋》《我与地坛（节选）》被统摄在一个单元之下，核心任务为“体会民族审美心理，提升文学欣赏品味，培养对自然的热爱之情”。

探寻作者意图与教材的编写意图并加以整合，有助于教师宏观把握单元核心任务，在教学解读中不仅关注课文的内容和语言形式，还要关注其中蕴含的哲理，还要结合单元的整体精神，体会不同时代、不同作者的审美倾向，从而探寻整个民族的审美趣味。

循教材特征沿波溯源，探寻挖掘作者意义和编写意图，是课文意义生成的基本路径。

2.捕捉词语矛盾关系，整合语句蕴含的深层意义

文本是一个自足、封闭、能指、独立的艺术世界，是一个由文学语言在各种结构技巧和表达方式的综合运用下形成的一个瑰丽丰富的艺术世界。在这个艺术世界中，文本各个构成要素：环境、人物、语言等相互联结，相互作用，构成一个具有多重内涵的话语系统和意义系统。

这个复杂、精妙的系统是由语言构建的。从语言层面来说，语言由语音、语义、语法、语用层面所构成。语音的语气和语调、语义的实指和虚指，语法的规则和变形，语用的外显和内隐，在这种复杂的意义系统中，各个层面相互作用，共同向读者展示着某种语义、寓意或意味，即意义内涵。词语是最小的意义单位，是作者一个个深思熟虑或者灵光乍现的表达，也是需要读者领悟、理解并加以丰富的意义群落。文本的语言组织形式，包括词语的选用和句式特点，本身就在创造和显示着某种意义，读者也可从文本构成的各个要素，以及文本要素的相互关系中去生成文本的意义。

《我与地坛》中，作者写道：

四百多年里，它一面剥蚀了古殿檐头浮夸的琉璃，淡褪了门壁上炫耀的朱红，坍圮了一段段高墙，又散落了玉砌雕栏，祭坛四周的老柏树愈见苍幽，到处的野草荒藤也都茂盛得自在坦荡。

“琉璃”为什么“浮夸”?“朱红”为什么“炫耀”?在语法层面，这样的表达是否有悖于语法规则?通过文本变形的语言，我们可以解读出这不仅是在说地坛之前的“浮夸”和“炫耀”，而且是在说一个人年轻的时候，在最狂妄年龄的时候，也是“浮夸”和“炫耀”的，那是恣意张扬、热血蓬勃的青春时代，一个人最美好的人生阶段。史铁生在20多岁，最年轻、最狂妄的青春年华突然残废了双腿，这样的遭遇对他的打击可以说是致命的，因此，他也无可避免地走入一个生命的困境，开始了对于生与死的漫长思索。

捕捉词语矛盾关系，体会词语、句式蕴含的深层意义，是课文意义生成的重要路径，也是体味、涵泳出“语文味”的重要方法。

3.还原课文增删信息，整合原文本意义和现课文意义

一些文本被选入教材以后，出于篇幅、教学目标等因素的考虑，会进行一些删节。对于经过改编的课文，其意义必然会与原文本有所不同。有些文章的开头和结尾被删节，留下了主体部分；有些文章中的一些背景、细节被删改，留下了主要矛盾。对编者来说，这些工作是必要的。但对于专业的阅读者语文教师来说，经过改编的课文呈现的意义也需要还原原文本信息，在与原文本比照中去探寻课文意义。

以《装在套子里的人》的人为例，小说原文是布尔金讲了一个套中人的故事，故事结尾，伊凡作为听故事的人，想就“再也不能这样生活下去了”进行进一步的探讨，但是布尔金却很快就睡去了。在解读原文的时候，我们意识到布尔金也是一个套中人，并且麻木不仁，只是将别里科夫的故事作为一个睡前的闲聊讲了出来，但却拒绝对这样的现象和问题进行进一步的思考。

《装在套子里的人》在入选中学语文教材时，开头和结尾部分做了一些删减，使得矛盾冲突更加集中，文章也更加简练。但是几处删节，尤其在结尾部分删掉故事的讲述者布尔金和兽医伊凡·伊凡尼奇的对话，伊凡发出几次呼喊“不成，不能再照这样生活下去啦!”，而布尔金却几次拒绝讨论这个话题，并

且很快就睡了过去，留下伊凡一个人发出叹息。布尔金作为叙述学中的“故事内的同故事叙述者”，别里科夫的同事，其实也是一个套中人，一个麻木于生活，会抱怨生活、会嘲笑别人，却从未认真思考，从未想要改变环境，哪怕是改变自身的大多数人的代表。但在社会上，也同样有伊凡这样会思考、想要改变的一类人，他们才是觉醒者，是改变社会的一束光，是契科夫所认为的终结沙皇统治的希望。删掉这样的结尾，势必对小说的内涵有所窄化，批判力度有所减弱，希望之光也不容易被读者捕捉。

对于学生，一方面能够理解课文中别里科夫的形象、认识到社会中其实有很多这样的套中人，一方面将原文提供给学生进一步比较阅读，必然会带给学生不一样的理解和感悟，更进一步认识短篇小说大师契科夫作品的意义，促进学生思维的发展和提升。

鉴于解读原文与解读课文可能会有所不同，作为语文教师，我们首先需要对原文和课文进行比较阅读，在明确任务群和单元目标、推测作者意图、明晰编者意图的基础上，确定课文的教学价值以及解读的重心所在。如果被课文一叶障目，无视原文本和原作者，势必影响教师对于文本理解的深度和广度。

（二）创情境氛围披文入情

意义生成有赖于施加环境和感官途径，怎么把课文的语言信息传递给学生，意义生成至关重要。课文都有一个自足的语境，因为心智背景、时代差异等因素，在进入课文语境之前，需要创设情境，链接学生已知和课文情境中的未知。创设情境，激活原有知识背景是为了将学生引入课文，对教学内容发生兴趣，产生阅读和探究的欲望。

比如在学习《我与地坛》之前，先通过问题创设情境，询问学生知道哪些人物，是曾经陷入生命的困境，又是如何走出生命的困境，找到人生的价值的？学生可能会列举出贝多芬、海伦·凯勒、霍金等耳熟能详的名字，但是真正对于他们是如何走出生命的困境反而没有深入地了解。带着这样一个问题情境，再去阅读《我与地坛》，学生对于史铁生如何走出生命的困境就比较容易产生较为深入的思考。

创设情境有助于链接学生已知和未知，为他们理解文本搭建支架。创设情境有助于学生理解语境意义。语境意义是指词语或句子在特定的语言环境中产生的意义，离开特定的语境，语言的意义将变化无定，不易捉摸。课文意义只有在特定的语境中才能被理解和感知，将同一段文字置于不同的语境下，意义也会迥然相异。语境无法独立存在，它必须与课文、作者和读者相伴相行；而一旦语境缺位，课文意义也往往无从谈起，可以说，语境在课文解读中的地位是无可替代的。语境为课文意义的阐释提供了一个意义场，规定、限制着意义生成的方式和途径。当课文所处的语境发生变动时，意义也不得不随之变化。无论作者还是接受者，总是在具体的语境中以特殊的话语方式与这个世界对话，课文也就是这一对话的产物。由于课文的语境较为模糊而对语言意义的理解产生歧义的现象是不可避免的，这就需要提供正确的、明确的语境以利于课文意义的解读。仍以《我与地坛》为例，通过“生命的困境”这一情境的创设，学生在阅读文本时的情感就会产生一个聚焦。

语境首先是指上下文语境，即某一词句跟上下文的联系。可以把某一句放在文中读一读，结合上下文及具体的语气、语调来确定词句的语境意义。

史铁生在《我与地坛》中说：“当年我总是独自跑到地坛去，曾经给母亲出了一个怎样的难题。”这是一篇回忆性散文。“难题”一词，包含了丰富的内容，体会这个“难题”的含义，需要在文本中上下求索。

创设情境有助于学生理解民族文化传统语境。语境还包括民族文化传统语境。比如在学习《祝福》之前，可以创设一个关于现代女性地位的情境，询问学生对于女性地位的直观经验，进而去探寻封建社会女性的命运。小说《祝福》中，祥林嫂的悲剧命运在“祝福”中展开，能干、被重用是在“祝福”中，冷落、被嫌弃也是在“祝福”中。不理解民族传统文化语境中的“三从四德”，便很难理解祥林嫂处处所受的欺压和凌辱。

语境还包括现实语境。创设情境有助于学生从现实语境进入到文本语境，从现实社会进入到文本写作的时代。文本的意义还跟读者的社会文化经验密切相关。建构主义理论指出，学习者并不是以一张白纸的状态进入学习情境的，在日常生活和以往各种形式的学习中，他们已经形成了有关的知识经验，对一些事情有自己基本的看法。即使有些问题他们从来没有接触过，但是当问题呈现在他们面前时，他们还是会基于以往的经验形成对问题的理解和解释。在解读文本时，人们总是自觉不自觉地调动自己的社会文化积淀。

比如有教师提出，在执教《卖炭翁》时，教师细致地讲解了每一句所表达的意思，蕴含的情感，仍然有学生不解卖炭翁“可怜身上衣正单，心忧炭贱愿天寒”的矛盾心理，认为这个老头“有病”。原来在这个教学语境下的学生，从来没见过“炭”，也不知道在没有空调和地暖的古代，“炭”对于北方人民重要的取暖作用。《插秧歌》中，前面说插秧，最后一句却要“照管鹅儿和雏鸭”，没有生活阅历的学生会很难理解，他们会认为是辛苦工作一天之后，还要回家照管鸡鸭鹅——而实际意义是要看着鹅儿和雏鸭不要啄食刚插的秧苗。

文本解读必须正确解读语言环境，才能准确把握语言内涵，进而理解文本意义。语言可以以有限的形式表达无限的内容，这正是语言的魅力所在。准确地把握词句在特定语境中的含义，是语文解读中的一个重要课题。创设情境帮助学生正确解读语境，正是语文教学解读的一条路径。

教学语境还是一个师生互动的过程，是一个教师根据文本和预设，引导学生达成学习目标的过程。面对同一个文本，一名资深教师十年前的学生也许与现在的学生会得出不一样的解读。在教学互动的语境中，教师可以及时发现预设不足的地方，补充学生因为阅历或者时代原因造成的文本隔阂。教学语境也是一个特殊的语境。教师作为主导，有一定的权威，在教学语境中，教师往往有一种掌控的倾向，即尽力将学生的话语引向自己的解读，在不知不觉中忘记了课堂是一个师生平等对话的语境。创情境氛围批文入情，将师生置于一同面对任务、一同解决问题的层面，有助于课堂的自然生成。

（三）激心智背景探幽显意

意义生成与心智背景密切相关。课文意义有赖于教师的深入解读，但是课文意义在师生互动中生成新的语言信息影响着解读的成效。

教师对于文本解读的重要性毋庸置疑。只有教师做出丰富、深刻、个性化的解析，生成超越性的、丰富的、新的语言信息，才能有效引导学生去理解、去体悟。著名语文教育家叶圣陶先生说："字字未宜忽，语语悟其神"，就是说作为语文教师，要细读文本，不忽视每一个字、词，甚至标点符号，一字一句领悟和品味字词背后的意蕴和味道。教师的初读感受和原生态阅读最为宝贵，在"裸读"中获得的感受、体验、困惑，也许最接近学生的初读体验。在"裸读"有感的基础上再去查阅参考资料、教参，进一步审视文本、确定教学内容。语文教育的一个主要任务就是通过课文的学习，让学生认识语言现象，掌握语言规律，并且学会正确而熟练地运用语言这个工具。对课文未经咀嚼、未经省察的解读，称不上教师的专业化解读，也就难以起到引导、教育的作用，从而使得语文课堂教学在低水平的"得意忘言"层面上滑行，浅薄、低效、干瘪，为人诟病。

因此，学界有一个比较通行的观点，语文教师至少要对课文进行3次阅读：首先是原生态的"裸读"，然后是参考资料、查阅背景的"泛读"，最后是确定教学价值、教学生长点的"细读"。只有这样，才能形成教师对于课文全面丰富、由浅入深的教学解读，为进入课堂实现师生共同解读打下坚实的基础。

德国哲学家伽达默尔认为："不涉及接受者，文学的概念根本就不存在。"[①]在语文教学解读中，接受者实际上有两个：教师和学生。而课文意义的实现，以学生的最终接受为标志。学生用自己的理解、感悟和想象去丰富或改造课文，建构新意。有的学生在深入阅读时会对课文产生多元的解读，当生成的意义被分享出来后，对其他学生解读课文意义影响很大。

学生的日常生活经验、审美体验和个人资质不同，对文学形象的感受就不相同，课文解读的结果也各自不同。学生可能认识课文的大多数词语，但他们不一定理解课文的意义，尤其是深层意义。这时候，教师的分析和引导就自然而然显示出它的作用，可以激发、激活学生的心智背景。

学生对课文的理解与教师对课文的理解直接相关，教师在对课文的分析中注入了自己的理解，是对课文内涵的细化、阐释，而学生们对课文的分析对其他学生理解课文意义也会起到一定的催化作用。这样，语文教学就是一个意义

① 伽达默尔：《真理与方法》，王才勇译，辽宁人民出版社1987年版，第237页。

不断更新，循环生成的过程。

另外，通过多媒体运用，学生接受多模态的信息，也可以调动感官、激活心智背景，从不同方面加深对文本的理解。

《普通高中语文课程标准》（2017年版）指出，阅读是学生的个性化行为，不应以教师的分析来代替学生的阅读实践。学生每一种有理有据、基于文本的解读都是对课文意义的创造和丰富，学生的理解越是个性和独到，就越应该加以鼓励和发扬。激心智背景探幽显意，可以更好地激发学生解读文本的热情，碰撞出思维的火花，使文本意义在师生互动中自然生成。

二、课文解读的几个误区——以郭初阳老师《愚公移山》课堂实录为例

课文意义的生成情况有三种：大于原作者的表达义，小于原作者的表达义以及不等于原作者的表达义。大于和小于是解读中十分正常的现象，而不等于则不合解读的目的。不等于，也就我们常说的误读。

课文意义的生成过程好像人们看到树叶后，体验到它们的绿色一样。人们对“绿”的概念的生成，需要三个因素的共同合作：叶子自身的反光特征，叶子在不同的光亮下呈现，人们对绿的颜色的先验概念心智背景。

每篇课文原本是纸上印着一排排文字，没人来看，它们只是在那而已，处在沉寂中。有人来读，它们就被赋予了某种的意义。不同的人会读出不同的意义，这将取决于不同的人组合意义生成的三个因素的方式。

下面以郭初阳老师《愚公移山》的课堂实录为例[①]。

郭初阳老师对《愚公移山》这篇课文的解读很有创新意识，对于愚公的形象意义有建构，也有解构。在传统文化语境中，郭老师建构了愚公的形象意义：自强不息，追求梦想。但他的这节课重在解构愚公的这个传统形象，愚公不再是自强不息、追求梦想的形象，而是自私、愚蠢、阴险的形象。

我们从文本自身、呈现方式以及心智背景三个角度来分析郭老师的解构路径，来分析解读中常常出现的三类“误读”。

---

① 郭初阳:《〈愚公移山〉课堂实录》,《教师之友》2005年第3期，第39—46页。

（一）偏离课文自身的解读

郭老师一开始立足课文，提出“山是怎样的？愚公是怎样的？‘移’的过程是怎样的？最后的结局是怎样的？”四个问题，然后师生逐一讨论了。接着师生应该沿着这样的思路由事件的起因、经过、到结果来分析原因：愚公的精神感动了天帝，再次追问愚公的精神是什么？儒家的朗健、积极的精神。

这节课可以遵照生成的意义继续愚公自身、以及他与自然、他与他人的矛盾揭示课文中的深层意义。可惜的是郭老师忽然转变思路，从事件的结果认定愚公成功的原因是得到外援，从而否定了愚公的成功，就顺其自然地批判愚公种种不是，最后得出他对愚公的解构意义。

问题出在哪里？对课文的放弃。山被移走了这个结果，可以说是愚公成功了，但不能只把他的成功归结为外援这一个原因。根据马克思主义哲学原理，我们知道原因与结果的联系有多种情况。一个结果可能有一个原因，但一个结果也可能会有多个原因。原因有外在原因，也有内在原因；有主要原因，也有次要原因。

立足课文分析愚公成功的原因，主要是愚公的精神感动了天帝，家人对他的支持。郭老师把成功的原因之一得到外援当作新的前提，来推出愚公失败的结果。以此，设立一个靶子，带领学生们向愚公射箭。实际上，愚公的成功，恰恰就在精神上，而在物质层面上，他并没有成功，因为他并没有移走山。

如果抓住课文中的这类成功与不成功的矛盾点，可以很好训练辩证思维与思辨能力，可惜的是，郭老师草率地放弃了课文，也放弃了一次更有效的教学。

（二）偷换呈现方式的解读

课文以什么样的方式呈现出来，对意义的生成也同样重要。课文可以单独呈现给学生，也可放在一组课文中呈现，也可以补充其他信息中呈现。就像光线的不同，对颜色的生成不同一样，不同的呈现课文方式对课文意义的生成必然不同。

郭老师在这节课中呈现了“夸父逐日”“精卫填海”两个故事，与“愚公移山”的故事相互对照，可以用前两个故事的悲剧性与本文的喜剧性相比较，深入剖析文章主旨：坚持不懈的精神不一定会有好的结果，愚公是幸运的。但郭老师用这两个故事主要推导出愚公人多，但成功靠的是外援，放弃了这两类故事间的矛盾对立点的解读，失去这两个故事在意义生成中的真正价值。

尤其是借用两位外教对《愚公移山》的解读体会，来强化他对愚公“愚”的解构。这就好比我们承认阳光下树叶是绿色的，而有人却说晚上看到它们是黑色的，就认定树叶是黑色的。光线不同，树叶的颜色当然不同，我们的目的是研究阳光下树叶的绿色的意义。

外教对《愚公移山》的解读必然不同于我们的解读。外教和我们，一是民族文化背景不同，二是他们对本文的语境很陌生，三是他们读到的是英语老师翻译版的文本。郭老师用一个必然的结果来否定应然的事件，在逻辑上犯了很大的错误。

（三）误用心智背景的解读

课堂上意义生成，最重要的是解读者原先的心智背景参与。无论解读者意识到或者没有意识到，他们的心智背景主导着意义生成。就像我们看到树叶，认定它们是绿色的，这与我们原先的概念储备有关。而有的民族，因生活环境与自然环境的影响，他们就没有绿色这种颜色。所以，他们看到树叶就不会认为它们是绿色的。

在课文解读中，无论我们意识到或没有意识到，我们头脑中原先的价值观对于意义生成有起到重要作用。郭老师在本节课中，说到“中国人注重血缘”的文化知识，以及学生说到“中国是‘老人崇拜’”的思想，对于本文的意义生成非常重要。家族血缘是愚公产生并坚定移山想法的重要原因，增加他的自信与执着。老人崇拜，是个话题，对于解读本文意义有一定作用。老人崇拜是因为他们人生经验丰富，有智慧。他们接近死亡，因而处理事实不带功利，想法出自本心。他之所以要移山，因为他看出这是让子孙后代走出去的唯一出路。

而同样是老人，智叟看法为何完全不同？只能说一头白发不代表智慧。这些文化背景郭老师调用得非常恰当，只是未能推进。

郭老师接下来用“现代旅游开发”“环保主义者”“个人的意志强加给了他子孙”的观点，这类心智背景对意义生成起到破坏作用。因为这些是现代社会语境中的思想，与这篇文章的语境没有关系，不能用来评判愚公的行为。就好比我们惋惜秦始皇为什么没有想到用拍电报的方式让扶苏回朝继承大秦江山。

课文自身特征、施加条件以及心智背景三个因素决定着课文意义的生成，如果对它们运用不当，就会生成错误的意义。

第三章　语文教学解读的阅读理论

第一节　阅读是语文课文的本体存在

一、何为“语文课文的本体存在”

语文课文的形态通常呈现为单元板块下若干诗文的组合，单元之间又有着貌似宽松实则紧密的关联。每个单元、每篇诗文都承载着不同的功能，蕴含着不同的文化信息、美学意蕴，发挥着不同的效用。然而，由于教学时间、教学进度、考试内容，以及师生某些主观因素，致使某些篇目甚至某些单元，处于被遗忘的状态。这样的语文课文虽然存在，但因为缺乏师生的阅读、体验、领悟、消化，它是干瘪的、空洞的，近于虚无。可既然它存在，一定承担着它特有的功效，那么上述问题就值得我们的思考。

可能有人会认为，不管读还是不读，语文课文它都在那里。然而就其价值的实现而言，这种“在”只能是一种物质性的存在，由于缺少读者的阅读接受，语文课文蕴含的文化信息、独特美感、思想价值，都处在沉寂的状态，无从通过师生产生更广范围、更长时间的影响，这自然就丧失了它原应发挥的育人功用。

为了避免教学资源的闲置浪费，就必须使语文课文摆脱纯粹物质性的存在境况，而改变这种境况的根本方法就是阅读，经由语言文字向课文的纵深进军，毕竟只有阅读才是语文课文的本体存在状态。

正如接受美学的代表人物姚斯所言，一部文学作品不是向每一时代的每一读者均提供同样的观点的客体。它不是一尊纪念碑，更多的像一部管弦乐谱，在其演奏中不断获得读者新的反响。语文课文自身的精妙大义、艺术魅力、教育价值，也不是敞露无遗地向任何人予以展示。它渴盼着师生，借助它实现着读者与读者、读者与作者深层次的精神对话。在此过程中，语言文字散发的独特魅力，文学作品创建的瑰丽世界，其中蕴含的丰厚思想营养，对于真善美的追求和歌颂，对于假恶丑的揭露和鞭挞，都以无形有迹的方式，滋润着读者的心灵，陶冶着他们的情操，拓宽着他们对社会现实、人生百态、历史人事的思考。而这一切的最终达成，都仰赖着对课文的深入阅读。正是阅读才使得语文课文由静态的存在，获得了动态的生机盎然的存在状态，使得课文原本密闭的宝藏向读者供奉出来，供他们恣意享用。

相比其他的文本，阅读之于语文课文还有更为重要的意义。面对其他文本，师生往往有更强的自主性，选择的权利更大，可阅读可舍弃，时间可长可短，方法可精可略，速度可快可慢，效果也不作要求。然而面对语文课文，师生就丧失了这般自由，因为语文课文是教材内容，是师生必须直面的必选对象，因此深入阅读学习课文也就成了理所应当的事情了。

二、“语文课文阅读”的特征

（一）语文课文与数学、物理等自然学科课文的区别

数学、物理、化学等学科的课文，更聚焦于前人已经研究发现的通过概念、数字、符号等表述出来的规律、原理。而语文课文主要是借助语言文字来呈现。虽然语文课文里也有相关事物事理的说明文，但由于语文的学科特点，它们更关注语言的表达、事物事理的具体呈现方式，及其中可能彰显的科学精神。这就与中学数学、物理等自然学科的课文有了本质上的区别。这种区别既

与学科特点有本质的关系，也与不同学科的本质属性有关。

比如数学家华罗庚的《统筹方法》涉及数学领域中的优选法，然而当这篇文章出现在语文课本里时，我们关注的重点是华罗庚先生是如何使用简洁明了的语言，以通俗易懂的方式，把这个抽象而复杂的问题向读者表达出来的。对这篇文章关注的重心，体现着语文和数学学科定位的差异，当然这也与各自的核心素养有着本质的关联。

（二）语文课文与政治、历史等人文学科课文的区别

同样是以文字作为课文的主体部分，语文课文与政治、历史等人文学科课文也有着明显区别。语文课文更多是由不同体裁、题材的文学类文本构成。以目前的高中语文统编教材为例，这些课文既围绕特定的学习任务群编排而成，又聚焦于某些人文主题。历史、政治等学科尽管也主要由语言文字构成，但其语言文字更多作为工具，是达到对历史事实真相、政治思想观点的准确把握的重要手段。相比而言，语文课文有着明显的个性色彩。同时建基于语言个性化、丰富性基础上的，是语文课文对于阅读主体感受和体悟文学艺术的美，不断提升欣赏美、创造美的能力。正是语文学科对语言和审美的重视，使得它和其他人文学科的差异性得以凸显。比如毛泽东的演讲词《中国人民站起来了》，若放在历史课文中，作为文献资料它可以使读者了解新中国政治协商会议召开的背景、主要议程、历史意义；若放在政治课本里，它可能有助于读者知道我国的国体、政体，明白我们独特的民主形式，懂得政治协商会议的价值和意义。然而《中国人民站起来了》作为高中语文课文，以上这些虽然可能会略有涉及，但肯定不能成为我们关注的重心，因为我们语文学科的特点就决定了应把阅读的重心放在演讲词的文体、毛泽东独特的语言形式，以及文章流露出作者的自豪之情和他对国内外形势的清醒认识。

（三）课文阅读的价值

首先，阅读能实现课文价值。语文课本中文学作品人物形象塑造、思想情感表达，不像美术、音乐以直观感性的方式直接诉诸人们的感官，它依靠语言

文字符号来达成，这就使得它的形象和情感是间接的。即使作者极力想穷形尽相地描摹事物的样貌，但文字符号本身的抽象特性，注定存在很多缝隙空白，这些空白也在向读者发出邀请，邀请读者以自己的经验、阅历、才识，充分发挥想象，在脑海中赋予抽象符号音义、情形等。最终是阅读使课文由沉寂状态被唤醒，使它恢复生机盎然、元气淋漓。

作者通过作品的最终完成，创造了作品的价值，而读者阅读这些作品，使得作品中蕴含的诸多价值能够最终实现。作品中承载着作者的艺术追求、精神观念、人生理想，但这些都以静态的方式凝固在作品之中。这需要读者解读这些文字，把课文凝固的形象、情感、思想得以流动起来，架起连接读者、课文和作者的桥梁，缩短彼此距离，破除因时空、国籍、民族、文化等因素而形成的障碍，正是在同频共振共情中，作者通过课文所创造的价值才因为读者的消化吸收，而最终得以实现。也正是由于读者的阅读理解接受，甚至反向的批评辩驳，才使得静态的课文成为不断焕发活力和生机的常青树。

与课外阅读的自主性不同，语文课文的阅读具有强制性，毕竟它体现着国家的育人理念，承载着特定的育人目标，关乎着国家未来公民的基本素质、精神风貌，影响着国家未来的发展。高中语文学科核心素养的四个方面在学生身上实现的程度，与对课文阅读学习、理解掌握的程度有着密切的关系。高中语文课文内容固然不多，但由于课文文质兼美、体例丰富，包孕着丰厚的教育价值，紧密联系着传统和现代、中国和世界，所以它是学生掌握语文学习方法和提升语文能力的核心资源，是学生语文素养习得的必由之路，也是学生实现由课内到课外、由校园到社会的不二法门。只有认真阅读，充分学习开掘，才能使语文课文的育人目标得以较好实现。

其次，阅读最终成就读者。语文课文阅读学习的过程，是较为集中的语文能力训练过程。从简单的语言文字的认识、掌握、积累，到对语段篇章的内容理解；从文章的结构框架的梳理、主旨思想的概括，到字词语句的品味、艺术特色的赏析；以及从课文阅读中领略到的优秀传统文化的丰厚博大，到感受到圣先贤的精神、思想；从文本缝隙中发现的问题，到对问题的思考和解决，用自己积累的语言文字去欣赏、表达、创造，这些都建立在对课文语言文字咀嚼品析的根基之上。而这每一环节都有相应的方法和策略，都需要一系列持续而有效的操练，如此方能帮助学生掌握较为扎实的语文能力，而这种能力又为学生课外学习和未来的工作生活奠定坚实基石。

阅读的过程是交流对话的过程，而若达到有效畅通的沟通，就需要阅读者充分发挥主体作用，调动知识储备，连接既往生活经验，与作者和课文进行精神对话、思想碰撞。由于课文是沉默的，作者是隐退的，读者只有从课文字句入手，从文字间隙中寻觅探索，才能沿流溯源，顺藤摸瓜，逐渐领略其艺术堂奥，捕捉其思想精髓。这就需要读者由平静淡泊，进入到全然清醒紧张的状态。读者不是作为纯粹的被动接受者，不是把作者和课文当作尊崇膜拜的偶像，而是以平视的姿态，与之开展平等对话。面对伟大的文学家或作品，我们既应叹服其卓绝的才华，也应理解其可能的历史局限、偏狭性格。正是一系列古今中外性格各异、思想奇特，但又都成就非凡的伟大人物，让读者更加懂得人格独立、精神自由的重要性，并潜移默化地尝试着去锻造这种人格和精神。

每个个体都具有自身的局限性，都承受着生活的重负，于是平凡的生活、浅薄的阅历、粗陋的知识、繁重的课业，往往让我们愈加感到生活的单调，生命的乏味。然而课文中千姿百态的生活，波澜壮阔的历史，奇崛瑰丽的图景，跌宕起伏的情节，丰富多样的人物，都在开拓着我们认知的边界，刺激着我们对世界的想象，极大地丰富了我们对于社会人生的理解和思考，使我们能跳脱出自我的狭小天地，与更为广阔的时空、更为庞大的群体发生关联。于是在个人利害得失之外，我们似乎摆脱了名缰利锁，发现了更值得关注的东西，我们原本单薄脆弱的生命将变得厚重结实。

柯灵先生在一篇文章中把钱锺书比作为一棵智慧树。

这是一棵人生道旁历尽春秋、枝繁叶茂的智慧树，钟灵毓秀，满树的玄想之花，心灵之果，任人随嘉观赏，止息乘荫。只要你不是闭目塞听，深闭固拒，总会欣然有得——深者得其深，浅者得其浅。①

我们如果把这棵智慧树比作语文课文，相信其带给读者的感动和收获也是这样的。

① 柯灵:《钱锺书创作浅尝读书》,《读书》，1983年第1期。

第二节　课文阅读的秩序性与文本视点

阅读教学活动一直受到历史与时代的多重塑造。索绪尔《普通语言学》问世以前，作家中心论一直占据着文学理论的核心位置，但本体论层面发生了转向后，由作家中心论转向了文本中心论。然而，把文本像科学解剖那样来分析，忽略了读者的能动性。20世纪60年代中期，以姚斯为代表的接受美学发出“挑战”[①]，随后伊瑟尔的读者反应批评论也推波助澜，两者共同建构了读者中心论[②]。这些理论的迭代，对阅读的秩序性产生了直接的影响，人们对阅读教学过程的认识逐步从“教”向“学”转化，从以知识为中心的讲授-训练模式，发展到以技能为中心的示范-训练模式，再发展到以语感为中心的感悟-积累模式。模式的转换，对语文教学也产生了积极的意义，阅读教学中不再单一从作者出发谈创作的语境和意图，或是从文本出发谈字词句章和文学技法，而是开始关注读者的阅读反应和审美感受。然而，由于理论的交叠和教学经验的传承，语文教学中的阅读教学活动依然存在秩序混乱、莫衷一是的现象。语文教学解读研究就是主张在阅读活动的参与方——作者、课文、读者（教师和学生）三者之间寻求有效的互动关系，并且在课文阅读过程中建立合理的阅读秩序。

① 原为姚斯在就职典礼上发表的演说，后出版时更名为《文学史作为文学科学的挑战》。

② 朱海燕：《由文本中心论到读者中心论——接受美学理论核心观点探析》，《芒种》，2018年第14期。

一、课文阅读的秩序性

（一）何为秩序

秩，从禾失声。（《说文解字》）《诗》也有曰："稽之秩秩。"从禾，提示此字来源于先民的劳作生活，将收获的麦穗或稻子堆积一旁，"积之必有次序成文理是曰秩"，先有积累，必然有下一步整理和存储的需要。《辞源》有记载："一月之次为秩"。可见，"秩"由生活场景中的空间排序逐渐抽象为一种思维活动中的时间序列，体现了人对外物和自我的认知受到客观事物和主观思想相互作用的影响。

序，《说文解字》的解释为"东西墙也"，意为堂屋前的东西两侧门墙。段玉裁《说文解字注》释曰：按堂上以东西墙为界。《礼记》"谓阶上序端之南曰序南，谓正常近序之处曰东序、西序"，是从方位来理解"序"；《尚书大传》卷四："天子贲墉，诸侯疏杼；大夫有石材，庶人有石承。"郑注云：墙谓之庸，杼亦墙也。这里是以阶级身份来体现"序"。不难发现，序的含义需要放在中国的文化语境之下来理解，是政治身份的外显，是伦常观念的体现，具有社会性，来源于人们对社会关系的认知。西方学界对秩序也有相关论述，古希腊人也有两个词汇分别来意旨"秩序"，即外部秩序和内部秩序。通过溯源，可以发现，"秩序"有两重内涵：一是时空所代表的自然秩序。哈耶克在《法律、命令与秩序》中提及"人造的秩序"与"增长的秩序"。一是以人为主体的精神秩序。这既包括客体对象业已存在的次序或规律，也包括人这一主体自主建构的次序，既有相对静止的呈现，也有动态的显示，更有约定俗成、自主创建的主观反映。

（二）何为课文阅读的秩序性

文学作为动态的历时性的过程，既包括宏观的整体历史发展中意义不断集合（即文学的历史性），又包括微观的每一读者在阅读活动中的动态运作。[①]简言之，文学是有序次性的。文学历时性的宏观层面即指从文学史的角度来看文学发展，具有历史史实性，是对过去文学发展事实的梳理和总结，存在以线性的时间为序的特点，其秩序产生于宏观的时空下的文学发展史，纵观宏观的秩序可以了解文学的起源、发展、变革的历史，从中发现文学的形式、意义和价值，同时更好地推动文学向前发展。文学历时性的微观层面是指读者在阅读活动中受到作者、文本、读者三者交互过程的影响，产生动态的理解序次。其秩序也产生于主体（读者）通过阅读客体（文本），亲身参与而达成了动态运作，是文学历时性的微观一端。

文学解释学的阅读对象是文学，语文教学解读的对象是课文。王林老师在本书绪论中曾对语文教学解读的对象进行界定："'教学解读'则介于两者之间，它面对的不仅是'作品'，也不仅是'文本'，准确地说是'课文'（因为当我们称其为"课文"的时候，是把它看成是用于在课堂上进行师生教学的文章或语篇，突出它的教学作用）"。因而，本章所谈的阅读活动的秩序性则会根据课文的特点来建构。

课文阅读的秩序性是指在语文教学解读的视阈之下，充分了解课文的创作语境，考察课文中业已存在的自然秩序和阅读过程中教师和学生的精神秩序，及二者互动的过程，用以指导教师阅读课的教学，帮助学生提升阅读能力，获得阅读的审美感受。

（三）课文阅读秩序的建构

不同于对现实物体的观察，阅读课文的第一步，是对文字的阅读。阅读文字并不能在短时间内对课文的整体产生理解。例如欣赏一幅绘画作品，我们可以瞬间体察全局并产生直观把握，从而由整体达于部分，再由部分返归整体。[②]课文是以文字符号为媒介，由读者经过大脑将符号转换为意义，进而通过想象再度转换为形象，所以课文阅读理解具有间接性的特点，在阅读活动中

① 金元浦：《文学解释学》，东北师范大学出版社1997年版，第166页。
② 金元浦：《文学解释学》，东北师范大学出版社1997年版，第166页。

受到多方因素的作用，不能顿见整体、一览无遗，而必须要经历字、词、句、段、篇的由部分到整体的阅读过程。沃尔夫冈·伊瑟尔在《阅读活动》中首次对阅读秩序进行深入的分析，他认为“整体本文的各个部分绝不可能在任何一个短暂的瞬间被同时感知”，“只能通过对不同序次的段落依次逐一的阅读的方式来进行想象。”[①]

探索课文阅读的秩序性，就需要关注课文阅读活动的三个探索领域：读者、作者和课文。作为课文的创作者，作者在创作之初和创作的过程中本身就存在一定的秩序，而当读者阅读课文时，又将形成自身独特的阅读秩序，三者互相关联，互相影响，产生一定的复杂关系。

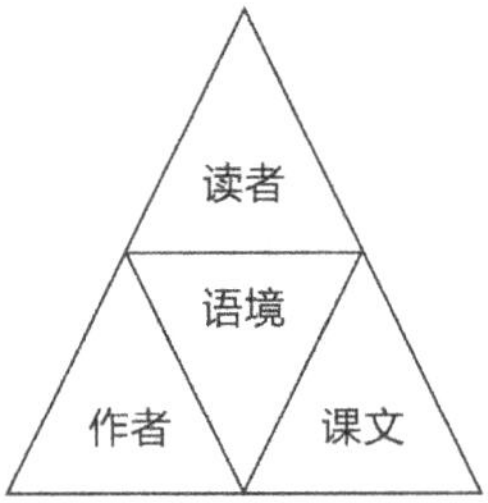

图1：阅读秩序的三个探究领域

作为一线教师，想要开展语文教学解读活动，就需要关注课文阅读的秩序性。建构课文阅读的秩序，我们既需要了解课文本身的秩序，即作者的创作秩序，也需要梳理读者阅读文本时的秩序，从而辅助教师在课堂上引导学生进行语言建构与运用，思维发展与提升，审美鉴赏与创造。

1.作者的创作秩序——作者的精神秩序，课文的形式秩序

我们先从课文的产生之初探究，也就是作者层面来梳理创作时的逻辑思路——作者的创作秩序。“本文的结构和读者对结构的理解活动便成为交流活动的两极”[②]。创作必定先有立意，产生预想，这是作者的创作思路，产生于落笔之前，然后在落笔之中不断调整和完善，最终由文字呈现于停笔之后。这

① 沃尔夫冈·伊瑟尔：《阅读活动》，金元浦，周宁泽，中国社会科学出版社1991年版，第126页。

② 沃尔夫冈·伊瑟尔：《阅读活动》，金元浦，周宁泽，中国社会科学出版社1991年版，第126页。

种创作意图，古人在诗文中多有介绍。如苏轼创作《水调歌头》，题记中就有“丙辰中秋，欢饮达旦，大醉，作此篇，兼怀子由”。这是词人苏轼创作秩序的体现：传统佳节，畅快饮酒，团聚时刻，但思弟兄。联系背景，不难发现苏轼与弟弟因政坛纷纭已七年未见，苏轼想通过词作表达对弟弟子由的思念之情，对仕途遭际的感慨之情。因而，写作之前，作者就有一个预设的内在逻辑，这就是作者创作的精神秩序。

对于任何一篇文本而言，作者在创作时都会有自身的精神秩序，然而，很多课文，作者没有直白地对其创作进行解读和说明，我们研究的多为作者的创作的形式秩序。对于作者来说，他需要将这个精神秩序通过文章结构、艺术手法、语言风格来组织语言文字，用以呈现出自己脑海中的预设目标，这些表达的特点，构成了课文的外在的形式秩序。这是一个由整体到部分的过程，是作者的想法由具象到抽象的过程，由主旨到结构、由结构到手法、由手法到语词的动态的活动。教师和学生阅读的对象其实是具有了外在形式秩序的课文，作者已经将创作的精神秩序外化为形式秩序。

我们在进行语文教学解读活动时，对形式秩序的梳理往往方法多样，各有千秋，对精神秩序的了解，则需要从创作的时空背景来做合理的思考。这里以郁达夫的《故都的秋》举例说明。先来看本文的形式秩序：总分总的结构设置，分述的部分采用了五幅图来呈现故都的秋的秋色，同时每幅图还采用了多重手法来凸显其“清、净、悲凉”。

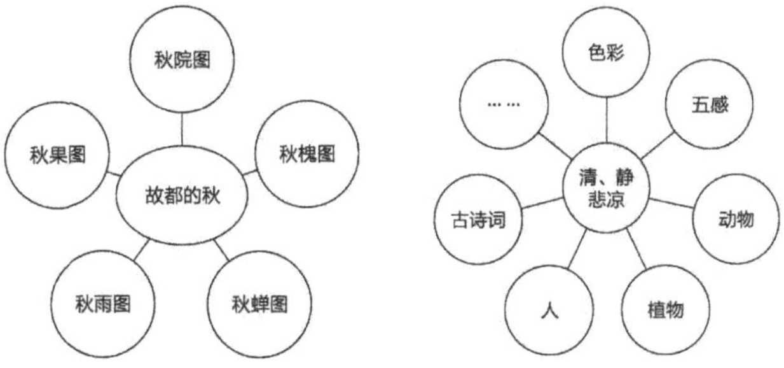

图 2：《故都的秋》结构图示及手法举隅

通过对课文字词句段的分析，我们对该文的形式秩序有了深入且细致的理解：文章的结构安排、艺术手法、语言风格等。我们发现郁达夫表达了自己对故都的秋的独特审美，这是和作者的主观情感、审美取向、文学气质、人生态度是紧密相关的，那么他为何会有这样独特的审美？为何“我愿把寿命的三分之二折去，换得一个三分之一的零头”？这就需要教师引领学生去探究其创作的精神秩序。坊间有一些说法，不足为证，但是我们可以根据宏观的时空秩序来寻求郁达夫的足迹：1919年郁达夫留学归来，在北平参加外交官考试，以失败告终，“仕途”之梦破灭。1923年钟情于文学的郁达夫在北大补缺教授统计课程，工作与理想相悖。1926年郁达夫之子龙儿在北京病逝，赶赴北京却未见最后一面，这是故都给他带来的又一重悲凉。1931年发生“九·一八”事变，日本侵占了东北全境，国家危在旦夕。此后几年，战乱不断，日军日益猖狂。1934年，也就是创作《故都的秋》这一年，3月，他从上海参加“左联”遭到当局解散被迫隐居杭州后首次出游徽州，心情很彷徨、犹豫，见黑暗统治下的屯溪一片火烧之后，处处瓦砾废墟的荒凉情景，不由引起他心中的波澜起伏，久久难眠。同年7月，他带着“第一当收敛精神，第二当整理思想，第三才是游山玩水”的心态来到青岛，没想到游览和应酬占了大部分时间，一本书也没读，一篇文章也没写，使他发出“明年我就不打算再去青岛，而上一个更清净一点的海岸或山上去过夏天。”“到了新秋微冷的时候，就匆匆坐了胶济车上北平去了。”[①]该年8月，他应友人王余杞约稿，写下了《故都之秋》。通过对作者创作背景的梳理，我们终于可以觅得郁达夫创作《故都之秋》的精神秩序，对“清、静、悲凉”的审美趣味有了更加深入且深刻的理解。可见，作者的精神秩序和形式秩序，共同构成了作者的创作秩序，这是教师和学生在进行教学解读时必须关注的。

① 郁达夫：《青岛、济南、北平、北戴河的巡游》，《郁达夫全集》，浙江大学出版社2007年版。

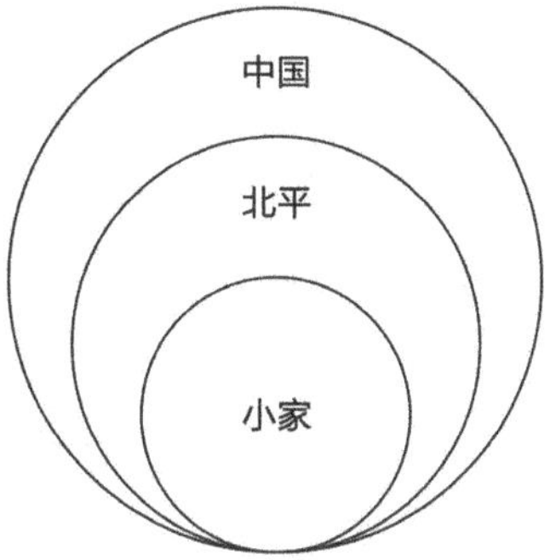

图3：郁达夫创作《故都的秋》的精神秩序图示

相对于读者阅读活动，作者的创作秩序是逆流而上的，它的主旨思想沉在深潭，作者需要不断创设条件引流向上，才能将水供于读者的视线之中。需要读者透过课文的外在形式的分析来了解形式背后作者的内在逻辑。福楼拜谈修辞曾说："我们不论描写什么事物，要表现它，唯有一个名词，要赋予它运动，唯有一个动词，要得到它的性质，唯有一个形容词。我们必须要不断地苦心思索，非发现这个唯一的名词、动词和形容词不可。"这些无疑是语文教学解读活动中必然关注的部分，需要读者深入解读。尤其对教学解读活动中的教师而言，了解作者的精神秩序和课文的形式秩序，对作者的创作秩序进行深入研究，才能够为课堂教学打下坚实而稳固的基础。但是，如果单从作者创作秩序来学习课文，势必有陷入构成论的危机，因此我们必须同时关注读者阅读过程中的秩序性。

2. 读者的阅读秩序——时序性、逻辑性、再造性

读者阅读的秩序性，则如顺流而下，由文字到意义，由意义到形象，由形象再到主旨，由语词、句段再至篇章，经历千回百转，最终汇入深潭，洞见宝藏。阅读过程中由局部到整体的过程体现了读者阅读秩序中的时序性。意义构成建立在线性的时间轴之上，一旦无视时间顺序的客观性，阅读教学就有可能陷入孤立机械的境地；在时序之中读者可根据自己对课文的认知产生各自的逻辑性，这其中固然有作者的创作秩序作为基础，但是读者在阅读中的动态审美也至关重要，读者的阅读逻辑将指引其阅读通篇后产生意义；同时，由抽象到

形象的思维过程是阅读秩序中的再造性，读者通过参与文本的互动，在主动想象的基础之上产生深层次的理解，不仅触及作者的创作目的，而且还对文本的潜在意义进行的创造，“既体现了本文潜在的意义的预先构成作用，又体现了读者通过阅读过程对这种潜在性的实现。”[①]例如阅读诗歌《静夜思》，在读者阅读秩序中最先出现的是排列好的语词“床前”“明月”“光”，然后才有整句“床前明月光”，这是读者阅读秩序中时序性的特点；在这样的阅读时序中，读者逐步想象出独属于自己的艺术情景——“床前”有一轮明月的光辉，读者首先看见了“床前”的“明月光”，读到“疑是地上霜”，看见了“地上”的像“霜”一样的月光，分析得出诗人运用了比喻的手法，将当晚投射在地上的月光比作一层白霜。接下两句，作者通过两个连续的动词“举头”“低头”来引导读者的视线转换，读者只能一句一句地读，才可能把握和理解诗歌的语义，只有一个情景一个情景地转换，才能逐次呈现诗中的一个个意象，最终建构出该诗的审美对象（意境），体验出该诗更为深远的意味：客居他乡、思念家乡的复杂情绪。这是作者创作秩序中外在形式的秩序，这种外在形式的秩序对读者产生了直接的影响。阅读全诗之后，读者便建构了初步的理解逻辑，这个逻辑顺序是围绕形式秩序展开的：这是一个月光姣好的夜晚，地面上晶莹寒凉的月光，让人不由地抬头看见了明月，低下头然后想起了自己的故乡，这是因阅读的时序性而产生的逻辑。值得关注的是，这个逻辑随着阅读的完成和解读的深入开始发生变化：诗歌中的抒情主人公可能是先低头发现了地上的霜，惊觉这不是霜，而是头上的月光，于是乎他举头望月，光华漫天，这是一轮皓月，月的意象激起了他的思乡之情，读者开始打破诗歌本身的外在形式的秩序，进行再次创造，可能他的创造与诗人不谋而合，也可能他的这番想象与理解是文本对读者的“召唤”，读者开始思念自己的故乡，对诗歌的时序进行重新的逻辑建构。对该诗的意境进行了具象化的想象：诗意的境界、孤独的情意，光凉的月夜，因而读者可以深入理解“地上霜”的寒凉的意味，愈加使这种思乡之情有了重量和触感。这是读者、文本、作者三者互相作用的结果，也为我们语

① 沃尔夫冈·伊瑟尔：《阅读活动》，金元浦、周宁泽，中国社会科学出版社1991年版，第126页。

文教学解读提供了有价值的思考，课文阅读的秩序性，是建立在客观的基础之上，即依据作者的创作秩序，同时也尊重读者的阅读反应和审美感受，在阅读的时序性、逻辑性、再造的秩序中，获得对文本的解读。

（四）课文阅读的秩序性对语文教学解读的作用

语文阅读教学的方法众多，有作者中心论指导下的文章还原法，旨在还原作者的原意和作品产生的语境，忽视甚至压抑读者的能动性；也有文本中心论影响下产生的文体要素分析法和语文知识解读法，前者强调文本体裁，以类分法，以要素引领阅读和理解，后者重视狭义的文字语义，“字字落实”，但见树木，不见森林，试图用简单的规则来解释复杂的系统，学生往往脱离课文本身的审美，作目的明确的“搜捕”。还有以读者中心论中一方参与者——教师为出发点，产生的教学预设法，效法布鲁姆教育目标分类学中的一隅，要求课堂以明确的三维度为教学目标，具备了阅读教学的可操作性，却缺失了读者——学生对课堂生成的作用。以上种种可以说都是对课文阅读秩序的建构，他们的确都使得语文阅读活动井井有条，但是往往忽视了阅读活动的参与者——学生的阅读感受和主观能动性，使阅读过程趋向静态、机械、孤立和封闭。

语文教学解读研究关注课文阅读秩序，其实质就是对作者、课文、读者进行关照，我们既要关注作者的创作秩序，也注重同为读者的教师和学生的阅读秩序。课文阅读秩序的建立，对语文教学解读有重要作用。

1.尊重课文的客观性，重视读者的创造性

课文的客观性体现在作者创作秩序之中，语文教学解读需要研究作者创作课文的秩序，从创作的角度，了解作者使用的结构、手法、语词，并体察作者的创作目的、情感态度与价值观。同时，在此基础之上允许读者的创造性，也就是尊重读者的阅读秩序，除了课文本身的自然秩序，还有读者阅读的精神秩序。语文教学解读既倡导教师与学生对文本和作者本身有客观的认知，也引导学生结合自己生活经历和逻辑思维，从接受美学的角度，对文本形成自己的理解与审美。

2.重视教师的教学准备，关注学生的阅读过程

教师是阅读活动中的重要组成部分，是课文阅读的参与者之一。阅读秩序的建立，可以帮助教师在备课环节和授课环节中各有侧重，深入浅出，教师从作者的创作秩序出发，解读课文本体的问题，同时在课堂上从读者的阅读秩序出发，帮助学生建立自身的精神秩序，获得对课文的理解与审美体验。作为课文阅读的另一身份的参与者学生，阅读秩序能够减少阅读活动中的功利性和机械化，促使学生在阅读的时序性中逐渐建立自己的理解逻辑，进而通过再造，在动态的阅读过程中提升其对课文的解读和审美的能力。

二、语文教学解读中文本视点的运作

课文阅读活动具有十分重要的秩序性，秩序性则会以一定的视点呈现在文本中。视点，在修辞学中指观察事物的角度，指读者在阅读过程中所产生的立足点，是因阅读秩序而产生的。“语篇视点是制约语篇深层结构（即语义）的一种图式（schema），反映人们看待对象世界的角度和态度，支配着对象的选择与组合，从而又影响语篇表层结构（即形式句法）的组织。”[①]因而，视点是文本阅读的切入点，也是课堂教学的逻辑起点。在语文教学解读活动中，文本视点在阅读秩序中发挥了重要的作用。对文本视点的理解，有助于课文阅读活动的开展，在进入文本之后，不断进行自我分离，依照阅读的秩序进入文本的视角去体验文本，帮助教师辅导学生阅读和理解课文。

根据不同文本的写作秩序，读者在阅读文本时会产生不同的视点，Roger Fowler在《语言批评》一文中，把视点划分为三类：时空视点、观念视点、心理视点（又称为知觉视点）。针对语文教学解读的对象——课文的秩序性而言，我们可以在此基础上将文本视点进行以下的类别划分：读者阅读秩序中的时序性促使我们关注课文的时空视点，其逻辑性可以通过叙述视点来呈现，读者阅读秩序中的再造性可以通过心理视点来呈现。

---

① 熊沐清：《论语篇视点》，《外语教学与研究》，2001年第1期。

（一）时空视点

时空视点指作者在创作文本时依循的时间顺序或空间位置的变化展开写作，读者在阅读本文时以时空的起点和移动的顺序为阅读秩序。时空视点在我们课文中的呈现既有单线的顺序，也有平行的双线顺序，还有圆形的顺序等。单线的时空视点如鲁迅的小说《故乡》以“我”回故乡的活动为线索，按照“回故乡——在故乡——离故乡”的时间线，依据“我”的所见所闻所忆所感，着重描写了闰土和杨二嫂的人物形象，从而反映了辛亥革命前后农村破产、农民痛苦生活的现实。

双线的时空视点如鲁迅的小说《药》，明暗两线交织：

老栓买药——小栓吃药——茶馆谈药——华大妈 → 上坟
夏瑜牺牲——夏瑜血被吃——狱中斗争——夏四奶奶 → 上坟

图 4：《药》平行线的时空视点

读者先是站在明线的时空视点上进行游移，最先的视角是夜里老栓买药，而对血的来源——人群围观的对象产生初步的印象和好奇，但并不明确发生了什么；接着跟随时空视点的变化来到了茶馆，发现了生病的小栓和华老栓家庭的现实，对华老栓的境况产生同情，对人血馒头的功效产生更大的疑虑；随着时间的变换，茶馆开始营业，读者会看到茶馆的众生百态，继而通过他们的对话，对血的来源产生了进一步的认知——夏四奶奶的儿子夏瑜——一个闹革命的年轻人——在监狱中备受折磨后还劝狱卒要奋起反抗——最终被斩首示众——血被制成人血馒头，在这一特定瞬间，新旧视角均经历了不同程度的修正：一方面对华老栓一家哀其不幸又怒其不争，一方面对夏瑜的牺牲感到痛惜，转而对牺牲的价值产生怀疑。小说的最后，空间转换到了坟地，读者看到了华大妈，立刻明白小栓已经过世，另外一个上坟的老奶奶，随着其与华大妈的对话的展开，读者也意识到这是夏瑜的妈妈——夏四奶奶。这时，小说的明暗两条线在此交汇，给读者带来启示，读者会重新审视年轻人的死，意识到“华”“夏”两姓所指代的中华民族，对社会现实产生新的认知，对两重悲剧又有了更深层的思考。

时空视点会在阅读过程中给到教师和学生以立足点，视点的游移也会对理解课文有极大的帮助。我们再以朱自清的《荷塘月色》为例来看看圆形的时空视点：作者先提出“这几天心里颇不宁静”，所以“悄悄披了大衣，带上门出去”，顺着“一条曲折的小煤屑路”，荷塘的全貌呈现在作者的面前，然后沿着荷塘欣赏月色下的景致，联想到采莲的传统，不知不觉走回了家。我们用一个示意图来展示：

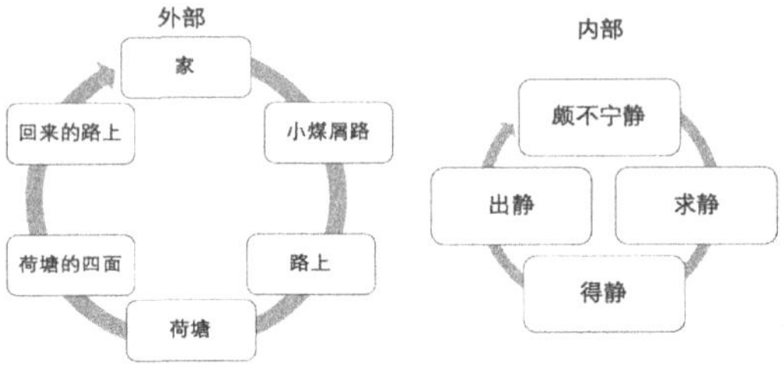

图5：《荷塘月色》圆形的时空视点

从空间上来看，作者从家里出发，最终又回到了家里，起点和终点重合，构成了一个圆形封闭的结构，在这时空视点的引领下，读者也关注到了作者内心的变化，深刻反映了作者面对现实，想“暂时逃避”却不得不回到现实的苦闷和彷徨。

时空视点，在很多文言作品中也多可使用，教师可以通过时空视点引领学生对课文进行解读。以明确的时间或空间的变化，来将抽象的文字具象化，对语文教学解读有很大的帮助。

（二）叙述视点

叙述视点是指课文中陈述的过程。叙述视点在叙事语篇中极为复杂，针对语文教学的课文而言，我们将叙述视点简化为两类：第一人称叙事视点和第三人称叙述视点。中国古典小说中往往会有多重叙事视角，既有说书人作为第三人称叙述视点，又有人物角色的第一人称叙述视点。《红楼梦》采用了多重叙事视角，从全知到限知，又由限知到全知使读者在不同人物之间进行转换，增强了作品的叙事张力和审美效果，书中的叙述者女娲补天余留的“石头”，就是一个全知全能的叙述者，读者可以根据这个叙事视点对小说有全局的认知，同时，作者通过小说中的人物不断变换叙述者的视点，用视点的变化来丰富叙述技巧，加强故事的亲切感和真实感，让读者从多重叙述视点理解故事，如第一人称的限制视角：黛玉进贾府、刘姥姥进大观园，香菱学诗等经典片段。通过不同的视点，读者会感受到《红楼梦》“草蛇灰线、伏脉千里”的艺术魅力。在语文课文阅读的过程中，教师可以引导学生抓住课文的叙述视点，通过视点的连接，理解课文的全貌及其深意。

再如《最后一片常春藤叶》，全篇以第三人称的叙述方式为主，辅以第一人称的叙述方式。学生在学习该篇课文时，可以关注其叙述视点，开篇为第三人称的叙述视点，交代了故事发生的环境和人物，对苏艾和琼珊的来历和现状做了交代，随后肺炎的流行，我们的视点来到了老贝尔曼，“贝尔曼看上去挺像艺术家，但在艺术上却没有什么成就”，第三人称的叙述视点，让读者与人物拉开距离，由于全知视角对读者具有毋庸置疑的权威性和客观性，从而使读者对贝尔曼有了初步的印象，他是一个落魄暴躁无能的人。然而随着第一人称叙述视点的加入，我们逐渐为琼珊的想法担心不已，为这个年轻画家的生命产生忧虑，为她的好转雀跃，暂时淡忘了老贝尔曼出现的意义和价值，这是作者创作时的故意用笔，用不同的叙述视点来引导读者的阅读秩序，直至故事的结尾，我们才将老贝尔曼的死和最后一片常春藤叶联系起来，才在小说最后苏艾的第一人称视点中获得前文所有视点的连接：老贝尔曼的死是因为为苏艾绘制了一片常春藤叶——这片树叶为何在第三人称的环境描写中“仍在墙上”——老贝尔曼为何认为自己是保护楼上两个青年艺术家的看家狗——老贝尔曼在这个街区中落魄酗酒的情状和他的艺术梦。小说的结尾唤醒了读者阅读中所有的视点，在最后一刻连成一线，就像电影中使用的蒙太奇手法，一步步在读者的脑海中回放，这一个个画面便是阅读时关注的一个个视点，在初次阅读的秩序中，重新排序，理清了小说的脉络，更增强了欧·亨利式的结尾的意味：意料之外、情理之中，达成了震撼人心的审美效果。

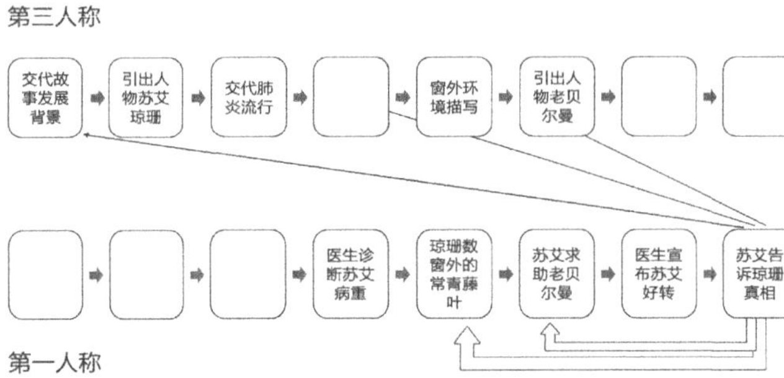

图 6：《最后一片常春藤叶》的叙述视点

叙述视点常用于以记叙为主要表达方式的课文，在不同的叙述方法中，找到阅读的视点，帮助学生理清文章的脉络，思考文章的深意，提升思维品质，获得审美的享受。

（三）心理视点

心理视点指的是根据读者阅读过程中的思维活动，一方面被文本的原有结构牵引，另一方面也被自己已有的生活经验影响，不断产生新的视点，通过新的视点来加深对文本的理解。心理视点可反映读者在阅读过程中的认知过程，体现读者和文本的互动性和读者对文本理解的多样性。我们以史铁生的散文《我与地坛》为例，如果教师要求学生一章一章阅读理解，面对 13000 多字的篇幅，学生很容易产生畏难情绪或囫囵吞枣式浏览，教师不妨在教学设计时，找到几个可以引发学生联系自身经验的心理视点，帮助学生从他们熟悉领域出发，进而有重点、分层级地去理解文章。教师可以在文章中找出作者谈论的重点，从而提出四个心理视点：母爱的理解、隐秘的天地、生命的哲思、写作的意义。

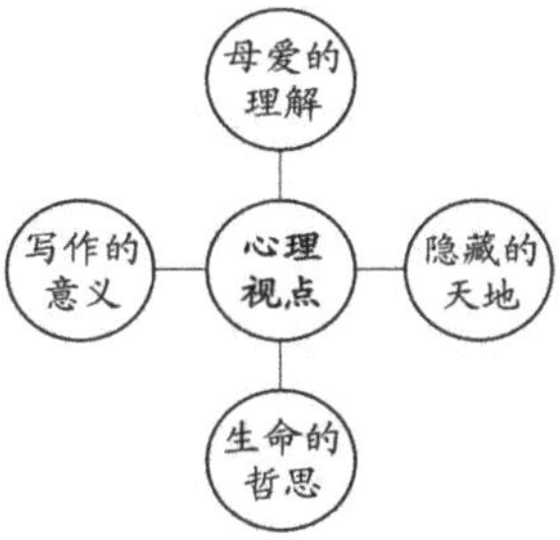

图7:《我与地坛》的心理视点

在《我与地坛》中，作者对母亲的形象进行了塑造：理解儿子、守望儿子、活得最苦却不被儿子理解、终被儿子理解却为时已晚。读者读至此会自然而然联想自己的母亲，出现一个心理视点：对母爱的思索。在读者联系实际生活或其他有关母爱的作品后，对史铁生对母亲的感情产生心理上的共鸣，理解这对母子，体会到作者思想转变的过程非常不易。接着读到第三章，是作者对地坛四季的描绘，在这里读者发现了一片隐秘的天地，在这样的空间里，读者会产生自己的情感流动，产生另一个心理视点：隐秘的天地。在一个人独处的空间里，我通常会做什么？我往往会看到什么？我曾经思考过什么？我后来又获得了什么？这一连串的扪心自问，会让读者对史铁生在地坛中的处境感同身受，更能体会到罹患残疾对其命运的重大打击。在第四章，作者写了地坛里遇到的人——老人、爱唱歌的小伙子、饮酒的老头、捕鸟的汉子，中年女工程师、长跑的朋友，他们都引发了作者对生命的思考，每个人似乎都有自己的生存困境，而这些启发了作者由思索“怎么死”转变为“如何活”，这时，读者也会产生一个心理视点：生命的哲思。在这个视点之下，每个读者都会联系自身的境遇产生反思，或感到满足，或感到心伤，但是随着阅读的继续，他会带着这个心理视点，与下一个视点相遇，看见作者的转变，有可能再回来修正自己的理解，将失意变为豁达，将不满变为动力，重新审视自我，来紧随作者的脚步，继续向前。在后文，作者谈到了“只因为我活着，我才不得不写作。或者说只是因为你还想活下去，你才不得不写作。”读者又会开始对写作的意义产生思辨，这成为一个新的心理视点。写作是史铁生或“找到的”活下去的一个有价值的理由，史铁生独具一格的人生经历也成就了他的写作。这无疑是生命的真相，残酷而温情。

心理视点的提出正是语文教学解读理论中所关注的教师和学生的主观能动性的体现，语文教学解读课堂是生成的课堂，拒绝僵化的阅读。

课文阅读的秩序性和文本视点是语文教学解读活动的重要一环，研究课文阅读的秩序性，教师和学生才能找到解读课文的秩序，对作者的创作秩序、读者的阅读秩序产生全面而深入的认知，同时，以文本视点作为抓手，会使语文教学的课堂更加高效、科学、自由。当然，语文教学解读活动还需要教师们和学生们在教与学中不断实践、不断总结。

第三节　课文阅读中主体的思维发散与整合

通常情况下，主体阅读课文时思维处于活跃状态，不断地从文字里捕获信息，把这些信息与先前的经历、经验、知识等进行联系，经此过程崭新的课文就向阅读主体逐渐呈现出一个清晰图像。阅读过程中，主体的思维发散与思维整合是一个相互作用和影响的过程。阅读主体的思维发散指阅读课文时由于受到读者自身或外在因素影响，主体的思维聚焦于课文的某个局部而忽略课文的其他部分。思维发散既可能是阅读主体的自觉行为，也可能是因为长期学习熏陶而产生的下意识行为，它很多时候意味着尽管阅读主体自得其乐、沉浸其中，但实际却迈向了阅读的歧途。阅读主体的思维整合是与思维发散相对应的，它意味着阅读主体面对课文时，把课文作为整体予以观照考察，把自己局部的认识理解置放到课文的整个系统里予以评估，是其所是，非其所非，然后再依照整个系统所具有的样貌、特点，对局部的认识理解予以修正，最终实现对课文认知理解的不断深化。

一、思维发散的原因

我们阅读课文自然会受到先前经验的影响，它包括自身的成长经历、阅读习惯、知识背景、认知图式、文化环境、教育状况、家庭氛围等诸多方面。这些影响有些是正向的，有些是负向的。正向的影响对于正确解读文本，走进作者所编织的语言世界产生促进作用；然而负向的影响，却很大程度上阻碍着读者真正走进文本。因此，作者的思想情感，其所需营造的文学天地，于读者而言就成了一个巨大的难以进入的世界。按照接受美学的理论，读者在面对文本时，已具备的诸种先决条件就是他的接受背景，这些接受背景对于阅读发挥着切实的作用。如果说阅读的过程需要全神贯注的话，那么这些接受背景就起着或大或小的分离作用。它们可能会把读者引向课文中某些特定的方面比如宗教背景、文化氛围、政治环境、社会舆论、家庭境况等。当然，这种状况的发生也符合人们面对文本时阅读接受的真实情景，我们只有直面这种情境，并进行合理调整，有效引导，才能最终更好地走进课文，走进作者创造的独特世界。综合来看使阅读主体思维发散的原因主要集中在三个方面。

（一）外在因素：政治、文化等

无论承认与否，我们每个人都或大或小承受着政治的影响，都有着或明朗或隐晦的政治倾向，即使声称远离政治的人，也只是以变相的方式表达着自己的政治观点。国家和社会总体的政治氛围，我们个体所持有的政治观点与倾向，也对我们阅读课文产生着实际的影响，有时甚至已经内化为我们认识的一部分，当我们思考分析问题时，往往会不经意地受政治观点和倾向的支配。在先前那个把语文课上成政治课的年代里，面对经典小说《项链》，师生不是从小说人物形象的塑造、巧妙的情节结构、典型的社会环境等方面来阅读学习这篇小说，更多是把小说人物原本丰富的个性予以压榨提纯，最后达到脸谱化的概括，进而揭示小说对资本主义腐朽没落的批判的主旨。由这种课文阅读训练而形成的习惯，会对之后的课文阅读发挥着持续的影响，而这种对文学作品的政治图解，不仅与文本真正的价值相距甚远，并且它与真正的阅读赏析能力也相距甚远。

与政治因素相似，文化因素对于课文阅读产生的影响，相比前者更为隐形，更为持久。我们生活于具体的文化之中，时刻吞吐呼吸着该文化的气息，它形塑着我们的精神和品格。按照《普通高中语文课程标准》（2017年版），课文中涉及的我国文化，包含传统优秀文化、革命文化、社会主义先进文化，从小生活在这样文化环境中，耳濡目染，阅读语文课文中浸透着浓郁文化气息的篇目时，自然更容易切入，不会有太多的隔膜。但如果对相关文化背景较为陌生，那么障碍自然接踵而来，于是凭空猜测，无效解读，或者望而生畏，以致丧失继续阅读的兴趣和动力，也就成为可能。若缺少对基督教文化的了解，对课文中《复活》的“复活”标题的认知就难以做到全面深刻；若不了解拉美印第安文化，就觉得《百年孤独》完全匪夷所思、天方夜谭。即使是课文中中国古典文学作品，比如《永遇乐·京口北固亭怀古》牵涉到孙权、刘义隆、廉颇等历史人物，相关背景文化知识的短缺也将造成阅读理解的分歧或谬误。

（二）内在因素：兴趣喜好、文化素养、认知图式等

读者的阅读状态和接受结果，与他们的学识、眼界、志趣、阅历等有紧密关系，这些似乎深深刻印在他们的记忆深处，潜移默化地对阅读课文发挥作用。通常读者更易于接受符合自己道德标准、价值观念、艺术趣味的作品，而与之相异或者相反的作品，往往难以接受，甚至严加排斥打压。面对同一部《红楼梦》，不同的人竟可以读出大相径庭的结果，的确令人惊骇。“《红楼梦》是中国许多人所知道，至少，是知道这名目的书。谁是作者和续者姑且勿论，单是命意，就因读者的眼光而有种种：学家看见《易》，道学家看见淫，才子看见缠绵，革命家看见排满，流言家看见宫闱秘事。”[①]之所以产生种种不同的阅读结果，其实和读者的兴趣喜好、文化素养、认知图式有着密切关联。读者更倾向于阅读接受符合自己兴趣喜好的作品，为此愿意投入更多的时间精力，并从中体悟到更多的乐趣。而读者既有的文化素养和认知图式，也在力推着他

① 鲁迅：《集外集拾遗》，人民文学出版社1973年版，第177页。

们更易于关注带来强烈刺激的信息，由此思维兴奋灵动，把这些信息和先前的经验、能力及认识图式融合起来，于是从当前的文本游移出来，而进入另一片崭新境地。

（三）文本因素：语言、手法、思想内容等

为了人际沟通交流的便捷准确，日常语言往往指向所要表达的内容，不大关注语言本身，语言往往直白易懂，而文学语言是对日常语言的提炼加工变形，常具有多义性、隐喻性，其目的在于让读者理解最终表达意图的同时，也使读者对语言本身投入更多的关注。正如俄国形式主义文论的代表人物什克洛夫斯基所说："艺术之所以存在，就是为使人恢复对生活的感觉，就是为了使人感受事物，使石头显出石头的质感。艺术的目的是要人感觉到事物，而不是仅仅知道事物。艺术的技巧就是使对象陌生，使形式变得困难，增加感觉的难度和时间长度，因为感觉过程本身就是审美。"[①]面对这种加工变形过的语言，缺少相应审美素养的读者，可能会感到阅读不适，或被引导到认知理解的歧路，对文本或作者予以否定性评价。

文学进步的一个重要表征是艺术手法的不断更新进步，固然对于那些对文学艺术持开放性态度，具有较好文学素养的读者来说，艺术手法的创新，往往能产生更新奇的审美效果，带来更独特的审美体验。语文课文收录了很多优秀的世界文学名著，其中包含着多样的艺术手法和艺术风格，而阅读这些不同的文本应使用不同方法。当北岛、舒婷、顾城等人创作诗歌更多自觉使用象征、隐喻等手法，通过新颖的意象来表达更为个性化的情感，这是对当时社会盛行的直白空洞的口号诗、标语诗的有力反驳和超越，但由于它和主流的艺术创作存在显著差异，于是被贬斥为"朦胧诗"，甚至予以讨伐。现在不少学生阅读课文《百年孤独》，仍然会感觉到难以理解接受，一个重要原因就是对马尔克斯使用的"魔幻现实主义"手法较为隔膜。

与艺术手法的花样翻新互为表里的是作品所蕴含的思想情感。进入到20世纪，现代文明在给人类带来巨大福利的同时，也让人们饱尝灾难之苦，尤其

① 伍蠡甫，胡经之：《西方文艺理论名著选编》，北京大学出版社1987年版，第384页。

是两次世界大战更是对人类文明造成毁灭性的打击。敏感的作家把观察到的灾难，感受到的震惊、恐惧，对现代文明的反思，以更加细腻多样的文字予以表达。基于世界的复杂，于是文字也变得晦涩难解。对此，艾略特有很精辟的解释。

我们的文化体系包含极大的多样性和复杂性，这种多样性和复杂性在诗人精细的情感上起了作用，必然产生多样的和复杂的结果。诗人必须变得愈来愈无所不包，愈来愈隐晦，愈来愈间接，以便迫使语言就范，必要时甚至打乱语言的正常秩序来表达意义。

正如其代表作《荒原》，大量使用隐喻、象征、典故，致使对相关文化背景缺乏了解的读者望而生畏，难以把握其思想主旨，更别奢谈领略其艺术魅力了。但其所以采取这种创作方法，又与它本身要传达的复杂思想息息相关。

二、思维整合的原因

正如前文所述，思维分散固然是阅读主体思想活跃的表现，可能结出具有创造性的阅读果实，也可能会对把握全文能起到助推作用，但由于其把精力聚焦在某些局部上，缺少对课文整体的观照，以致会造成思维偏差，陷入阅读的误区，最终难以对课文整体有全面充分的学习理解，这既不利于语文学习习惯的培养，也无从学到课文的最具价值的内容，相应的育人目标也将流为空谈。因此，要克服思维发散的诸种弊病，思维整合就格外不可或缺。

我国文艺理论家刘勰曾对先前谈文论艺存在的弊端予以剖析。

详观近代之论文者多矣：至于魏文述《典》、陈思序《书》、应玚《文论》、陆机《文赋》、仲洽《流别》、宏范《翰林》，各照隅隙，鲜观衢路。或臧否当时之才，或铨品前修之文，或泛举雅俗之旨，或撮题篇章之意。魏《典》密而不周，陈《书》辩而无当，应《论》华而疏略，陆《赋》巧而碎乱，《流别》精而少功，《翰林》浅而寡要。[①]

正如刘勰所述，曹丕、曹植等人受到的各种因素影响，致使思维向不同的

① 范文澜注：《文心雕龙》，人民文学出版社1962年版，第726页。

维度延展，因此关注的侧重，理解的深浅，也就大相径庭，最终结果很可能是“各照隅隙，鲜观衢路”。而要全面准确把握课文的主旨，领略其中的奥妙，就势必要从先前狭隘的阅读中跳脱出来，努力用更为精微的方法切入到课文内部。

阅读主体的思维整合大体可以从解码语言、把握文体、联系语境三个方面来展开。

（一）解码语言

与其他艺术门类不同，文学是以语言文字为载体来写物状神、传情达意的，而语言文字符号相比于声音、线条等直接诉诸视听感官，就显得更为抽象隐晦，读者对于语言文字的阅读接受需要经过更为曲折的转换，才能进入文学文本的内核，认识其形象，体悟其情感，理解其思想。

“在语言中，一切词语都担负着四种不同功能，即它是一个语音符号，表示一种声音状态；它是一个概念符号，表示一种抽象意义；它是一个表象符号，可以激发联想呈现事物的形象；它还是一个表情符号，在呈现形象之时引发主体相应的情感反映。”①然而，我们阅读课文，通常会跳过词语的语音和表象功能，而直接去捕捉其思想情感，这就导致我们忽略掉作者使用的语言文字本身具有的独特性，也势必无视其原本包孕的审美意蕴，最后提炼概括而得到的所谓思想情感也将是单调枯燥的。因此，正确的做法就应是关注语言文字本身，分析其独特的表达效果，进而再逐层向文本的深处渗透迈进。汉语中平上去入的起伏顿挫，双声、叠韵、叠词的音韵节律，由此组合形成声音的千变万化，而高明的作者又把这些声音和描摹的事物、传递的情感，更为紧密地结合起来。对此桐城派的刘大櫆曾有过精彩阐发。

神气者，文之最精处也。音节者，文之稍粗处也。字句者，文之最粗处也。然论文而至于字句，则文之能事尽矣。盖音节者，神气之迹也；字句者，音节之矩也。神气不可见，于音节见之；音节无可准，以字句准之。②

① 董学文，张永刚：《文学原理》，北京大学出版社2014年版，第174页。
② 刘大櫆：《论文偶记》，人民文学出版社1959年版，第6页。

我们平日忽视的字句音节，实际发挥着巨大的功效。作者的情感思想、文章的神气经义，都蕴含在看似粗陋实则精微的音节当中，只有诵读才能使字句恢复其应有的勃勃生气，才能更好地感悟文章的神气韵律。

（二）把握文体

文体是指文章的体裁样式，不同的体裁对文章有着不同的要求。曹丕曾“夫文本同而末异，盖奏议宜雅，书论宜理，铭诔尚实，诗赋欲丽。此四科不同，故能之者偏也；唯通才能备其体。”[①]奏议书论、铭诔诗赋这四类文章都有着鲜明的文体个性，只有紧密结合不同文体特点，以此作为走进文章的切入口，才能更为高效地学习语文课文。

把握文体可以着重结合语文课文的语言形式和结构样貌。阅读小说，我们更会关注故事情节的安排设计，人物形象的描绘塑造，结构的离奇变幻；阅读戏剧我们更聚焦场景的创设，人物的语言、动作、神情。而同为诗歌，《诗经》善用赋比兴手法，结构多重章叠句，而《楚辞》更多采用象征、比喻、夸张等手法，结构灵活多变；前者语言更为朴素平实，后者则华美绮丽。面对不同文体，阅读主体会产生不同的阅读期待，而根据文体特点调整阅读的方法，整合不同思维发散的向度，逐渐向课文纵深处挺进。

（三）联系语境

语境是课文整体形成的一个系统，它由课文的词语、句子、片段、篇章共同构成，反过来又对它们形成一种制约关系，约束着原本丰富多义的词句指向某些特定的内容。“作品作为统一整体的背景，人物的言语听起来完全不同于在现实的言语交际条件下独立存在的情形：在与其他言语、与作者言语的对比中，它获得了附加意义，在它那直接指物的因素上增加了新的、作者的声音（嘲讽、愤怒等等），就像周围语境的影子落在它的身上。”[②]对课文中具体词语、句子的理解也需要回到作品统一的背景中，还原它在文中应有的含义，领

① 郭绍虞，王文生:《中国历代文论选（第1册）》，上海古籍出版社2001年版，第158页。
② 巴赫金:《巴赫金全集》（第4卷），河北教育出版社1998年版，第283页。

悟其特定的思想情感。阅读课文的过程，也是整体和部分不断相互作用、循环往复的过程，对于整体的理解仰赖局部内容的支撑，而对于局部的精准掌握又需要符合文章整体的语境，在两者的共同作用之下，读者对课文的学习认识也在不断深化，阅读文章的能力也在悄然提升。

第四节　课文阅读的渐进过程

一、课文阅读中的理解与阐释

（一）在探讨课文阅读中的理解与阐释这个问题时，先要厘清几个概念

首先是教师在课文阅读理解时的常态表现。教师在课文阅读中理解时的常态表现可以分为两类：一是王林老师前文提到的，很多一线教师在教学中直接使用专业人士对中学语文课文的文本解读成果，这些解读大都停留在理论层面，并不符合中小学语文阅读教学的实际，导致堂上呈现出教师一味拔高而学生却如坠雾里的现象。二是教师作为阅读者对课文进行解读。解读过程中，教师运用文学理论知识，从多侧面多角度地对课文进行分析和研究。课文解读的深度与广度决定于教师的知识储备、生活经历、审美素养等，而这些解读会因为带有太多教师个人因素而被狭隘化。

那么，教师如何做才能实现课文阅读中的理解和阐释呢？教师只有把文本解读转化为教学解读才能更好地实现这一点。王林老师在前文中指出：“教学解读”就是指在语文教学中，师生对课文的语言、结构、思想、情感、背景、手法、技巧、意义、风格及作家等问题进行比较深入地分析、研究的双边共通的教学活动。在这个定义中，“师生”“双边共通”“教学活动”构成了我们对教学解读的新理念。这个理念强调教学解读是师生共同完成的一种思维过程。

它需要教师的理解和学生的理解以有效的教学活动"合情合理"地融合在一起，这才是真正有效的教学。实现了这一点，教师就完成了对课文阅读正确的理解与阐释。

（二）教师的教学解读

教学解读具体该如何展开，才能更好地实现师生之间双边共通的融合呢？

首先，课文的教学解读要善于挖掘文本的教学价值。文本除了自身的文学价值之外，用在课堂教学中更重要的就是挖掘它的教学价值。所谓教学价值就是从学生思维发展的角度出发，以培育学生语文学科核心素养为目标，挖掘出课文中具有育人价值的内容。这个过程需要教师对文本"独立解读"之后，根据学生的思维起点，经过"深思慎取" 与"重新建构"才能确定下来。也可以说一节课"教什么"，就是文本"教学价值"的确定。

语文学科核心素养包括"语言建构与运用""思维发展与提升""审美欣赏与创造""文化传承与理解"四个方面。课堂教学的目标就是要帮助学生提升自己的学科素养。要实现这一点，就需要学生在积极的语言实践活动中积累与建构。学生的语文学科素养体现在真实的语言运用情境中表现出来的语言能力及其品质；它是学生在语文学习中获得的语言知识与语言能力，思维方法与思维品质，情感、态度与价值观的综合体现。课文阅读的教学解读就是要围绕上述四个方面展开，细致深入地分析研究，从课文文本中挖掘出富有教学价值的教学内容，完成对课堂教学的重新建构。例如沪教版七年级课文《百合花开》，依据七年级学生的思维特点，它的教学价值可以确定为：帮助学生梳理文章层层深入的结构，进而理解百合花不畏世人嘲讽，不因赞誉骄矜，始终以开花来证明自己生命的价值这一主旨。如果放在九年级进行教学解读，它的教学价值就要根据高年段学生的思维特点确定为：对文章描写的各类对象隐喻含义的探究。所以，课文阅读的理解和阐释就是要结合学生的思维特点，合理地挖掘文本的教学价值，培育学生的语文学科核心素养。

其次，课文的教学解读要实现语文核心素养与教学内容的整合。

充分挖掘课文的教学价值后，渗透到具体的课堂中，就需要确定出具体的教学内容。教学内容的确定，要依据学生的学情加以具体分析与考量。

一是教学内容的确定应根据不同年段学生的思维水平合理安排。

例如《卖油翁》一文，放在七年级学习，鉴于学生的思维特点是容易关注故事和人物形象，教学内容可以确定为：首先，读出陈尧咨的傲慢无礼和卖油翁的沉稳谦逊。其次，读出文章“熟能生巧”的主旨。如果文章放在九年级，学生思维特点是喜欢在思辨中探究事物本质，可以结合文中“睨之，久而不去”，“见其发矢十中八九，但微颔之”等描写，在原来教学内容的基础上拓展深入，引导学生思考“卖油翁真的谦虚吗?”。如果这篇文章放在高中的课堂上，只探究上述问题就无法发展学生的思维品质。这时候可以采用知人论世的阅读方法，结合宋朝崇文抑武的时代背景，引导学生进一步探究欧阳修写这篇文章的写作意图。由此看来，一篇文章放在不同的学习阶段，学生变了，教学内容也需要做相应地改变，这才能真正实现一篇课文的教学解读。

二是教学内容的确定要依据学生的思维起点来确定。

开课问学，以学定教。“只教不懂的，不教已经懂了的”。根据学生的质疑来建构我们教学的内容，组织课堂的教学解读活动，就使教学设计由遵循文本的行文逻辑过渡到了遵循学生的思维逻辑上。例如我在教授《罗布泊，消逝的仙湖》一篇文章时，学生质疑标题为什么是“消逝的仙湖”而不是“消失的仙湖”?这个问题的教学价值在于它隐含了学生对文本朦胧的整体感。所以我这堂课就围绕“消逝”与“消失”这个核心问题，将学生质疑的其他问题围绕着这个核心问题进行整合。首先探究了“消失”和“消逝”在词义上的差别和感情色彩上的差异；接着探究文章为什么要写胡杨；第三探讨文章为何要写青海湖、月牙泉。就这样，通过层层铺设，形成一个个有坡度的思维阶梯，合理地布局课堂教学的各个环节，层层剥笋式地挖掘出了文章主旨。

再次，课文教学解读过程中的教学活动要与教学目标相一致。

教学目标的达成，需要课堂上灵活高效的教学解读活动来实现，这也是课文教学解读过程中非常重要的环节。课堂教学解读活动的设计要根据教学目标和具体学情来设计。例如我在教林清玄的散文《百合花开》时，根据七年级学生的思维特点，教学目标通常确定为理解文章塑造的宠辱不惊，执着坚强的百合形象。但是《百合花开》是一篇哲理性很强的散文，让现在大都是独生子女、生活条件优越的中学生透彻地理解百合的形象并不是容易的事情。这就需要老师设计灵活的教学解读活动来实现对课文的教学解读。在教学解读活动中通过设计朗读，能更好地激发学生的想象和联想，促进学生在脑海中将文本内容还原为生活的原始场景，从而深入地理解人物形象。为此我选择将这篇文章的第5-6段内容进行了朗读活动的设计。在这个段落中，作者对百合周围对她极尽嘲讽的草和花、蜂蝶进行了描写，以此来突出百合所承受的屈辱经历和执着坚强的性格。以下是文章5—6段文字节选：

⑤终于在一个春天的早晨，百合的顶部结出了第一个花苞。

⑥百合的心里很高兴，附近的杂草却很吃惊，它们在私底下嘲笑着百合："这家伙明明是一株草，偏偏说自己是一株花，还真以为自己是一株花。我看它顶上结的不是花苞，而是头脑长瘤了。"

……

社会心理学认为：群体的嘲弄比个人的嘲笑对他人羞辱的力量会更大，对一个人的心理摧毁力会更强。我将5—6段中"它们在私底下嘲笑着百合"中对"它们"的描写进行了分解：将群体发言分解为个体对话，并让学生以重读和嘲讽的语气分角色朗读，这样就能更加凸显百合所承受的屈辱。下面是课堂教学解读活动展开的具体内容：

它们在私底下嘲笑着百合。

甲：这家伙明明是一株草，偏偏说自己是一株花，它还真以为自己是一株花。

乙：我看啊，它顶上结的根本就不是花苞，而是头脑长瘤了吧。

丙：可不是嘛！像个瘤子似的，难看死了！

丁：我看她不过是在做白日梦吧……

……

在这组分角色朗读的教学活动中，教师指导学生以重读的方式凸显嘲讽或者讥讽的语气，有效地还原了一种群体嘲讽的场景，让学生亲临其境地体会到百合所承受的屈辱。学生对百合承受的屈辱感受越深，我们距离教学目标就越近。

最后，课文的教学解读需要通过教学反思进一步完善。

课文的教学解读需要教师结合学生在课堂上的表现，通过及时的教学反思，整合为灵活机智的教学生成资源，再把它们与教学内容有机结合起来，完成对学生思维品质的提升。也可以这样说，有效的教学反思能提升教学质量，它会深化我们对课文的教学解读，深化学生对课文的理解。比如课堂上学生常常会就某个有价值的问题发表不同的见解，教师要在反思中抓住这些不同的见解，促进课堂教学的生长。例如蒲松龄的《狼》这篇文言文，学生在课上产生如下疑问：如果说屠户是勇敢机智的，那为什么屠户在文章开始时的表现是“投以骨”“复投之”，他的表现完全是一副躲避的姿态，他在开头并没有勇敢地站出来和狼斗争？课后，我对学生提出的问题仔细思考，恍然大悟中发现：在这篇小说的情节发展中，要关注“屠大窘”这个情节。从“大窘”中可以看出屠户本性中残忍的东西是在情急之下“逼”出来的。否则，他就要被狼吃掉了。他从胆怯到后来被逼出“无奈之勇”“无奈之智”，他身上的畏惧、勇敢、机智和凶残是一致的。对屠户的感情倾向不是简单的表扬就可以了。屠户的身上一定有代表着人性的东西。人和狼是密切相关的。狼的黠在人的本性被“逼”出来之后，“黠”就没有用了，于是文章的主旨就水到渠成了。抓住了文本自身的矛盾冲突，也是抓住了学生思维品质提升的关键时机，这一切都是靠老师在不断深入的教学反思中完成的。

二、课文阅读中的审美与感悟

（一）高中课标有关语文核心素养的审美部分的阐述

高中语文核心素养包含“审美鉴赏与创造，审美鉴赏与创造是指学生在语文学习中，通过审美体验、评价等活动形成了正确的审美意识、健康向上的审美情趣与鉴赏品位，并在此过程逐步掌握表现美、创造美的方法。于漪老师曾说："审美的语文课堂才、思、情、趣和谐统一，学生置身于春风化雨之中，怡情养性，储善求美，享受成长的快乐，镌刻终生难忘的芬芳记忆。"[①]教师在教学过程中营造出审美课堂，师生共同分享彼此美的体验和感受，这种双边共通的教学才能促进学生思想情感的丰富，思维能力的进步。审美课堂蕴含在富有情趣的文字里，正如《老北京的小胡同》里富有京韵味儿的吆喝；审美课堂散发着哲思的芬芳，正如《孤独之旅》中杜小康经历暴风雨后的洗礼成长出生活的自信。朱光潜先生曾说："文学的修养可以说是趣味的修养。"[②]一堂富有审美思维的课堂，应该是在看似平淡无奇的课堂中玩味出有"趣"的味道。才、思、情、趣和谐统一，才能产生灵魂在场的清音妙律，才能成就美的语文磁场。课文教学解读就是要结合学生的思维特点，情趣关注点，挖掘出教材中具有审美教育价值的内容，重新建构课堂教学内容，为学生铺设一条走向审美的阶梯。鲍勃·迪伦曾说："有人能感受雨，而其他人只是被淋湿。"教育家苏霍姆林斯基曾说："美，似乎在打开观察世界的眼界"。[③]我要说美让我们和学生一起成长。

（二）课文教学解读中渗透审美教育的路径

1.引导学生解读审美意象

所谓意象，是指人类以物达意、借景抒情而形成的人造之象。从本质上看，意象是心与物、主观与客观的统一。朱光潜认为，"美感的世界纯粹是意象的世界"。所写之景、所咏之物与所抒之情、所咏之志的完美结合，就是意象的形成。譬如史铁生《秋天的怀念》里北海公园里那泼泼洒洒开得深沉而浪漫的菊花，不仅仅是菊的美，更是要好好儿活下去的勇敢和坚韧。又如牛汉的《滹沱河和我》中写道"滹沱河是我的本命河"，滹沱河的奔突与狂暴、抗争与不屈正是作者坚毅精神的映射。课文教学解读正是要引导学生挖掘意象背后的深意，丰富学生的情感体验，进而提升审美鉴赏的品位。

---

① 熊芳芳：《语文审美教育12讲》，华东师大出版社2018年版，扉页。

② 朱光潜：《天资与修养》，辽宁教育出版社2006年版，第31页。

③ 熊芳芳：《语文审美教育12讲》，华东师大出版社2018年版，第11页。

首先我们要引导学生学会鉴赏诗歌中的意象。胡应麟在《诗薮》中有言："古诗是妙，专求意象。"[①]意象既是诗人抒发情感的载体，也是古诗词鉴赏最基本的审美单元。诗人往往会在诗词中以修辞手法塑造意象，表达情感与哲思，抒写志向与追求。譬如王维的《山居秋暝》中"明月松间照，清泉石上流。竹喧归浣女，莲动下渔舟"四句诗，就以"月""松""泉""竹""莲"等意象组合起来，表达了诗人独立高洁的情操。再如苏轼的《和子由渑池怀旧》中写道"人生到处知何似，应似飞鸿踏雪泥"。作者以"飞鸿踏雪"为喻，抒写了自己对"人生在世，忽然而已"的哲思。李白说："夫天地者，万物之逆旅；光阴者，百代之过客。"我们所能够留下来的生活印记都不过是"雪泥鸿爪"，只消一瞬间就会被时间和命运的大雪层层遮盖。（也可以用《陋室铭》的例子）

散文和小说中也有很多意象，要我们引导学生通过教学解读获得审美感受。在散文中意象通常指用来寄托作者主观情思的自然物象。萧乾的《枣核》里寄托的故乡情思；方刚《麻雀》一文中对麻雀是"最后的烈女"的赞颂；柯罗连科的《火光》里照亮黑暗与迷惘的光亮等。作者在撷取不同的外在物象时，往往依据物象本身的特点，再和具体的社会生活相结合，挖掘出富有社会意义的、带有作者独特情感体验的内涵。教师的教学解读就是要帮助学生将文本描述的物象与社会生活相结合，让学生理解意象之中丰富的内涵，进而获得审美感受。散文意象与诗词中的意象略有区别。散文意象在继承了古典意象基础上，有时倾向于作者个体的生活经历或者情感经历，就如沈从文偏爱"水"、萧红偏爱"太阳"、史铁生偏爱"地坛"。所以我们会在萧红的《祖父和我》中读出一篇暖阳之下的自由与舒展，在史铁生的《我与地坛》里读出时间的脚步、生命的思考。小说意象的挖掘同样会带来审美的震撼。譬如石钟山的《雁》，"雁"的形象不仅仅是对爱情的忠贞，更多的是对自由的渴望和生命尊严的捍卫；希斯洛夫的《岛》就是歧视与偏见的牢笼等。教会学生从意象入手，往往能发现更深更美的风景。

① 熊芳芳:《语文审美教育12讲》，华东师大出版社2018年版，第16页。

2.创设审美的情景体验

体验是美学和美育的核心问题。生命既是体验的起点，也是终点。个体生命要发展，就必须有丰富的体验。体验的过程不仅仅是学习的过程，还是一种生命成长的历程。高中语文新课标中提道：教师应鼓励学生用自己的情感、经验、眼光、角度去体验作品，对作品作出有个性的反应，对作品中自己特别喜爱的部分做出富有想象力的反应。

课文教学解读可以通过创设学习活动丰富审美体验。学习活动可以在课堂上，也可以是课外的语文实践活动。学生通过对课程运行中一系列活动的参与，丰富自己的审美体验。情感是一种生命力（对作者而言），也是一种吸引力（对读者而言）。通过朗读激发学生的共鸣，达到美育的教学目标。譬如在上《木兰诗》一文时，对第三段“东市买骏马，西市买鞍鞯，南市买辔头，北市买长鞭。旦辞爷娘去，暮宿黄河边，不闻爷娘唤女声，但闻黄河流水鸣溅溅。旦辞黄河去，暮至黑山头，不闻爷娘唤女声，但闻燕山胡骑鸣啾啾”。我设计了片段朗读的教学活动和影片《花木兰》的片段欣赏活动，让学生体会木兰在辞别父母、从军途中等情节的描写中她对前路的迷茫和对父母的思念之情。

课文教学解读可以通过设疑引发审美共鸣。课文的教学解读过程要选出建立文章整体感的核心问题，并将有逻辑关联的问题依次排列形成问题链，以此搭建课堂教学流程。帮助学生走到文本的深处，理解作者要表达的中心，设计激发学生情感共鸣与提升的教学活动。笔者在教李汉荣的《外婆的手纹》时，有学生质疑文章第16节中的两句话：“我静下来，沉入外婆可能有的那种心境。或许是孤寂和悲苦的，在孤寂和悲苦中，沉淀出一种仁慈、安详和宁静。”为什么外婆的心境是“孤寂和悲苦”的？如何理解“在孤寂和悲苦中，沉淀出的仁慈、安详和宁静”的心境？这就是文章的核心问题。围绕这个核心依次可以搭建如下的两个主要问题：外婆的这种心境，作者在本文中是如何表现的呢？这样就关联了文章1–13节内容，理解了“在孤寂和悲苦中，沉淀出一种仁慈、安详和宁静”的人生态度。第二个问题是：文章的标题是《外婆的手纹》，那么本文到底是在写“手艺”还是“手纹”呢？这样就关联了14–20段内容，理解了作者对外婆的手纹里所蕴含的那种人生态度的敬仰和传承的决心。理解了人物的情感，也就在潜移默化中培育了学生的审美情操，使生命在一种沉静的生活态度中获得成长的力量。

3.鉴赏审美的语言形式

语言形式包含了词语运用、句子修辞、言语顺序、文章结构等诸多方面的内容。语言形式承载着作者想要表达的思想和情感，破译文学文本的语言密码，才能追寻到作家的情感轨迹，解读作家的“自我意识”，并与之碰撞共鸣，交流融合。文学语言是作家言语活动的诗性结晶，带有审美的性质，因此，鉴赏文学语言的能力也就归属于审美范畴。《普通高中语文课程标准》（2017年版）中写道“感受和体验文学作品的语言、形象和情感之美，能欣赏、鉴别和评价不同时代、不同风格的作品，具有正确的价值观、高尚的审美情趣和审美品位。”教师引领学生穿行在文学作品的语言形式中，才能汲取其中丰富的审美信息，实现课文培育学生审美情趣的教学价值。例如沪教版八年级下册课文《莫扎特的单簧管，巴赫的双簧管》，作家肖复兴用自己深厚的音乐和文学积累，将音乐转化为文字，并让读者随着文章的语言形式的表达，渐渐沉入到莫扎特单簧管妙不可言的境界中。下面是文章第三段文字的节选：

……莫扎特在这一乐章中，不仅将单簧管本来所具有的高音区域的特点信手拈来，演奏得优美动人（乐章开始时单簧管的反复咏叹，乐队弦乐的配合，可以说天衣无缝，单簧管的高音运用得如同天上高蹈的云朵，透明而浩渺）；而且将单簧管的低音发挥得淋漓尽致，那些由单簧管中发出的低音，并非仅仅是呜咽，而是那样像是水滴渗透进地底下，湿润在别人看不见的大树的树根，揪着你的心随它的旋律做海底潜行，观看一般肉眼难得看到的珊瑚礁和沉船的断桿残桅。然后恢复的高音，单簧管的几声独奏，音调凄厉，如鹤高飞云端，再不是刚才的样子，像是一个小姑娘转瞬之间长大成了大人——不是少女，也不是老太太，是一个略显得沧桑的中年妇女，站在你的面前，用一双曾经熟悉而动人的眼睛望着你，多少让你觉得有些面目皆非的伤感和惆然。①

① 《沪教版八年级第二学期语文课本》，上海教育出版社2015年版，第122页。

上面这段节选的文字，学生能在自我阅读中通过丰富的修辞能感受到莫扎特单簧管的魅力，但是往往会忽视作者的语言架构上的形式美。这段文字重组后可以简化为如下的一段话：

不仅单簧管的高音演奏得如同天上高蹈的云朵，透明而浩渺；而且单簧管的低音更像是水滴渗透进地底下，湿润在别人看不见的大树的树根，揪着你的心随它的旋律做海底潜行，观看一般肉眼难得看到的珊瑚礁和沉船的断桿残桅。然后恢复的高音，像是一个小姑娘转瞬之间长大成了大人——不是少女，也不是老太太，而是一个略显得沧桑的中年妇女，站在你的面前，用一双曾经熟悉而动人的眼睛望着你，多少让你觉得有些面目皆非的伤感和惆然。①

我们会发现这段由两组关联词连缀的文字，恰恰形成了高音—低音--高音的回环，就像在一个五线谱上跳跃的蝌蚪一样，语言和音乐自然契合，浑然一体。读到这里，我们才能深入领悟作者语言形式背后要表达的审美情趣。

4. 拓展审美的对象

课文教学解读中的审美教育离不开具体的时代背景，拓展可以是在同一历史时期文学背景的比较。比如《西游记》中的美猴王形象，不仅仅是取材于唐僧西去取经的故事原型，他的上天入地的各类能耐更是源于明清话本艺术作品中的市井文化。这样看开，课文教学解读中的审美与感悟，不能仅局限于单篇文章里的文学形象，更要教会学生阅读时由一篇到一类的阅读策略，进而拓展自己对审美对象认识的深度和广度。

比如在整本书阅读教学中可以引导学生对鲁迅小说《彷徨》中的女性形象展开探究。这种拓展不只是对小说《祝福》里潦倒而死的祥林嫂悲剧命运的探究，还有未出嫁的阿顺抑郁而死，为爱而嫁的子君默默而死。比较《彷徨》这部书中女性形象悲剧命运的共性和不同，才能深入理解作者“荷戟独彷徨”的探索与孤独的心境。

高中语文课标中指出：通过学习语言作品，懂得尊重和包容，初步理解和借鉴不同民族、不同区域、不同国家的优秀文化，吸收人类文化的精华。拓展

① 《沪教版八年级第二学期语文课本》，上海教育出版社2015年版，第122页。

审美对象也可以是群文阅读的拓展。比如整本书阅读《红星照耀中国》就可以展开群文阅读，向学生推荐如《锌皮娃娃兵》《这里的黎明静悄悄》等其他民族的战争类题材的作品，以此开拓学生对同类素材的深入认识。

三、课文阅读中的反思与应用

（一）课文阅读反思与应用的内涵

1.课文阅读反思的内涵

课文阅读是指学生把语文教科书中“这一篇”特定的课文作为阅读对象，阅读任务是理解、感受这一特定文本所传递的作者的认知情感，是理解、感受这一特定文本中与独特认知情感融会一体的语句章法、语文知识。学生是课文阅读的主体，学生面对一篇课文，凭借他们的生活经验和语文积累，形成他们的理解和感受。但是学生的理解和感受不一定正确，这就需要课文阅读反思机制。就学生而言，要反思如何丰富、拓展生活经验，以获得与课文相符合的理解和感受，反思如何丰富、拓展语文经验，以获取与课文理解和感受相适应的阅读方法；就教师而言，同样需要以上两方面反思，还要反思学生是否具备这样的再思考能力。如何使学生的再思考不断深入，而不是简单重复？有没有路径和方法？如何将这些路径和方法转化成学生的经验、习惯和能力？

具体来说，课文阅读反思包括以下几个方面：教师在课堂上要倾听学生的表达，根据学生的阅读表现来反思并再次进行教学设计；学生经过思考和辨析，明晰或改变自己对课文的初始认识，阅读活动逐步推进和加深；师生对整个阅读活动进行反思与批判，客观理性地思考课文的阅读结果和自身的阅读经历，通过对课文的语言形式和思想内容等深刻分析，反思自己的阅读方法、思考路径、结论推断正确与失误的原因。

2.教育目标视阈下的应用

按照布鲁姆教育目标分类法，狭义的“应用”是指对所学习的概念、法则、原理的运用。它要求在没有说明问题解决模式的情况下，学会正确地把抽象概念运用于适当的情况。广义的“应用”还包括分析、综合和评价等能力的应用。分析是指把材料分解成它的组成要素部分，从而使各概念间的相互关系更加明确，材料的组织结构更为清晰，详细地阐明基础理论和基本原理。综合是指以分析为基础，全面加工已分解的各要素，并再次把它们按要求重新地组合成整体，以便综合地创造性地解决问题。评价是指不凭借直观的感受或观察的现象作出评判，而是理性深刻的对事物本质的价值作出有说服力的判断。

《课程标准》必修课程学习要求中，对阅读能力提出如下要求：“灵活运用精读、略读、浏览等阅读方法，从整体上把握文本内容，理清思路，概括要点，理解文本所表达的思想、观点和感情。努力从不同的角度和层面进行阐发、评价和质疑，对文本作出自己的分析判断。”可见，课文阅读中的应用主要集中在三个方面：一是对课文语言编码和篇章结构理解能力的应用，二是对课文主要内容和思想情感分析判断能力的应用，三是对课文阅读中形成的正确的阅读方法和阅读策略的应用。

综上，课文阅读中的反思与应用是指阅读主体（教师和学生）对阅读对象（课文）的解读过程中，对课文语言编码和篇章结构理解进行再思考，对课文主要内容和思想情感进行再思考，进而形成更加科学、正确的阅读方法和策略并把这些方法和策略应用到新的广泛的阅读活动中的教学过程。

（二）语言形式的反思与应用

1.课文中的语言形式

夏丏尊在《学习国文的着眼点》一文中说道：“我主张学习国文该着眼在文字的形式方面。”“国文科的学习工作，不在从内容上去深究探讨，倒在从文字的形式上去获得理解和发表的能力。”他说：“我们的目的是要从古人或别人的文字里学会了记叙的方法，来随便叙述自己所要叙述的事物；从古人或别人的文字里学会了议论的方法，来随便议论自己所想议论的事情。”[①]朱自清指出：“只注重思想而忽略训练，所获得的思想必是浮光掠影。因为思想也就存在语汇、字句、篇章、声调里，中学生读书而只取思想，那便是将书中的话用

① 夏丏尊：《夏丏尊教育名篇》，教育科学出版社2007年版，第152页。

他们自己原有的语汇等等重记下来，一定是相去很远的变形。这种变形必失去原来思想的精彩而只存其轮廓，没有什么用处。”①

课文的语言形式指课文的词语运用、句式特点、表现手法、表达方式和篇章结构等外在的组织形式，语言形式是作者思想感情的载体，阅读首先追求的就是对这些语言形式形成“其他读者也会获得相似结果的意义”。因此，学生要在教师引导下对课文独特的语言形式反复思考，以获取课文的思想意义，并逐渐学会应用这种能力去阅读其他课文。

2.语言形式的反思与应用

常态下学生阅读一篇课文一般的步骤是：初读感知—理解探索—深入解读。课文阅读反思主要集中在“深入解读”的环节，在这个环节中，学生会在课堂教学结束后，对课文的整体、某一部分、某一艺术特征、主旨及意义等进行更深入的思考。课文语言形式的反思过程一般步骤是：先从整体阅读角度反思篇章结构、材料安排上的独特之处，再反思局部段落、语句表达上的妙处，最后推敲字词运用上“吟安一个字，捻断数茎须”的匠心。

凡是已有定评的大作家，他的作品，全部就说明着“应该怎样写”。只是读者很不容易看出，也就不能够领悟。因为在学习者一方面，是必须知道了“不应该那么写”，这才会明白原来“应该这么写”的。这“不应该那么写”，如何知道的呢？惠列赛耶夫的《果戈里研究》第六章里，答复着这问题——“应该这么写，必须从大作家们的完成了的作品去领会。那么，不应该那么写这一面，恐怕最好是从那同一作品的未定稿本去学习了。在这里，简直好像在对我们用实物教授。恰如他指着每一行，直接对我们这样说——‘你看——哪，这是应该删去的。这要缩短，这要改作，因为不自然了’。在这里，还得加些渲染，使形象更加显豁些”。②

为什么“应该这么写”而“不应该那么写”呢？学生“很不容易看出，也就不能够领悟”，教师要以自己的生活经验和语文经验去引导学生反思。如

① 王荣生：《语文科课程论基础》，上海教育出版社2005年版，第318页。

② 鲁迅：《且介亭杂文二集（鲁迅全集第六卷）》，人民文学出版社2005年版，第321页。

《训俭示康》第三段，列举了李沆、鲁宗道、张知白三位大臣身居高位，节俭清廉的故事，学生结合注解读懂不是问题。那为什么列举顺序是李沆、鲁宗道、张知白？李沆的例子有句话，“为太祝、奉礼听事已宽矣”，由注释“太祝、奉礼，主持祭祀，往往让功臣的子孙担任”推知言下之意有两层：一是节俭的家风会一直流传下去；二是世代建功效忠朝廷。简言之即为“俭而忠”，故放在开首；鲁宗道的例子有句话，“上以无隐，益重之。”“无隐”即“诚”，此例强调鲁宗道“俭而诚”，故放在“忠”之后；这两个人节俭的故事侧重于一时一事，故笔法简洁，篇幅不长。张知白的例子强调无论地位如何、无论生死存亡、无论何时何地，节俭的传统要几十年如一日地保持，突出一个“常”，即“俭而常”，唯其恒常，更显可贵！故此例描写细致，篇幅最长，放在最后加以突出。这样认真感悟，反复思考，才可能揣度出作者的谋篇布局的意图。

局部的语言形式也值得反思。《百合花》里，在通讯员牺牲的战斗打响之前，小说有一段节奏非常舒缓优美的回忆，学生在句式的变化中读出了什么？“啊！中秋节”包含着猛然醒悟的激动和五味杂陈的感慨。此后是一串长句，舒缓深情，说明“我”逐渐沉浸到对故乡过中秋的场景的回忆中。此后是四字二顿的儿歌，仿佛童声响起，节奏轻快甜美，充满古诗韵味和乡土气息，说明“我”已经完全沉浸到那些纯真年代，轻松愉悦，甜蜜温柔。此后的散句则表明想起“小同乡”几许可爱，更有几许担忧，因为他此时可能就在前线。此时“我”的思绪有些散乱，散句能较好地表现思绪在回忆和现实之间的跳跃。这段描写提醒人们，生命中的美好不会因为战争而失去，在最艰苦的岁月中也会有对幸福的守望。

词语的推敲和语言的品味方面可以反复细读，不断得出合理正确的解读结论，这是优秀作品“耐读、常读常新”的主要原因。小到标点符号和关键字词的解读，比如《荷花淀》中的“你走，我不拦你。家里怎么办？”中间的句号改为逗号不行吗？两者表情达意有何区别？比如《沁园春·长沙》中“恰同学少年”，“恰”字可以替换吗？“恰”字表现我们青春激昂，恰逢其时，风华正茂，大有可为。又表现破旧布新振兴国家的伟大事业恰好落在我辈肩上，必须勇于担当。词中刻画的“同学少年”勇立时代变革的历史潮头，劈波斩浪，奋勇进击，立下振兴中华的铮铮誓言，可见“恰”的运用恰如其分。

类似的例子很多，体现语言形式的反思的初始阶段的知性特点。可能是教师或个别学生偶然的发现，可能是教师或某些学生阅读资料，增长某些语文知识和生活知识之后的新发现，也可能是教学过程中师生课堂研讨的新生成，具有理性和孤立的特点。如果教师引导得法，这些孤立的反思点就可能慢慢连成线，扩展成面，从而形成学生阅读鉴赏课文的习惯。

（三）课文内容的反思与应用

1.对课文内容的反思

课文阅读不能过于强调读者中心论，而是有其科学性和规范性，在解读和阐释中，更关注作者写作中对语言符号的选择、组合意图和意义指向，关注语言符号为表述某种“意义”而形成的规则或约束。课文的读者是教师和学生，且以学生为阅读的主体。他们介于普通读者和专业读者之间，师生的阅读喜悦既来自课文的内容及艺术魅力，又来自对他们课文“何以如此”“为什么这样”等问题的探索和发现。如《白莽作〈孩儿塔〉序》中，“这哥哥才是徐培根，航空署长，终于和他成了殊途同归的兄弟；他却叫徐白，较普通的笔名是殷夫。”常态下“这哥哥”不应该是“他的哥哥”吗？“他却叫徐白”为什么要加一个“却”？这是两个阶级的斗争，是两个阵营不可调和的矛盾冲突，这种矛盾冲突贯穿全文。“一般的诗人”与“别一种意义”的鲜明对立，此一世界和“别一世界”的鲜明对立，强化了这种矛盾对立。把文章里这些对立的点联系起来反思，可发现本文是战斗的号角，是“匕首投枪”，是“出离的愤怒”，再反思许多教师把“惆怅”当作关键词来解读课文，是不够准确的。

对课文思想内容的反思是由点到面的理性思维过程，不同于局部词句、段落的孤立反思，这种反思往往牵涉到整篇文章结构和思想的新发现。《游褒禅山记》的最后一句话在阅读教学中常被忽略：“四人者：庐陵萧君圭君玉，长乐王回深父，余弟安国平父、安上纯父。至和元年七月某日，临川王某记。”认真反思可以发现这句话关乎全文结构和作者思想的理解。文中的“悔”“叹”“悲”都因这四人而起。最后一段，除了是这篇游记的体式之外，还有相当丰富的意蕴："四人成虎"的谣传会影响个人的正确决定；人多势众的阻挠会干扰正确的行为；而相互劝勉的忠告会在分享中终生铭记；彼此见证的旅途要做好详细的记录，见证这次半途而废，未能尽兴的游览，也见证此次失败经历的刻骨铭心。这是一个隆重的纪念仪式，所以作者把它记得这么清楚。

2. 思维方式的反思与应用

思维发展与提升是指学生在语文学习过程中，通过语言运用，获得直觉思维、形象思维、逻辑思维、辩证思维和创造思维的发展，促进深刻性、敏捷性、灵活性、批判性和独创性等思维品质的提升。①

教师和学生从课文中抽离出来，客观理性地思考课文的阅读结果和自身的阅读经历，打破思维定式，对已有的文本解读结论或课堂生成的结论进行批判性的再思考，让课堂充满了开放性和思辨性。不断反思能逐步提升思维的灵活性、批判性和独创性，形成良好的思维习惯和思维品质。对思想内容的反思还表现在对课文思想内容独特的发现以及合理的批判上，训练有素的学生可以灵活应用这些思维方式解读出新的内容。如《烛之武退秦师》中，通过对烛之武和郑穆公对话词句的分析研讨，可得出烛之武先"辞"后"许"的心理变化过程："辞"表明他对自己有才华而不被重用的埋怨，还有形势危急，自己不想卷入危局的逃避；"许"表明他在重兵压境、国难当头时先国家之急而后私怨的深明大义。有学生课后对这个结论进行反思：如果他不想卷入危局，大可一走了之；如果他真的深明大义，大可自荐。但他既没走也没自荐，证明他对自己的能力很自信，不怕危局。烛之武要的就是郑伯亲自来求他，放到当时的文化背景中，这样做突出了"士"阶层的傲骨，与烛之武的性格特征吻合，是批判性思维很好的应用。当批判性思维成为一种习惯，教师要鼓励学生言之成理、言之有据。要对学生提出进一步反思的要求：查阅文献资料，求证你的反思。

这种思维品质一经形成，可以在课文阅读中广泛应用，形成独到的思考和发现，或者对文章内容进行思辨性阅读与表达，收到良好的效果。如有学生发

① 《普通高中语文课程标准》（2017年版），人民教育出版社2018年版，第4页。

现《齐桓晋文之事》中一个有趣的现象：对话过程基本省略主语，但也有几处保留了“王”这个主语，为什么是这几处？可以激发其他学生一起反思，把文章的长篇对话的思路连缀起来，把齐宣王思想变化的过程呈现出来，也把孟子游说越来越见成效的过程反映出来。在此基础上，学生还反思了文中孟子的某些观点：行王道仁政是非常复杂的工程，怎可类比“折枝”之易？圣主开疆辟土，一统天下真如缘木求鱼？以一服八，真的“何异于邹敌楚哉”吗？历史证明这是错的，强秦以一敌九，刘邦以弱胜强，三国终归一统。保民而王只需制民之产而已吗？北宋《清明上河图》里，物阜民丰。但北宋还是经历了“靖康耻”“臣子恨”……学生在一定阅读量的基础上，就传统文化的历史价值、时代意义和局限展开深入思考，用历史和现代的观点展开思辨表达，不断反思自己的思维方式。

（四）阅读策略的反思与应用

1.阅读策略的内涵和分类

阅读规则和策略，是已经归纳、提示、提炼出来的被证明行之有效的阅读方法。有证据表明，许多阅读规则和策略，尤其是较高层次的规则和策略，学生难以自行发现。①

王荣生教授认为从认知和学习策略角度来说，阅读策略又分为八个方面。其一，预测，即在阅读起始阶段，基于标题和关键词等来预测将要阅读的内容；故事文本阅读中，对人物、事件、故事结局等进行预测。其二，联结，即在阅读过程中调取已有的背景知识和个人经验，从而更好地理解文本的意义。其三，提问，即在阅读前、阅读中和阅读后都能够提出基于文本或从文本出发的问题，从而更深刻理解文本的含义。其四，推断，即能够利用文本提供的线索，合理进行补充假设和合乎常理的推断。其五，图像化，即在阅读过程中，由其“思维之眼”创造出“多重感官图像”，从而有助于对文本的理解。其六，

① 王荣生：《阅读教学设计的要诀:王荣生给语文教师的建议》，中国轻工业出版社2014年版，第24页。

确定重点，即根据文本的组织结构特点对文本中的信息进行重要和不重要的分类，并细读重要的内容。其七，释疑，即能够意识到自己遇到了理解困难，并为了读懂而停下来，回头重新阅读。其八，综合，即能够分析信息，整合文本和自己的认识或经验加以思考，并得出结论。①

2.课文阅读策略的反思与应用

最后，教师要指导学生反思自己的阅读方法、思考路径、结论推断正确与失误的原因，这是一个吸收与摈弃的过程，也是一个不断对话的过程，它使学生的阅读知识体系和能力逐步完善。根据教学实际，可对上文提到的阅读策略的八个方面进行反思重建，构建出适合学生实际操作的一些阅读方法和思考路径。

上文阅读策略八个方面中的“提问”和“释疑”前文已述。“联结”的内容可以落实到常用的“比较鉴赏”。如《师说》中韩愈引用《论语·述而》说：“三人行，则必有我师。”但原文是“三人行，必有我师焉。”比较孔子原话和韩愈的引文，可感知韩愈对从师学习斩钉截铁的态度。长期训练形成的比较鉴赏策略可以广泛应用到课文阅读中，比如标点、词语或句子的增删、替换，句式的前后顺序调整或变换，段落顺序的调整，不同版本的文本等。通过比较鉴赏，可以更明晰作者的匠心和思想情感，感知“为什么这样写”而不是“那样写”。

“预测”“推断”“确定重点”等阅读策略可整合成“见篇知类”的阅读方法。根据各种文体可以预测、推断阅读的重点，通过读“这一篇”的策略反思获得读“这一类”的阅读经验，应用到阅读相同类的作品中。如《老人与海》的阅读重点不在情节，而在人物的精神活动以及由这种活动展现出的人物的精神世界，孤独的老人在苍茫的大海上与鲨鱼战斗，意识自然流动，生动真切。学生阅读获得了西方小说更侧重人物心理刻画、人物精神世界剖析的阅读经验，这种经验自然会应用到读同一类作品上。再如《香菱学诗》是《红楼梦》的节选，把阅读重点放在香菱“苦志学诗，精血诚聚”上恐怕有失偏颇。《红楼梦》的悲剧产生于两种选择的“不一致”。把“不一致”的经验应用到《香

① 参见王荣生：《阅读策略与阅读方法》，《中国教育学刊》，2020年第7期。

菱学诗》的阅读中就可以“预测”或“推断”香菱的身份和追求的不一致，宝、钗、黛对香菱学诗态度和评价的不一致等。

“图像化”不能简单地理解为画思维导图之类的策略，更多指阅读中以形象思维来解释抽象事理的一种方法，教学中更多体现为“读写结合”的策略。《国殇》中每个战斗场面都可以改写成一段短文，还可以以对联等文字形象地概括为国捐躯的战士的精神。《论语》里有些句子比较抽象，比如“君子无终食之间违仁，造次必于是，颠沛必于是。”可根据“造次”“颠沛”“不违仁”等形象通过写故事来形象化解读。《以工匠精神雕琢时代品质》文中总结出工匠精神的内涵，但如果停留在文字表面，缺少形象感知，学生很难切实感受。要补充形象写作，以当代“大国工匠”、科学家的事迹写作加深理解。阅读是吸收，写作是表达，两者相辅相成，可在课文阅读教学中较多地应用。

至于“综合”，应该是对课文中重要观点或结论的“综合探究”。比如《乡土中国·系维着私人的道德》中，作者认为差序格局社会里没有笼统的普遍的道德观念，都是由无数私人关系搭成的网络连接着某种具体的道德要素，所有的价值标准也不能超脱于差序的人伦而存在。作者以《论语》中的“仁”来论证自己的观点，认为“仁”没有共同的标准和普遍的观念，而是要对应具体的人和具体的事，根据自己的评判和伦常关系得出具体的道德要素。“仁”果真没有统一的普世价值和标准吗？可以引导学生系统阅读《论语》关于“仁”的表述，进行综合探究、深入反思，可发现“仁”有统一的价值标准，就是“爱人”，只是“爱人”的境界存在层次的差异而已。

第五节　课文阅读中的语感积累与思想重建

一、语感的定义和特征

语感，顾名思义，就是对语言文字敏锐的感觉，是直接、迅速地感悟语言文字的能力，是对语言隐含意义的一种深刻的直觉、顿悟和心理体验。语感能力大致可分为两种：第一种是对言语对象在语文知识方面正误的判断能力，比如语音、语气、语义、语法等；第二种是对言语对象在内容上真伪是非与形式上优劣的判断能力，比如领悟语意、辨别语体、品味语言中蕴含的情感等。培养语感应着眼于学生对语文的实践活动和实践感悟，从而创造性地获得个性化的语感体验。

语感就是个体的人与言语世界的直接联系。它表现为对作用于他的言语作品的内在反应能力，即听和看（读）的能力；也表现为因表达个人情意的需要或适应社会交际的需要而在感觉层面直接生成言语作品的能力，即说和写的能力。①

王尚文《语感论》里把语感的特征归纳为四种：一是感性与理性的统一。也就是人对语言既有直观感知又有理性思考，语感是长期学习和训练形成的对语言的直觉性，这种直觉性是思维和理性长期伴随的结晶，是充满直观感性色彩的理性的瞬间反应。二是个人性和社会性的统一。语感既有鲜明的个人色彩，也有广泛的社会共性，语感的个人性必有社会性融于其中。三是科学性和人文性的统一。语感既要符合语言的法则和基本规律，又对人的心灵和精神起到渗透作用，是语言法则和规律对人的思想精神的渗透，又是人的思想精神对

① 王尚文：《语感论》，上海教育出版社2006年版，第5页。

语言法则和规律的发现。四是继承性与创造性的统一。语感一边继承传统，一边又总是在创造性的理解和运用，在创造中继承，在继承中创造。

二、语感的积累

（一）语感积累的内涵

马克思说："感觉通过自己的实践直接变成理论家。"语感能迅速、准确地对言语对象作出正误、真伪、是非、美丑的直觉判断，的确是一位可敬的理论家、艺术家。"直接"一词证明感觉之所以成为理论家，并不是由于思维在当下的作用，但它在刹那间不假思索的反应，却积淀了长期的比较、揣摩、学习、训练的成果。语感之所以有别于一般的感性认识，就因为它是在长期的潜移默化中积淀了高级的社会生活和文化教养的内容和性质而形成的。①

积累语感应在真实的语言实践活动之中，课文阅读中的语感积累无处不在，一切语文实践活动都可以积累语感，包括前文阐述的课文阅读中的理解与阐释、审美与感悟、反思与应用等过程。学生通过阅读与鉴赏、表达与交流、梳理与探究等活动，积累言语经验，掌握语言的运用法则与规律，逐步提高语感能力，在此过程中促进语文阅读习惯和方法的形成，情感、态度、价值观的综合发展。王尚文教授将语感分为输入型语感和输出型语感。语感输入主要是耳朵的听和眼睛的看，语感输出主要是口头表达交流和书面表达交流。简单地说，语感是在围绕课文阅读展开的不断加深的听、读、说、写的实践过程中长期积累起来的。且这个过程是一个良性循环的过程，长期在科学、人文、准确、优美的语言环境中听和读，自然能说出更准确、优美的话，写出更准确优美的文章。

① 王尚文：《语感论》，上海教育出版社2006年版，第37页。

（二）输入型语感积累

没有一首具有“音乐性”的诗歌不具有意义或者至少是感情色彩的某种一般概念。即使是听别人读一门我们根本听不懂的外国语言，我们听到的也不是单纯的声音，而是在听到诵读者充满意义的语调的同时，把我们自己的发音习惯加给这门外语。[①]

输入型语感积累体现在听和读的过程中用心体会音韵、声律、节奏以及它们在表情达意上的具体作用，通过反复训练，学生对语言形成敏锐的感悟能力。雪莱的《致云雀》有多个译本，每个译本都尽量追求不破坏诗歌原文的韵律美。阅读的主要任务当然是感知“云雀”形象，这个任务可以落实到语言和韵律的感受和解读之中。以这首诗的第一节为例，英文原版如下：

Hail to thee， blithe Spirit!
Bird thou never wert,
That from Heaven， or near it,
Pourest thy full heart
In profuse strains of unpremeditated art.

反复地听和读之后，学生可感知原文韵脚[t]为清辅音，发音、语气轻柔多情，似乎恐怕惊动了这来自天堂的精灵，感受到轻快喜悦充满抒情色彩的节奏和音律。课文的江枫译本保留了原文一韵到底的特点。韵脚“灵”“禽”“近”“音”“心”，声调以平声、上声为主。语气温柔舒缓，适于表现云雀灵动清新的形象和作者满怀深情的赞颂。以韵脚来组合语义，运用倒装句式突出云雀以天籁之声倾吐衷心，显得一气呵成，突出诗歌形象。再读第五节，可感知形象的变化。

Keen as are the arrows,
Of that silver sphere,
Whose intense lamp narrows,

① 韦勒克，沃伦：《文学理论》，刘象愚译，江苏教育出版社2005年版，第176页。

In the white dawn clear,

Until we hardly see—we feel that it is there.

反复听、读，可感知原文隔行押韵的特点，错落有致，韵脚为双元音[əu][iə]，相较于首节韵脚清辅音[t]，这节押韵词语读音开放洪亮，大气奔放，适于表现云雀“欢乐的强音”的“溢遍宇宙”的“利箭”般的穿透力，它无处不在又难以分辨，余音袅袅，不绝于耳。显然，江枫译本也注意到这个特点，隔行押韵，主要押韵字“箭”“间”“后”“宙”多为入声字，发音与语义相配合，洪亮有力，有穿透力，有余音绕梁之感。诗歌的韵律、形象、意义融合一处，相得益彰。

（三）输出型语感积累

输出型语感积累主要体现在课堂的阅读与鉴赏、表达与交流、梳理与探究上，实际上就是学生的说和写为主的过程，在真实的语言情境中开展语言实践活动，把自己的直观感受通过口头表达出来，再通过书面形式加以锤炼。高中阶段要以语感提升为重点，学生通过语篇的阅读、思考、探究和表达，培养学生对语义的分析、理解、鉴别等能力，进而能够进行自由的表达与创造。教师选择典型的语篇或片段引导学生深入解读，在看似简单的课文中破解并准确表达出其中的奥秘，语感得以逐步提升。小说《百合花》开篇“1946年的中秋”独立成段。为何以此开头？这个短句分两个音组：“1946年”和“中秋”。1946年暗示战争的残酷、通讯员的牺牲等；“中秋”提示下文“故乡过节的情景”，对应了“拖毛竹的青年形象”，产生了“赶集的错觉”。这个短句暗含“短暂而美好”的寓意，隐喻战士短暂而美丽的一生。中秋是传统佳节，皎白月华、温馨团聚与战争的残酷形成鲜明反差，突出即使在最残酷的战争中人性的美好也不能抹杀，对幸福的守望也不会消失。

教师要鼓励学生个性化地感悟和表达，鼓励部分语感特别敏锐的学生的成长，鼓励他们得出细腻而深刻的感悟和结论，起到语感积累的示范和引领作用，如同郁达夫感知《故都的秋》那样独具性灵、深沉复沓，韵味隽永。落蕊遍地之景寻常可见，必须是极悠闲之人在极清静之境中“一点点”的感触才会有微细柔软的触觉。必须是空旷静谧的树下土地，长久无人经过，才能留得住这条条帚痕；必须是清闲自在的人以他超级细腻的观察和体验才能觉察得到。周遭空寂，四下无人，只有扫街之帚痕布满树荫之下的地面，寡淡、空灵、冷落。这是郁达夫的观感，也是郁达夫的心情，还是郁达夫的审美。他享受这一刻的清闲与落寞，享受这样的独一无二的清静和落寞的秋之况味。

（四）语感积累是综合过程

语感积累是一个综合性的过程，听、读、说、写等活动不能割裂。通过长期的训练积累，不断地拓宽加深，学生才能直观敏锐感知课文语言中的关键信息或声音形象和景物、人物形象，并能准确说出或者写出这些信息或形象的阅读价值和审美价值，进而提升自己的语感能力和思想境界。

以《沁园春·长沙》为例，通过听读、跟读、诵读，学生感知押韵韵母“ou”或“iu”，音调悠长，昂扬向上，舒展大气，从容不迫。适于表现诗人“指点江山，激扬文字”的豪情、自由开阔的抱负。在韵脚的余音中，一代伟人谈笑间指挥若定的气度隐约可见。从格律角度看，“看”为上片领字，领取祖国壮丽多姿的秋景。“恰”为下片领字，领取同学少年意气风发的形象。“看”“恰”这两个入声字有很强的爆发力，能准确表现欣赏祖国大好河山的激动不已以及感受自己责任担当的时不我待。进而梳理与探究领字领取部分的语义联系，由“看”到“恰” 有因果联系：看到眼前大好江山，面对谁主沉浮的惊天一问，自然想到我辈青春激昂，风华正茂，恰逢其时，大有可为。由物到人有象征联系：雄鹰展翅、锦鳞游泳，充满昂扬向上的生命活力，象征青年意气风发、奔放有力的战斗豪情。由景到情有呼应联系：面对祖国山河，青年们既赞叹其壮美，又悲愤其沉沦。发表文章，抨击黑暗，宣扬真理，鄙视当时的反动军阀。

听、读、说等阅读任务为书面语感的输出做好了准备，一些语感积累比较好的学生可以尝试填写《沁园春》，因为他们积累了填词需要的基本语感：用韵上以语调昂扬为主，适于表现自由开阔的抱负情怀。风格上表达豪情壮志，语调庄重大气，和谐流畅；内容上贴合时代言志与议论，表达年轻人开阔的襟怀；方法上情景交融，由景到人，建立起比较合理的逻辑联系，并有恰当的“领字”引领句式相同的两个部分。当然，这只是“这一篇”的初步语感，要积累《沁园春》乃至宋词的语感仍然是极其漫长的过程，需要大量阅读积累、梳理探究工作。

三、语感积累与思想重建

（一）语感积累与思维品质的重建

实用文本以逻辑思维为主要动力，以论证、法则及其解释来把握物质世界和精神世界，笔下都是客观真实的存在，是“岸边的杨树”。文学文本以形象思维为主要动力，以典型化和形象化的方式反映客观世界及精神世界，笔下都是“个人的观照”，是“杨树的倒影”。[①]语言是思维的载体，实用文阅读能不断提升逻辑思维品质，文学作品阅读能不断提升形象思维品质，伴随着语感不断积累，思维的敏捷性、批判性与创造性也不断提升，重建出较高层次的思维品质。

“每寒夜起立，振衣裳，甲上冰霜迸落，铿然有声”。学生阅读《左忠毅公逸事》的这句话，能敏锐感知其中的声音形象和视觉形象，如闻其声，如见其人。通过简洁的句式和“振”“铿”等词语感知以方苞为代表的桐城派语言“雅洁无滓”的特点以及史公坚如磐石的意志品质。“彼节者有间，而刀刃者无厚；以无厚入有间，恢恢乎其于游刃必有余地矣”。学生阅读《庖丁解牛》的这段话，可以重新感知“游刃有余”这个成语的本义，并非无拘无束的挥洒自如，而是要在生活提供的有限空间中发现其运行规律，找到适合自己发挥的空间，在生活的压迫中找到自己最佳的生存姿态，进而在语言中真切感受庄子之“道”。《兼爱》的第一段语义重复，显得啰唆。学生敏锐地发现这和墨子学派的受众是中下层人民有关，所以语言朴实，反复重申。再创造性地进行删减，分别删改成孔子、孟子、和庄子的口吻，综合呈现了中华优秀传统文化单元课

① 褚树荣：《经世致用：“实用性阅读与交流”任务群解读》，《语文学习》，2018年第9期。

文阅读和学习的语感积累成果，体现了语感积累对思维的敏捷性、思辨性和创造性的重建作用。

（二）语感积累与审美品位的重建

言语是一种创造，它是言语和对象的统一，也是言语和主体的统一。言语与有关言语诸因素的高度统一即产生一种言语美。言语美是言语创造的产物，是成熟言语的内在品质。因此，由言语所引发的语感也就自然包含了言语美感。①

语感与美感是融为一体的。课文语言中的美无处不在，有读来声韵和谐的音乐美，有构思精巧的建筑美，有高尚纯洁的形象美，有启人深思的哲理美……语感积累是重建学生审美品位的无言之教，学生在对课文的审美评价、表达交流中潜移默化地形成正确的审美价值和审美情趣，并不断提升审美品质，逐步掌握表现美、创造美的方法。

读《荷塘月色》的第四段，感受“什么都可以想，什么都可以不想”的彻底的精神自由，语调悠闲自在，叠词的顿挫勾勒出月下踱步的不徐不疾，通感手法并非作者刻意为之，而是当时的情境中感触自由时细腻的表达。旧版中被删除的“又如刚出浴的美人”统编版教材又恢复了。月下荷花的晶莹光洁、缕缕清香不都在“刚出浴的美人”形象中表现出来了吗？作者抛却一切拘束，“且受用这无边的荷香月色”，对美的自由联想，与下文《采莲赋》的内容照应的结构美，都在美人的圣洁和馨香中飘散开来。读必修上册“青春激昂”主题单元的五首诗歌，学生可能只单独感知了每一首诗歌里的形象美，对于五首诗歌群像的审美价值则缺少思考。五首诗的青春群像特点鲜明，伟人改变历史、巨人勇立潮头、仁人舍生取义、而平凡得连名字都没有的人也拥有洁白无瑕的高贵情操。他们构成了金字塔形，塔尖是历史伟人，塔基是普通劳动者，塔基的平凡大众有平凡但不平庸的思想追求，那么整个国家就能永葆青春、充满活力。学生感知青春群像，自我观照，可以多元思考和选择，对青春的认识和审美评价得以提升。

---

① 王尚文：《语感论》，上海教育出版社2006年版，第293页。

（三）语感积累与文化理解的重建

文以载道。语言文字既是思维的载体，也是文化的载体。阅读传统经典，积累语感，从中汲取先贤的智慧，借此改良自己的精神世界，树立更为积极的人生态度。引导学生站在今天的理性与现实立场去领悟传统思想，探究传统文化在当代社会的意义，鼓励学生把经典阅读和现实人生联系起来。阅读外国经典，积累语感，尊重、理解、借鉴各民族优秀文化，吸收其中的精华。引导学生关注当代文化发展，在不断积累的语言运用中比较中外文化，坚定文化自信。

《乡土中国》写于20世纪40年代，从乡土社会的语言和文字入手，深入分析乡土社会中的人际关系、礼治教化、政治权力等问题。将中国社会和西方社会作横向对比，较为全面地勾勒出了乡土中国本来的模样。全书推理踏实，观察敏锐，抽丝剥茧地犀利分析，字里行间中保持着学者应有的理性，构建了一套对于中国社会解读的理论体系。在阅读中应培养学生敏锐的语感能力，判断乡土社会和现代社会文化的差异以及中西文化发展的差异。

现代的学生没有经历过典型的乡土社会，而《乡土中国》在阐述中国乡土社会特点时经常以西方社会的人际关系、道德观念、法律制度、文化特点来进行比较，在当时的社会背景下，西方上述各方面确实有明显优势。这种阅读印象有可能给青少年造成文化认同的误区，即西方社会是更科学、更文明、更法治的公民社会，而乡土中国相对自私、专制、落后。针对这一点，教师在阅读总结时必要厘清。以疫情背景下中西现实展现的文化差异为例，相对于西方的混乱无序，原来中国才更接近西方概念里的公民社会，空前团结众志成城、社会的动员力量、民众的无私配合、对渎职官员的问责等。学生感受到现在的中国社会早已不是那时的乡土中国了，我们发展出中国特色社会主义的伟大理论，提出并践行社会主义核心价值观的社会价值体系，儒家文化的深厚底蕴在新的历史时期展现出全新的魅力与活力，经济社会发展日新月异。我们的道路、理论、制度、文化在实践过程中表现出巨大的优越性。

（四）语感积累与立德树人

语感和思想感情的关系是双向的，相互依赖，相互影响，因此也可以通过雕琢一个人的语感来塑造他的思想情感，这比仅仅提供一些论断来改变一个人的思想感情也有其难以取代的巨大优势。由于语言是人的生命活动、心灵活动，语感对言语对象的选择和感知，实质上就是语感对活跃于言语对象之中的人的生命活动、心灵活动的认同、感应，这种认同、感应必然导致人的思想感情的变化。

语文学科的核心功能是育人，在学习祖国的语言中立德树人。“立德”就是树立德业，坚持德育为先，通过正面引导来教育人、感化人、激励人；“树人”就是培养人才，坚持以人为本，通过合适的教育来塑造人、改变人、发展人。“立德树人”要落实到听、读、说、写等语感积累的综合过程中，要贯穿在思维品质提升、审美品位提升、文化理解传承的始终，要贯彻到每篇课文的阅读教学里，巧妙渗透于课堂教学实践中。厚植爱党爱国爱人民思想情怀，立志听党话、跟党走，树立为中华民族伟大复兴而勤奋学习的远大志向。尤其对于统编教材新增的马克思列宁主义、毛泽东思想等社会主义哲学理论类文章，要以科学精神重温这些经典学说，重点挖掘革命伟大作品里立德树人教育价值。

比如阅读《在〈人民报〉创刊纪念会上的演说》，联系现实阅读，学生可能会产生疑惑：欧洲资本主义“大陆”并没有被“撞得粉碎”，相反，东欧剧变、两德统一，无产阶级革命斗争的第一个成果——苏维埃不复存在，北约东扩，欧盟不断吸纳原先的社会主义阵营国家。这一切是否意味着马克思论断的错误？要引导学生展开思辨表达：历史发展是一个长期过程，短期内的变化不能代表整体趋势；中国特色社会主义取得举世瞩目的成就，其他社会主义国家借鉴中国发展改革模式也取得空前成功。反观美国为首的一些资本主义国家，社会割裂、管理混乱，所以我们要始终坚持四个自信，坚定理想信念。这样就把语文阅读与社会科学结合，立德树人与思辨表达结合，深入浅出，用学生能参与、能表达、能理解、能信服的方式积累语感，阐释马克思的文章，坚定立德树人。

第四章　语文教学解读的基本方法

第一节　作者中心论的解读范式与运用

一、作者中心论解读范式的涵义与发展

根据伊格尔顿的梳理，现代文学理论大致经历了三个阶段：19世纪浪漫主义文学时期的文学研究中“作者”的地位至高无上；20世纪初英美新批评和俄罗斯形式主义主导下的文学批评则逐渐弱化作者而关注“文本”本身；这种理论又在20世纪后期发展为“读者中心”理论。

作为第一阶段的“作者中心论”，顾名思义是在作者、作品、读者三者关系中，承认作者写作意图和创作心理的优先性和绝对性。“作者中心论”在阅读理念上表现为：认为作品是作者人格的全面反映，是作者对世界的认知的折射和忠实反映，认可作者与作品之间天然存在“父与子”般的“血缘关系”——作者与作品是创造与被创造、支配与被支配的，这种关系不可分割且不证自明。在阅读实践上则表现为：依据文本语言和细节，调动读者的经验和体悟，不断通过“以意逆志”的方式解读、还原作者在文本中表达的情感和意图，读懂从中折射的作者心理和人格，并将无限靠近文本背后的“作者”的所思所想作为阅读动力和阅读目的。

现代文学理论体系构建之初，文学批评家们首先认识到“作者”的地位，主要有三方面原因：

第一，作品的创作过程显得“作者”主体地位有极强的合理性，作品是作者主体意识的产物，是作者情志的体现，因而对作品的阐释，作者具有绝对的权威。这就是无论中西方的文学理论研究都首先认识到“作者”在创作过程中的地位的原因，如中国传统批评理论“诗言志”就认为诗歌与创作心理具有直接关系。

第二，这是中世纪《圣经》解读留下的文化传统，《圣经》解读是一个对“创作者”意图反复揣摩并且无限接近“作者”的过程，这也成为影响文学阅读和批评的文化传统。《圣经》解读相信“绝对的神意”，而“作者中心”成立的逻辑起点就是相信文本隐藏着某种较为客观的作者“意图”，它是创作主体性最忠实的呈现。

第三，是从笛卡尔“我思故我在”和康德为代表的近代主体哲学范式对文学批评的深刻影响。在这种极度推崇人的理性光辉的哲学思潮影响下，文学批评也将重点聚焦在了创作者的研究上，并且在阅读模式中开启了“作者中心”的时代。

“作者中心论”解读模式在语文教学的运用中，主要包括三方面的内容：一是作者的个人性格特质，二是作者的生平经历，三是社会的整体文化背景。相比于文学批评中“作者中心论”的时过境迁，语文阅读教学中往往将对作者写作意图的追寻与文本和读者理解密切结合，综合运用。比如教育部统编教材必修上册在《赤壁赋》的“学习提示”中写道：“阅读时要注意梳理文中情感起伏变化的脉络，抓住文章写景、抒情、说理完美融合的特点，体会作者复杂矛盾的内心世界和旷达乐观的人生态度。”这其中第一层次便是立足作者的阅读要求，第二层次是针对文本形式的审美阅读，第三层次就是读者与作者情感产生共鸣，在体会作者心理世界的基础上受到这种人生观、价值观的激荡，内化为自己精神世界的体悟和理解，完成从贴近作者、理解文本到完成自我的阅读过程。

二、"作者中心论"解读范式在语文阅读教学中的表现特征

"作者中心论"解读范式的语文阅读教学中其实并不少见，甚至长期占据了主要地位。这一解读范式表现在语文阅读教学中主要有这样三个特征：

第一，在教学内容上，把作者意图作为根本旨归。在这种解读范式中，文本是连接作者与读者的桥梁，读者的阅读经验和文本呈现的蛛丝马迹，都是为贴近、还原作者创作心理和意图服务的。首先，作者的个人经历、文本创作时的心理情感、所处社会时代的整体文化氛围和传统，一般都会首先普及给读者，成为理解文本的必要的储备。同时，文本意义会被转化为一系列提问，作为阅读理解推进、深入的方式。以《前赤壁赋》的教学为例，苏轼因"乌台诗案"被贬黄州这一背景知识是理解文本表达的思想情感的重要补充，他儒、释、道合一的知识背景也会作为解读文本体现的哲思的切入点，甚至赋予两者因果联系。该文常见的一系列课堂提问如"梳理全文作者情感的变化""第一段中作者感到'乐'的原因是什么?""作者在第二段提到曹孟德的用意是什么?"，也是立足文本，调动学生体验，对作者情感态度和创作心理的探索。

第二，在组织形式上，问题可预设，回答可预期。伽达默尔将读者重构作者的写作意图称为"历史主义的诱惑"，因为"作者中心论"的前提条件是认为文本具有一个可追溯、可还原、可掌握的明确主题，这个主题是先验于读者理解而存在的，也并不以读者的意志为转移。在文本主题明确的条件下，教师在阅读教学中的任务是比较清晰的，针对任务的问题设计也是可以提前确定的，教学过程也可以通过预设问题的落实逐步推进，在分析作者写作意图的过程中，课堂逻辑和问题逻辑是基本一致的。教师给出的拓展资料往往具有引导性，学生针对问题的反应、回答也基本会与教师的备课一致。因而，"作者中心论"的教学会呈现较为有序的状态，探讨的问题和形成的结论较为明确。

第三，在评价方式上，强调文本解读存在客观性。基于文本主题是先验确定的理念，"作者中心论"的教学范式相比"文本中心"和"读者中心"更强调理解的"客观性"，甚至对文本理解和读者体悟做出"对错"的评价。我们

很熟悉这种模式，因为它是目前的各类重大型测试的前提依据，承认文本的“客观性”也是这类测试存在的基础。比如要求“分析作者的写作目的”，读者（测试对象）的任务是根据文本的启示尽可能贴近“作者如何想”，要写下的也是止步于此的思考，而不是再进一步的“我如何想”。

三、作者中心论解读范式在语文阅读教学中的价值

归结以上三点特征，作者中心论解读范式体现出内容的确定性、过程的有序性、评价的操作性，这也让它成为语文阅读教学的传统形式，因为相比于其他教学模式，教师在知识传递、课堂组织、学生引导上肯定是更容易的。作者中心论解读范式最为常见，却也是遭受诟病最多的。

一方面，现代文学理论在建构过程中不断反思“主体性”的哲学范式，作者权威首当其冲受到质疑。随着文学批评理论的发展，“作者中心”逐步被边缘化，阅读与诠释迎来了“读者”时代。从尼采高呼“上帝之死”，到福柯提出“人之死”，再到罗兰·巴特的“作者之死”，这是宗教、哲学领域反思“主体性”地位的思潮对文学领域的影响，人们迫切渴望解除作者对作品意义的主导权和控制权，否认作者本人对作品诠释的优先性和权威性，而认为文本的语言和形式是独立的美学研究对象，读者对文本内涵的解读是独立意志的表达，不仅应该得到尊重，甚至应该得到首肯。

另一方面，阅读教学过程中单一作者中心论或绝对作者中心论的极端做法扼杀了多元解读的空间，带来阅读心理上的压力，进一步可能演化为反感。比如在阅读教学过程中，教师反复强调作者的权威性；特别是阅读测试中加入对错评判之后，更容易引发“作者中心论”的认可危机。在阅读测试中，常见的问题和教学过程的基本类似，但也存在不同，主要体现在评价上。阅读教学过程中，作品主题和作者意图的“确定性”仍会存在多元解读和质疑批评的空间，只要教师不“强势”，“作者”和“读者”的地位至少是平等的。但在测试中，这种“确定性”变成了“客观性”甚至“唯一性”，比如诗歌鉴赏会给出“遭贬”“闲居”“战乱”等注释，并会将学生对作者的情感解读是否结合了这

类背景作为评价标准之一。这也是“作者中心论”最被诟病的一点，因为在测试形式下它强力压制了读者的“自由发挥”，读者追寻作者的心理和情感轨迹亦步亦趋，且必须得到正确与否的验证，阅读理解的“或然”变为了“必然”，而这个“必然”又始终笼罩在先验的阴霾下，常常难以确证。因此，极端的论调便认为“作者中心论”只有在应试教育背景下才有生存空间，是百害而无一利的。

文本是否存在确定的、客观的“真理式”的内容，本身就是至今仍在争论不休的问题，这是否意味着“读者中心论”在阅读中已经丧失价值，甚至该被扬弃呢？

其实，充溢现代性的当代文学批评在解构主义思潮的影响下，甚至连阅读“中心”本身是否存在也遭到了冲击，文本和读者的地位也岌岌可危。但其实，这种对“中心”的质疑更多的是一种哲学层面“形而上”式的主体性反思，而一旦回归到文学创作和阅读的“形而下”的实践层面，作者、文本、读者始终是最重要的三个元素，我们既无法回避其各自发挥的作用和价值，也须得承认其彼此联结、不可割裂的关系。因而，作者中心论的解读范式在实际的阅读活动中仍十分活跃，并具有自身不可替代的作用和价值。

（一）理解作者是加深阅读体验的途径

在现代文学理论思想中，文学阅读和批评是有多个切入点的，完全抛开作者，将文本的语言形式作为独立的审美活动对象，或者思考读者应该“做什么”，都是合理的。但是，这都不意味着考察“作者”就是无意义的，“阅读作者”仍是读懂文本、创生自我的有效参考路径。

特别是中国传统文学深受“诗言志”“文以载道”“文章合为时而著”等创作理念的影响，作品包含着作者深刻的现实情怀和现世关怀，如果离开了“为什么写”这个问题的探讨，许多作品的思想性会大大减弱。比如《师说》一文是韩愈针对“师道之不传也久矣”的社会文化氛围的抨击，不结合他身处的时代特征，不理解他的文学创作主张，不了解他“忠犯人主之怒”的人品，我们或许很难体会《师说》字里行间传达出来“道济天下之溺”的人文光辉，很难理解这篇文章为什么要提“学必有师”这样一个仿佛“理所当然”的问题。含蓄的抒情风格是古典作品的另一特征，这类作品往往需要借助诸多“注释”才能理解其主题，而作者的生平则是有效因素。如向子期的《思旧赋》“援翰而写心”，他的“心”到底是什么正是这篇文章的主题所在。这篇赋文时时处处“欲言又止”，如果不对他与嵇康、吕安的社会关系等做一番结合，便可能陷入阅读困境。

不止中国古典文学，西方许多作品也需要我们在“理解作者”的基础上“理解作者”。普鲁斯特的《追忆似水年华》是一部“自传式”的文学，作者独特的生活经历和创作心理对文本的影响程度是值得研究的。所以，在阅读教学过程中，我们要做的不是谈“作者”而色变，觉得这是一种违背文本审美性、压制读者“自由心灵”的做法，而是应该针对不同的作品类型，让“理解作者”成为深入阅读的其中一环。

（二）理解作者是多元解读的内在要求

如果把“作者中心”作为阅读理解过程中的一环，而非对文本内涵的终极解释，那么我们就能对文本主题做出更多合理的解读，这和多元阐释的要求是一致的。如《游褒禅山记》一文，课堂教学往往将主旨落在“尽吾志”“以其求思之深而无不在也”的为人处世态度上。但了解王安石的生平后，我们知道其大力主张变法是在写作这篇文章几年后的事。在写作《游褒禅山记》的时期，或许是他的政治主张和抱负形成、酝酿的时期，由此反观这篇文章，它未免不是作者变法前的“明志书”。这种解读还原作者的人生轨迹，在作者生命动态的历程中对文本的内涵做出历史性的解读，挖掘了文本语言之外的含义，拓宽了理解文本的维度。

缺少了“作者”视角的阅读，“多元解读”也会失去许多值得品味的可能。

（三）理解作者能提升读者的阅读情趣

“作者中心论”的阅读模式是否消解读者（学生）的主体性？其实不然。具有思考能力的读者只会将“理解作者”作为整体阅读过程的一个环节，而非全部，因而仍会在追寻作者写作意图的基础上，不断挖掘文本含义，不断融汇自我理解。而不具备思考能力的读者，哪怕走出“作者中心”的苑囿，仍会踏入或被文本束缚，或放纵心灵的误区。其实，理解作者不仅能使读者进行深入、多元的阅读，又能提升读者的阅读情趣和生命品质。这样的阅读体验对于读者来说并不陌生，施莱尔马赫将之称为“对陌生生命的模仿”，“模仿”的基础是认同人类个体之间具有经验的普遍性、情感的共通性以及价值的共同性。也正是在“模仿”中，作品的人文价值得以彰显，文学作品也在历史长河中成为全人类的精神养料而得以不朽。

四、“作者中心论”解读范式在语文教学中的运用方法

作为解读学的其中一环，“作者中心”与关注文本、尊重读者紧密结合，有两个有效且普遍运用的阅读方法，可以帮助我们很好地解读。

（一）运用“知人论世”的批评方法

这是中国古典诗教传统中的方法，因为古典诗歌篇幅短小，抒情又含蓄，因而了解作者，了解时代，能够帮助我们理解诗歌的主题。其实，“他山之石可以攻玉”“知人论世”的方法同样可以运用到不同类型的文本中。

比如《荷塘月色》一文，文本的审美价值很高，优美的月下意境处处洋溢的是一种欣然和享受，可是全文有一句和这种意境格格不入的话：“但热闹是它们的，我什么也没有。”这句话在极致描绘池塘风荷的美景之后，岂不是很煞风景吗？作者明明一开始就说“我且受用这无边的荷香月色好了”，为何最后还是没能消解“颇不宁静”的心绪？那如果我们能够了解1927年7月写作时大革命失败的社会背景，或许能够解读这份“不平静”是无法借由一个文学伊甸园就能消除的了。如果我们了解朱自清身上有旧式知识分子的妥协和新文化运动熏染的进步所交织出的矛盾性格，或许就能理解为什么审美救赎在他身上的失败。美轮美奂的荷塘夜景是身为旧式知识分子的朱自清为自己开辟的精神避难所，正如无数古典文人在现实生活中受挫后转向山水寻求精神寄托，这是

文人自我救赎的常见方法，并且不少人是成功了的。可是朱自清又是一个经历过新文化运动洗礼的人，他是将自己和社会国家联系起来的人，所以时代的激荡仍搅弄得他心绪不宁。他把月色下的荷塘写得越美，越让自己的笔和精神集中在美的意象上，逃避的意图就更加明显，这种意图或许借由文字可以欺骗读者，却无法欺骗作者自己，于是最终宣告失败，自己就成了“什么也没有”的一个人，回归到现实生活中。

我们跟随文本的语言形式展开审美之旅，也可以追随作者的生命历程去理解文本背后隐含的作者独特的生命体验，这种独属于作者的生命体验，或喜或悲，或是上下求索中的迷惘痛苦，或有拨云见日式的清醒，却都充满了让我们为之心灵颤动共鸣的魅力。了解作者，也是了解一个生命；理解作者，也是理解文本的精神意义。

但必须明确的是，作者的个人经历、社会的历史背景等和作品主题之间都是“或然”关系，它们是帮助阅读和理解的角度与方法，却不具有权威性和唯一性，更不能作为验证读者阅读体验是否合理的客观标准，否则就真是违背阅读的根本目的了。

（二）采用“心理移情”的阅读方法

“移情”是心理学中精神分析的一个词，施莱尔马赫将它借用到诠释学中，认为阅读过程是读者对作者的创作意图进行“心理重建”的过程。当然，施莱尔马赫认为普遍诠释学的任务是读者的主观体验重建作者的客观意图，这一观点受到了大量的批评。因为一旦采用“主观”和“客观”的区分，就已经确定了读者和作者之间的仆、主关系，读者的个体体验在阅读中沦为作者意图的注脚，并消解了读者体验的必要性和重要价值，也确认了作者意图在意义诠释中的主导和优先权。但这并不意味着施莱尔马赫全无功劳，在他的诠释学理论中我们还是可以借助“心理移情”的有效途径，运用到阅读和教学中。

“心理移情”是通过读者体验，进而产生情感共鸣，从而达到理解作者心理、性格、形象的目的。“心理移情”是需要依靠读者积极的想象、感悟等活动而得以实现的，它尽管是一种“一千个读者有一千个哈姆雷特”的“主观活动”，但依托人类情感的共通性，可以从中读懂作品形象，读懂作者意图。

“心理移情”另一方面是通过视界融合，进入作者创作文本时的社会历史语境。这需要读者通过资料查阅并调动自己的理解，在“史实”和“史识”的帮助下，揭示作者原意。当然，这种揭示并不是阅读的终点，在伽达默尔的阐释中，作者视阈和作者视阈的融合过程，最终是为了创生读者自身的理解，也实现文本意义的现实性解读。

施莱尔马赫是将“心理移情”作为“还原性”的回溯运动，而伽达默尔则认为这是一种“创造性”的沟通活动。在文本类型日益丰富的当下，后者能更有效地提升“作者中心论”在文本解读中的作用。当然，我们仍需始终将“作者”“文本”“读者”作为一个有机整体，不断挖掘出更丰富的文本含义，不断实现读者在阅读活动中的精神提升。

第二节　文本中心论的解读范式与运用

文本中心论，是相对作者中心论、读者中心论而言提出来的概念。文本中心论，指在进行文本的教学解读过程中，依据文本的体式特征、言语特点、思想内涵，充分挖掘文本系统中客观存在的教学价值。以文本为中心的解读将更加明确地直抵文本独具的审美特质和文学属性，更加密切地关注作者的语言形式和言语经验，更能有效地提升学生的语文核心素养。王宁教授认为：“语文核心素养是学生在积极主动的语言实践活动中建构起来、并在真实语言运用情境中表现出来的个体言语经验和言语品质。”文本中心论教学解读既结合了一般学术意义上的文本解读特点，又充分考虑了中学语文阅读教学的实际需要，对中学一线教师的文本解读、教学实践活动具有重要的指导意义。

文本，“文本”（text）是一个舶来词，是西方现代文学理论中常见的一个术语。文本是作者与读者交流的媒介，主要是作者借助语言文字，按照一定的文化习惯，创作组织形成的符号系统。曹明海教授认为：“教材文本是阅读教学之本，一切语文阅读教学活动的开展都应当立足于教材文本的基础之上。教材是开展阅读教学活动的客观载体，只有切实把握这个基础，根植于教材文本的世界，语文课才能是有血有肉、实实在在的；教学内容才会是具体的、确定的。”

解读范式，主要指解读文本系统可以遵循的思维路径、方法原则等。文本的教学解读范式主要涉及三个层面：首先要关注到文本所呈现出来的言语经验层面，其次要推究文本系统内部的逻辑结构、潜在关联，最后要紧密结合真实情境（作品写作情境、现实生活情境）对作品作出鉴赏评价。

文本中心论教学解读范式，主要是相对于作者中心论、读者中心论的解读而言，要求在教师对文本教学解读时，能够避免“我注六经”“郢书燕说”“郑璞周鼠”等现象，从而实现在合理的解读过程中，帮助学生逐步拥有基于言语经验的积累建构、以意逆志的综合分析、创设情境的鉴赏评价等为范式的文本教学解读能力。指向的预期目标是，能通过文本中心论教学解读范式的运用，达成提升教师依托文本开展语文教学活动的核心能力，以便能更好提高学生的语文核心素养，教师从而最终实现更有品质的语文教学活动。教学解读是一种有着特殊要求的阅读形态，在解读过程中要充分关注到学生、教师、文本三方之间关系的互动和地位的调节。

一、文本中心论教学解读的现状反思

（一）课程标准的要求

“语文课程是一门学习祖国语言文字运用的综合性、实践性课程。”“积累较为丰富的语言材料和言语活动经验，形成良好的语感；在已经积累的语言材料间建立起有机联系，在探究中理解、掌握祖国语言文字运用的基本规律。”（《普通高中语文课程标准》2017年版）

众所周知，语言文字运用的基本规律，汇聚在一篇篇精美、典雅、规范的作品中，语文教学活动的依托——教材，主要就是这些作品的汇编，那么用好教材，学习一篇篇佳作中的语言运用规律，就是语文教学的核心任务。结合经验来看，在日常的语文教学活动中，阅读教学活动是师生语文教学活动的主要表现形式。孙绍振教授认为："阅读教学过程就是读者主体、文本主体和作者主体从表层到深层的同化与调节。"所以，语文学习的综合性、实践性活动，就需要在以文本为中心的教学解读中设计、开展；语言文字运用的基本规律，也需要在以文本为中心的教学解读中探索并逐步积累掌握。综上，在开展阅读教学过程中，也就必然会有文本中心论的思考与实践。

（二）现实存在的误读

现实中存在对新课标理念的误读：整合学习情境、结合实践活动等语言学习行为的开展，不是脱离文本语言材料，而是基于文本准确、深入理解的基础上进行。有一线教师拟出的《红楼梦》测试题，要求学生回答的问题：

假如贾宝玉参加某次家宴，吃了野味，患上了传染病，传染了五个人，最有可能被传染的五个人会是谁？请按传染的先后顺序列出这五个人，并说明理由。

设计的问题结合了现实生活中的真实情境，确实能引起同学们的兴趣和好奇感。但是，我们无需在回答这类问题时去琢磨、品味小说语言之妙、构思之巧。当我们仔细思考题目价值导向的时候，就不难发现题目背后的生物学指向非常明显，而作为文学的小说，文学性阅读视角的要求则不明显。总而言之，师生在进行文本解读的时候，脱离了必须要依托的语言文字，让阅读成为时下热点的附庸。

（三）解读思想的误导

第一，中国自古以来"六经注我"的影响。"六经注我"，主要是指牵强地用各种经典著作中的论断来解释和证明自己的观点，为自己的议论服务。其实，这不仅属于文学阐释的领域，这样的解读，已经涉及文学创作的领域，有创造性引用、阐释的意味。用比较好理解的语言解释，"我注六经"属于文本解读领域，而“六经注我”属于文学表达甚至是创作领域。“六经注我”的解读常常无视作者，只有读者“我感到”的“想当然”。从理解语义的角度，“六经注我”常伴随着“望文生义”。这正如郢书燕说，“郢人有遗燕相国书者，夜书，火不明，因谓持烛者曰：‘举烛’，云而过书‘举烛’。……燕相白王，王大悦，国以治。治则治矣，非书意也。”谭献甚至有言：“作者之用心未必然，读者之用心何必不然。”这样的语言现象，从长远来看，确实能促进语言的丰富与发展，但在某一特定时间、空间对作品的解释过程中，却不能获得让人满意的科学结果，造成语意的曲解，甚至“文字狱”的产生。

第二，语言发展过程中具有历时性与共时性特征。语言的历时性，主要是指词语的语义随时代发展发生变化。例如汉语发展过程中的古今异义“江”“河”“妻子”“东道主”“一鼓作气”等现象。如今的信息时代，更加促进了流行语的产生，让语言的更新加速。例如2020年的网络流行语“集美”，意思是“姐妹”，出自网络主播“迷人的郭老师”；后来，网友进一步的引申，“集美”的意思是集中美丽、集中美好、集中向上；是颜值高的一些小女孩之间的称谓，就是姐妹的意思，就是说一些可爱善良、心存善念的、心里不乌黑，有些做作但还是很可爱、有一点小俏皮的小姑娘适合这个称谓。语言的共时性特征主要体现在语言的地域性差异方面。例如郑璞周鼠的典故：“郑人谓玉未琢者为璞，周人谓鼠未腊者为璞。周人遇郑贾，人曰：‘欲买璞乎？’郑贾曰：‘欲之。’出璞视之，乃鼠也，因谢不取。”同一个词语，在不同的地域表达的意思竟然有天壤之别，所以，解读文本，必须要予以充分考虑。

第三，离开作者所写的具体文本，推求“本事”。所谓“本事”，主要是指作者所写文字背后的真实故事或者情境。正如明朝胡应麟《少室山房笔丛·艺林学山三》所言：“近世论乐府，必欲求合本事。”举例来说，当我们去解读《孔雀东南飞》的时候，把主要的精力用在考证焦仲卿和刘兰芝的人物原型在哪，这样的一首长篇叙事诗故事的真实性到底如何等问题；当我们读《红楼梦》的时候，我们会纠结于曹雪芹身世的考证，把主要的精力放在推求《红楼梦》的故事原型是不是曹雪芹家族历史。朱光潜先生也曾指出，文学鉴赏过程中忌讳以考据代替批评鉴赏。

第四，“断章取义”的语言运用传统也对我们正确解读文本带来影响。我们在援引名言时，往往会忽略语境，获得片面解读空间。例如“父母在，不远游”，其实完整的表达是“父母在，不远游，游必有方”。断章取义地选用语言材料，对于写作来说是一种巧妙的语言嫁接，但是对于解读相应原文来说，会造成一种干扰。这种干扰主要来自后继文本所赋予援引语言的新生含义，所以，就不能省去对于文字在时代变迁中含义变化的审视。例如，近来很流行的“不约而同”，原指没有事先商量而彼此见解或行动一致；后因新冠肺炎疫情，该词有了新含义：不约会、不聚集已经成了大家共同遵守的规则。如果要用今天的“不约”去理解原典《史记·平津侯主父列传》：“应对而皆动，不谋而俱起，不约而同会”中的“不约”，那么，就会有误读产生。

最后，“读者上帝”“作者已死”理论影响。在文学市场化的过程中，作家有时不得不去摸索、迁就读者的口味，这样，就产生了一种很有趣的现象：读者盲目自大，读者认为自己就是顾客，自己就是上帝。罗兰·巴特更是认为作品在完成之际，作者就已经死亡，剩下来的文化创发工作，就是读者的权利了。他所说的“文化创发工作”主要就是读者解读文本，并且还认为，唯有作者死亡，读者才能诞生。这样一来，所有阅读活动，都只是读者的心灵与一个写定的“文本”对话，文本价值在这个过程中被创造出来。阅读是读者、文本以及作者三方之间的关联和深度调节过程，读者与文本的对话，如果没有作者那一端的牵制，也难免会出现“六经注我”“断章取义”等片面解读现象。

二、文本中心论教学解读的表现特征

（一）依言析义，由表及里

解读文本，着手语言，见微知著最是关键。中国古代历来重视语言学意义上“名”与“实”的讨论，比如孔子认为“言尽意”，荀子认为语言文字符号是思想情感的主要呈现方式和载体。中国古代的“小学”传统，可以说是千百年来汉语研习实践的重要方法方式。通常而言，文学作品中的核心词语的含义涉及三个层面：表层含义、象征含义、审美意境。例如，李白《静夜思》中的“床”字理解，历来有一定争议。有人直接将“床”理解为今天一般意义上的卧具“床”，诗句传达的意思就是作者卧躺在床上，思乡无眠，那么这样的理解就要有一个前题，床在窗边，并且窗子足够大，月光能透过窗户洒在房间窗前的地面包括床上。即使古人房屋的窗子足够大能解释，后诗中的“举”字也还得有合理的解释就比较困难了。难道是作者躺在床上还要抬头望月？综合而言，这样的解释牵强。其实，“床”在古代汉语中有“井边围栏”的意思，如果取此意则处处都可圆满解释。因为“背井离乡”，因“井”思乡，所以来“床”（井边围栏）前徘徊望月，作者在寂寞、孤苦、凄寒的秋夜月下思乡图景就宛在读者眼前。我们解读诗歌可能面临很多障碍，其中一大障碍就是时代的隔膜、语言的变迁，读者当下语言储备有时会成为解读路障。依言析义，需要还原语言时代意义即表层含义，之后才能领会象征含义，感受审美意境。

（二）依体析文，触类旁通

文本解读涉及词语释义、文本结构、文本意义等层面，而帮助学生依据文体，触类旁通地解读文本，是阅读教学的一个重要目标。文体是文本外在形式的划分，包括文本在结构形式和语言表达上所呈现出来的具体样式或类型。童庆炳认为：“文体是指一定的话语秩序所形成的文本体式，它折射出作家、批评家独特的感觉方式、体验方式、思维方式和其他社会历史、文化精神。文体是一个系统。”[①]这种理解，极大丰富了文体的内涵，也充分表明了文体的时代性、独创性，既有最大公约数，也有典型的个人风格。阅读教学过程中，有一个常见的公认观点：教材无非就是一个例子。要想用好教材教学，那就需要帮助学生认识教材文本的价值，借助文体，实现从“一篇”到“一类”的跨越，同时，也完成从“某一类”到“这一篇”独特阅读体会的获得。潘新和教授甚至认为：“‘文体感’甚至比‘语感’更重要，阅读与写作是一种文体思维。”例如，解读崔颢《黄鹤楼》：“昔人已乘黄鹤去，此地空余黄鹤楼。黄鹤一去不复返，白云千载空悠悠。晴川历历汉阳树，芳草萋萋鹦鹉洲。日暮乡关何处

① 童庆炳：《文体与文体的创造》，云南人民出版社1999年版，导言第1页。

是？烟波江上使人愁。”首先是一首律诗，符合律诗的一般特点，比如结构上有“起、承、转、合”的特点，可以帮助我们顺利理解诗歌的意脉；其次是一首思乡诗，但崔诗又是极富哲学意味的思乡诗，诗中的“乡”字有着哲学层面“精神皈依”的感触，诗人思慕的是“心灵家园”，有不同于很多“思乡诗”的独特性。

（三）依境析文，妍媸毕现

依境析文中的“境”指的是“语境”或者“特定的写作情境”。语言运用的好坏，只有放在特定的语言环境中才能评判；诗词、文章的好坏，也只有放在特定的写作情境中才能评判。从诗词文学角度来说，顾祖钊教授认为常见的意境特征有情景交融、虚实相生和韵味无穷。我们研习、评判文学作品，主要就是基于作品意境。例如，李商隐《夜雨寄北》：“君问归期未有期，巴山夜雨涨秋池。何当共剪西窗烛，却话巴山夜雨时。”短短的一首绝句，却有“巴山夜雨”的重复运用，但是，两处境界叠出，意趣横生。第一处，指的是现在的巴山正下着淅淅沥沥的夜雨；第二处则是指在美好未来穿过时间的迷雾，回望现在的“巴山夜雨”。这样一来，现在的苦楚无处解脱唯有通过遥想稀释；想象中未来的乐情又倍增对未来的希冀。正所谓苦乐相衬，现在的“苦”与未来的“乐”，各增一倍矣。正如桂馥在《札朴》卷六里说：“眼前景反作后日怀想，此意更深。”诗歌通过虚实结合的笔法，意境叠现，极大地丰富了审美空间。

三、文本中心论教学解读的常见范式

近年来西方接受美学对我们的文本解读影响很大，其实，在中国传统的诗论或者文论中也大量散落着文本阐释、解读理论。结合中西方的文本解读思想理论，以文本为中心的教学解读可以有这样的三步解读范式：首先是基于语言文字，读出作者言语经验，帮助学生达成语言积累建构；其次，由言及意，对文本进行分析综合，引导学生读出文本内涵意义；再次，结合特定真实的情境任务，实现对文本相对客观的鉴赏评价。

这样的解读步骤与范式，既充分考虑了新课标对语文核心素养培育的目标要求，又扣合课标阅读与鉴赏、表达与交流、梳理与探究等语文实践活动能力水平考查方向。

（一）关注言语，帮助学生实现言语积累

1.本义到本意

词语的含义，一部分是语言传递的含义，另外还有一部分是语言环境赋予的意义。我们要实现从本义到本意的跨越，就需要在关注词语本身所传递的含义基础上，进一步分析语境下作者所表达的意蕴。周邦彦《苏幕遮》中“叶上初阳干宿雨”中的“宿”字值得玩味。周邦彦写这首词表达了自己的娴雅生活，一夜好眠，晨起观荷，心意恬淡。如果将“宿”理解成了“夜”则意趣大减。不用“夜”表明作者之意不在强调夜晚时间概念，而只是说明时间已经到第二天早晨。“宿”在这里，字意应为“隔夜的”，并且“宿”也有暗示“昨夜好眠”之意。这里的分析过程，就体现了从本义到本意的跨越。古诗文中字意很重要，尤其需要结合语言环境来理解。现代文学中的一些作品，语言形式往往也和作品的主旨情思相得益彰。读者抓住语言这把钥匙，也有利于打开作者的情感世界。《边城》开头段：

由四川过湖南去，靠东有一条官路。这官路将近湘西边境到了一个地方名为“茶峒”的小山城时，有一小溪，溪边有座白色小塔，塔下住了一户单独的人家。这人家只一个老人，一个女孩子，一只黄狗。

本段中多个“一”字，巧妙扣合“边”字，就充分体现了边城“清寂孤朴”。汪曾祺说：“《边城》的语言是沈从文盛年的语言，最好的语言。既不似初期那样的放笔横扫，不加节制；也不似后期那样过事雕琢，流于晦涩。这时期的语言，每一句都‘鼓立’饱满，充满水分，酸甜合度，像一篮新摘的烟台玛瑙樱桃。”[①]早在30年代中期，沈从文就颇为自信地写道：“……说句公平话，

① 汪曾祺：《又读〈边城〉》，《独坐小品》，宁夏人民出版社1996年版，第63—64页。

我实在是比某些时下所谓作家高一筹的。我的工作行将超越一切而上。我的作品会比这些人的作品更传得久，播得远。我没有方法拒绝。”[①]之所以有这样的表达效果，就是作者在创作过程中，实现了从本义到本意的自然衍化。就文中的“一”字而言，既有独一之意，更有孤独、清寂之意味。

2.语体与文体

语体，本指与书面语相对的口语，此指语言的风格、体式等。语文学习中的语体，通常指的是语言表达所采用的词语、风格、体式、感情色彩等。小说作为一种文体，尤其重视叙述语体，叙述视角的选择。英国著名作家查尔斯·狄更斯的自传性小说《大卫·科波菲尔》中的第一人称叙事写法，非常值得分析玩味。主要有这样几种不同的视角：第一人称自我体验式、自我经历回顾式、以第一人称旁观评价式等。多种第一人称写作视角的交错运用，使得小说的表达灵活多变，富有感染力，体现出作者对生活的洞察力，便于作者在小说中表达出童年视角和后来的成人视角下感受到的不同生活认知。

文体意识是实现从一篇到一类的跨越，同时实现从一类到一篇的回归的关键。文体知识的学习掌握并不是机械地记忆，而是在掌握文体基本知识的基础上，再结合写作情境理性思考语言表达规律并加以总结。柳宗元《种树郭橐驼传》，作为一篇具有寓言色彩的证论文，寓庄于谐，特色鲜明。从文体上说，是政论文，也可以说是一篇寓言。文章先写橐驼的命名、橐驼种树专长和种树之道，然后陡然转入“官理”，说出一番居官治民的大道理。上半篇为橐驼之传，目的是为下半篇的论述张本；下半篇的治民之理是上半篇种树之道的类比和引申，前宾后主，上下相应，事理相生，发挥了寓言体杂文笔法的艺术表现力。同一篇文章，杂糅了两种文体的笔法，是基于写作素材以及写作针对性的考虑，具有独创性。在解读的时候，重点是通过语言的品味和言语路径的分析，抓住前“传”与后“论”之间的内在呼应关系。

3.修辞与逻辑

文学创作，关键在于作者用恰当的修辞手段，并借助适切的情理逻辑建构，表达自己对于世界和生活的独特感知和认识。掌握基本的修辞知识，能准

① 沈从文：《湘西》，凤凰文艺出版社2020年版，第117页。

确辨识修辞，是我们进行文本教学解读的重要前提。《阿房宫赋》中运用大量排比和夸张手法，在不长的篇幅中，将宫殿建筑之恢宏壮观，后宫之充盈娇美，宝藏之珍贵丰奢，表现得层次分明而具体形象，由此形象生动地得出秦始皇之所以统治不能久远，关键在于虐民取材、不施仁爱的结论，为当时最高统治者提供了深刻的教训和警示。《林教头风雪山神庙》中通过细节暗示情节的内在逻辑关联。文中有十分精当的细节描写。如两处写“偷听”：一为李小二妻子奉命在小酒店有心偷听，一为林冲在山神庙门内无意偷听。前一处略写，因为是密谋，所以才听不清，造成悬念；后一处详写，谈话者得意忘形，高谈阔论，听者听得真真切切，怒火喷发，所以大开杀戒。多处写到“火”和“雪”。“向火”，“火盆”，生起“焰火”，“将火炭盖了”，“火种都被雪水浸灭了”等都是铺垫，草料场内烈火冲天和英雄怒火中烧才是作者写“火”的真意。直接写“雪”则有三处，林冲刚到草料场，“却早纷纷扬扬卷下一天大雪来”，说明矛盾冲突的浪头开始涌起；沽酒时，“那雪正下得紧”，预示着紧张气氛在逐渐增浓；怒杀仇敌时，那雪“越下得紧了”，更有以雪写情之妙。正如鲁迅《“大雪纷飞”》所说：“《水浒传》里的一句‘那雪正下得紧’，就是接近现代的大众语的说法，比‘大雪纷飞’多两个字，但那‘神韵’却好得远了。”[①]甚至庙中林冲用来靠住门的大石头，呼啸的北风，等等，都对情节的发展有重要的推动作用。情节的合理，正是基于特定情境逻辑和生活逻辑的合理。不同的文体，语言运用往往具有不同的特点，还需要结合作者个人的表达习惯、写作技巧以及修辞等知识去分析，而不能简单套用逻辑知识去解释作者在文字中传递的丰富情意，解读文本时要有意识实现从形式逻辑到文本逻辑的转型。形式逻辑，是脱离了具体情境抽离出来的公式，是一种相对主观而存在的一种客观规律；文本逻辑，则必然和具体的语言环境、作者个人的思维习惯和文化背景等相依相生。

另外，古代的避讳手法，也属于广义的修辞，我们需要格外留意。宋徽宗和宋钦宗被俘，在《宋史》上艺术化地说成是皇帝“巡狩”。师生对语言表达进行逻辑分析时，要充分结合语境，认识到语言表达的灵活性。在阅读教学过

① 《鲁迅文集4》，甘肃文化出版社2018年版，第248页。

程中，需要帮助学生充分体会文本中蕴含的修辞和逻辑，积累丰富的言语实践经验。

（二）由言及意，引导学生读出文本内涵

1. 以意逆志

《毛诗序》说:“诗者，志之所之也，在心为志，发言为诗，情动于中而形于言。”“诗以言志”和“赋诗言志”等，都表明诗是为了表达作者心中之情志。《孟子・万章上》对阅读有这样的阐述：“不以文害辞，不以辞害志；以意逆志，是为得之。”这些古人的观点，得到后人的高度赞同。综合人们对“意”与“志”的含义的理解，“意”通常为读者之思，“志”一般为作者之情。人们对“意”与“志”之间的关系，有这样的论述：“志者古人之心事，以意为舆，载志而游”，“故以古人之意求古人之志，乃就诗论诗，犹之以人治人也。”总结一下，“以意逆志”是以文本为中心，对作品进行解读的重要方略。

当然，在具体解读过程中，“不以文害辞，不以辞害志”也是非常重要的理念。以文本为中心，也要求甚至是必须关注背景，以印证解读的合理性。《登泰山记》叙述了作者偕友人冬日登泰山观赏日出的经过，生动地表现了雪后初晴的瑰丽景色和日出时的雄浑景象，抒发了作者赞美祖国河山的情怀，还蕴藏了作者磊落光明的胸襟。这样的阅读感受，可以通过文（文字）、辞（整体篇章逻辑）、意（读者体悟）、志（作者内心情怀、志趣）之间关系的具体分析得出。

2. 巧抓“文眼”

文眼，顾名思义就是指“文章的眼睛”，它是文章的窗户，就像人的眼睛是心灵的窗户一样，通过它可以窥视文章的言语秘密、感悟文章的精神特质。用好“文眼”，有助于看清语言材料的情感和思维密码。在教学过程中，我们会发现“文眼”可能是一个字，可能是一个词或者一句话。

苏辙在《黄州快哉亭记》中写景、叙事、抒情、议论紧密结合并融为一体，由写景叙事入手，而后转入议论充分体现了“记”的特点。在教学过程中可以请同学们思考“本文如何围绕‘快’来构思行文的”。以“快”为文眼，

条理清晰，结构严谨，过渡自然，不露痕迹。写景，能曲肖其景，但又不实不死，做到情景俱出，境界深远，让人产生丰富的联想；叙事，能于简要之中插入闲情，磊落跌宕，分外致远。最杰出的地方，还在于它的议论。文章就同样的“风”，因帝王、庶人生活、思想之不同而“快”感殊异的事实，得出“使其中不自得，将何往而非病？使其中坦然，不以物伤性，将何适而非快”的结论。论证有力，结论无可辩驳，令人信服，正所谓“论如析薪，贵能破理”。处处不离“快”，处处又情致高逸。

提升学生的阅读能力，主要指教师能在学生所能接受、理解的范围内，依托一定的教学方法方式，将自己的阅读思考、阅读经验分享并传授给学生。进一步来说，在自己的阅读思考过程中所形成的阅读经验，如果具有科学性、普适性，能够通过一定的教学手段让学生迁移运用、举一反三，学生的阅读理解能力也就可以提升了。巧抓“文眼”就是其中之一。

3.总分结合

文本解读，通常会有整体和局部循环演进的解读过程。先是整体感知，再到局部细读，最后又回到整体上评价鉴赏。例如，初读《我与地坛》，可以感知此文是史铁生遭受病魔无情打击，身患残疾之后所写的自我心灵成长经历。作者与地坛深度对话，获得生命启迪，内在多处意象之间存在着语义互相照应的关联。此文中“荒芜但并不衰败”的丰富内涵，需要建立在整体把握文本的基础上才能领会。如文中有园子荒芜的景物描写：“它一面剥蚀了古殿檐头浮夸的琉璃，淡褪了门壁上炫耀的朱红，坍圮了一段段高墙又散落了玉砌雕栏，祭坛四周的老柏树愈见苍幽，到处的野草荒藤也都茂盛得自在坦荡”，也有极富生机和活力的景物特写：“露水在草叶上滚动、聚集，压弯了草叶轰然坠地摔开万道金光”。生命的萧瑟、凋敝与闪亮、生机辩证统一，相得益彰，给作者带来了有关生命的哲学慰藉。从景物到环境，都与文中的议论抒怀有着相互印证的关系，达到散文“神聚”境界。

杨绛《老王》结尾处“愧怍”的合理解读，必须要依托前文作者自己与老王相处的经历叙写来理解。从正常的人际交往而言，杨绛并未亏欠老王，那为什么愧怍呢？这是基于作者认识到老王和自己交往过程中情感平等的慰藉并没有真正获得，彰显了作者的人道主义精神。

曾巩的《墨池记》中“此为其故迹，岂信然邪”的理解，需要结合整篇文章的写作意图来看。本文虽然从传说中王羲之墨池遗迹入笔，但是并没有就事论事。曾巩机智巧妙地借题发挥，不论“墨池”之真假，而是重点论及王羲之本人的人生经历，说明王羲之的成功取决于其后天的不懈努力，顺理成章地强调了君子终身追求道德修养的重要性。

课标中针对学生思维的发展与提升素养要求主要有：“自觉分析和反思自己的语文实践活动经验，提高语言运用的能力，增强思维的深刻性、敏捷性、灵活性、批判性和独创性。”辨识文本解读过程中的整体与局部之间关系的辩证统一，是发展、提升学生逻辑思维品质的重要途径。

（三）结合情境，助力学生鉴赏评价文本

1.结合言语情境，评价写作技法

评价作品，主要考察的是作者表达的内容、手段与作者的写作意图之间的密合性。基于这样的思考与评价，提升学生在真实的言语情境中表现出来的言语能力和品质。所谓言语情境指的是什么呢？一方面指的是课堂阅读教学内容所涉及的言语情境；另一方面指的是学生在现实生活中可能遇到的生活情境。提升学生言语能力，关键在于提升学生从经典作品中借鉴言语经验，丰富自己言语经验的能力。王宁先生说：“所谓真实，指的是这种语境对学生而言是真实的，是他们在继续学习和今后生活中能够遇到的，也就是能引起他们联想，启发他们往下思考，从而在这个思考过程中获得需要的方法，积累必要的资源，丰富语言文字运用的经验。我把这个真实情境概括为：从所思所想出发，以能思能想启迪，向应思应想前进。”

以文本为中心，在特定的时代背景和历史语境中去理解语言文字。例如，在战国风云变幻背景中解读孟子的“无违天子，以顺为正者，妾妇之道也”，“妾妇之道”在当时并没有歧视之嫌，孟子只是基于当时的社会现实观察而言，如果要在今天表达，那就是品行不端的小人作为。阅读教学解读，需要借鉴传续的是表达智慧文化，我们可以评价孟子这句话中的比喻巧妙生动。语文教学

过程中的文化传承，主要是继承人与人之间、人与自然之间、人与社会之间交汇时所承续的智慧和习惯，文化必然是在特定情境之下的文化。要解读并发掘其中的文化，关键在于还原写作过程——与作者对话，读出作者之所以这么说、这么写的合理性。伽达默尔说：“理解总是以对话的形式出现，传递着在其中发生的语言事件。”借助这样的文本理解视角，辨别言语方式的优劣。德国哲学家施莱尔马赫说：“与作者一样甚至比作者更好地理解其语言。”具体的语言形式只有在特定的情境之下去分析考查，才能有比较客观的评价。我国评论家经常说：“人同此心，心同此理。”陈寅恪说：“同情之理解，理解之同情。”都对文本解读提供值得借鉴的经验。结合言语情境，避免将文本理解为抽象符号，使其失去语境，陷入干瘪与冰冷的境地。

“能够辨识、分析、比较、归纳和概括基本的语言现象和文学现象，并有理有据地表达自己的观点和阐述自己的发现；运用基本的语言规律和逻辑规则，判别语言运用的正误，准确、生动、有逻辑地表达自己的认识；运用批判性思维审视语言文字作品，探究和发现语言现象和文学现象，形成自己对语言文字的认识。”（《普通高中语文课程标准》2017年版）以文本为中心进行教学解读，紧扣语言，结合言语情境，也是《课程标准》对语文学习提出的要求。

2.关联人生际遇，丰富生命体验

语言是人类智慧的结晶，每一篇文学作品背后都有一个鲜活的生命印迹。教学解读的过程中，必然伴随人生智慧的发现与收集。文学的重要意义是能帮助我们扩展生命感知的界限，丰富个人的生命体验。读者在这过程中也会关联自己的人生经历，比照着自我人生经历过的某些情境，就会有更喜欢某些类别作品的感知。品读《项链》时，小说中马蒂尔德爱慕虚荣的经历，一定会引发有爱慕虚荣心理的读者共鸣；曾有过艰辛劳动，最终实现了自己目标的人，一定会理解马蒂尔德即使经过十年劳作，美貌不再，内心却充盈闪亮；迷途知返者，一定会明晓马蒂尔德因为丢失项链、赔项链而获得心灵救赎。有过不幸家庭境遇的孩子，一定会对《大卫·科波菲尔》中描写大卫心灵成长的文字格外关注，为大卫的悲戚而动容，为大卫的纯真而感动。在有选择的共情感动过程中，实现自我灵魂的丰富与成长。

教学解读能力是语文教师的核心能力，文本中心论的教学解读能力是核心能力中的核心能力。语文教学解读的核心任务是教师和学生共同组成的读者群体，以文本为中心，基于文本语言特点和言语形式进行研习与品味，发现文本言语形式密码，读出文本语言逻辑，在科学的阅读方法指导之下，和文本以及作者的对话过程。语文教学解读的本质任务是为教师提供课堂教学活动资源，以便师生共同参与语言研习活动，最终实现学生语文核心素养的提升。

第三节 读者中心论的解读范式与运用

一、概述

以现象学和阐释学为基础的接受美学又称“接受理论”，是20世纪60年代出现的一种文学美学思潮，其代表人物是德国康斯坦茨学派的罗伯特·姚斯（Hans Robert Jauss）和沃尔夫冈·伊瑟尔 （Wolfgang lser）。接受美学将读者提升到中心的地位，认为文学作品离开读者的阅读和接受认可就失去了意义。

读者中心论认为，读者是整个文学研究过程（作家—作品—读者）中的重点，文本的意义存在于读者的阐释意识当中，文本的唯一对象是读者，文本在读者阅读之前， 只不过是一些文字符号和有待阅读的“可能的存在”，只有读者的阅读和阐释才能赋予文本真正的意义。只有通过读者，作品才能在接受链上被丰富和充实，才能展示其价值和生命，“文学必须打破作者——作品的封闭圆圈，建立一种新的以读者为中心的理论范式。”

读者中心论肯定文本的价值在于读者的积极参与，读者是让文本价值得以实现的真正的作者。正是读者参与了作品的创作，作品的各种潜在的和显在的意义才不断地被揭示出来。

但是，读者中心论需要避免过度夸大读者的作用，避免读者、率性而为，任意发挥；如果读者水平参差不齐，往往各执一隅之解，犹如瞎子摸象，无论摸到腿、鼻子、尾巴的，都说大象就是自己所摸到的样子，无法真正阐释文本意义；如果读者带着已有的固执观点去读文本，解读文本就失去了其独特的价值；如果有“文人相轻”的人，就更会发出荒谬之见。

（一）研究意义

从20世纪80年代开始，接受美学理论传入我国，对中学语文教学也产生了影响，以读者为中心逐渐取代了以作者、作品为中心的教学范式。

2003年颁布的高中新课程标准就已经明确引用有关接受美学的理论，在“教学建议”部分就提出：“阅读文学作品的过程，是发现和建构作品意义的过程。作品的文学价值，是由读者在阅读鉴赏过程中实现的。文学作品的阅读鉴赏，往往带有更多的主观性和个人色彩。”教学中要“注意作品内涵的多义性和模糊性，鼓励学生积极地、富有创意地建构文本意义。”因此，研究读者中心论的方法论意义，会使我们在教学中更好地贯彻以接受者（教师和学生）为中心的原则，在教学方法的选择上更加灵活。

读者中心论关注作者、文本与读者的关系，凸显了读者的中心地位，强调读者与作品的互动，以及对文本意义的深入理解和重新建构。在当前关注教师专业发展以及强调以学生为中心的教学改革大背景下，有了以读者为中心的文本解读过程，教师才能进入“用教材教而不是教教材”的教学境界中去，做到因材施教，学生才能做到个性化阅读，从文本中读出个人涵义，师生共同摆脱单一语言学教育的束缚，从而进入到人的心灵世界中去学语文，用语文。

（二）内涵

1.以教师读者为中心

读者中心论认为，文本在被人阅读之前不过是一些文字符号，只有进入读者的视野，成为读者的阅读对象以后才会有意义。教学中的课文是“第一文本”，只有被教师采用后才会成为“第二文本”。教师是课文第一顺序的读者，它包括教师对课文的把握、灵活处理，以及不同解读创生出来的不同教学方法、教学模式等。教师实践性知识的获得，需要其在实践活动中体验、感悟、反思，进而形成独特的个人知识。教师作为课文第一顺序的读者，要提升自己理论与实践相结合的能力，先要把教材知识内化，然后在实践中以自己特有的方式外化给学生。

在课文解读过程中，教师既是有能力的读者，又是学生学习的促进者。教师对课本的解读必须经历两个阶段：一是将课文文本内化阶段，即教师以其自身的专业素养把握文本的重点难点，理解并建构其课程内容的教育形态；二是将课文文本外化阶段，即教师选择使用或开发一定的教学方法，帮助学生理解课程文本并建构意义。

2. 以学生读者为中心

读者中心论在“作者—作品—读者”的系统中突出读者的中心地位，同样，在“编者—课文—教师（学生）”的整个系统中，重心也应该是学生，学生对教材文本的理解、掌握、运用才是整个教学进行的目的。教师的教学活动引发学生有意识的学习，启发学生进行深水平的加工，帮助学生在知识上查漏补缺，改进和调动已有的认知结构，让学生充分思考，集体讨论，激发批判思维和对作品的深入理解，提高对文本分析、理解和推断能力。

以课本为基础，在充分表达个性化见解的基础上，善于倾听教师和其他同学的见解，不断补充和完善自己对课文的理解。学生在课堂学习中既作为重要读者又作为教师的辅导对象，在参与阅读实践时必须充分发挥能动性，训练和养成有效的文本解读模式，只有这样，读者中心理论才能真正付诸实践。

3. 教学课文解读以双读者为中心

教师和学生是课文解读的双读者，教师是学生的辅导者，而学生是最重要的读者。文本解读具体化并复杂化为作者、作品、编者、课文、教师读者以及学生读者六大要素及其互动关系（如附图所示）。

作者—作品—编者—课文——{ 教师读者 / 学生读者 }

作者创作的作品，必须经由编者根据标准进行筛选，并做出适当的删改与完善，才能最终成为教师和学生阅读的课文。教师、学生、课文三者形成相互作用的关系，教师对课文进行解读与阐释，主要用于对学生的指导，学生参考教师的见解并对课文做出自己的解读，最终促进学生自身的完善和发展。整个流程，最终目的是以学生为中心，促进学生的阅读，服务学生的发展。

二、“读者中心论”解读范式

课文解读是读者通过阅读从文本中获取和解释意义的过程。它的价值在于实现作者与读者的交流，即读者走进文本，走近作者，形成自己对文本的理解。读者的个性心理不同，决定了其对文本阅读感受、欣赏体验的不同。

（一）教师中心论

“教师中心论”强调在课文解读过程中，教师起主导作用。当以教师的视角来解读文本，就是教师对课文进行专业化解读。教师们走进课堂的时候，考虑的重点是如何将教学目标、教学过程和教学方法，最终转化到学生那里去。教师对课文一直进行着再创造。

1.第一阶段：普通读者的陌生化阅读

所谓“陌生化”，本是西方文艺理论的一个概念，最早由俄国学者什克洛夫斯基提出。在这里，陌生化阅读指教师在解读课文时，不依赖于前人阅读体验，不受已有结论影响，也不被原有框架束缚，而是带着新奇的眼光重新解读，对作品原意和语言进行重新认识，而后获得对文本最直接最本我的认识，使课文解读更贴近学生的感受，从而使阅读教学更为有效。

语文教师的课文解读要读出文本的原汁原味。著名特级教师于漪曾说过，她备课时从来不先看教学参考书，而是自己反复地读文本，读出属于自己的见解和发现来。其实，每位教师都能在反复阅读的基础上，读出属于自己的对文本的真切理解。现实中问题是，绝大多数课文都是教师所熟悉的，一看到这些课文，很多现成的结论就会出现在头脑里。看到《我的叔叔于勒》就想到资本主义社会人与人之间赤裸裸的金钱关系；看到《项链》，就想到资本主义社会妇女的爱慕虚荣等。在这种已有结论的支配下，阅读就很难产生新的体验，形成新的认识。

因此，教师解读课文时，首先要抛开自己是教师的角色，不考虑任何要求，不看参考书或找资料，而是作为一般的阅读者，以陌生化眼光接触课文，在陌生中探索新鲜感，而以平静的心态面对文本，倾听文字和作者的倾诉，让感受和认识自然地在心里成长。

同时，教师在自然而陌生化阅读中获得的体验，包括感受、理解、遇到的障碍以及产生的疑问，很可能就是学生解读课文的最初体验。这对我们确定教学内容、明确教学起点、与学生形成有效沟通，也是至关重要的。

2.第二阶段：语文教师的专业化研读

完成自然状态陌生化的阅读后，对课文有了丰富的感性体验，接下来是要以一名语文教师的身份再审视课文，由自然阅读转向专业阅读。

通览，即结合《课程标准》通览各册教材，做到对学科教材体系的整体把握。在通读基础上弄清每册教材中学生应掌握的基础知识和基本技能，研究每册教材的内容体系和基本特点；钻研每一篇课文，明确重难点以及关键点，明确教学目标要求，以及知识与技能、过程与方法、情感态度与价值观融为一体，怎样把学生的素质培养落实到每一节课。

细究，即深入把握课文的文本特征，即对文本的结构、语言、文脉了然于心，找出课文中的教学价值点。和普通读者不一样，语文教师有自己的职业敏感，又有许多参考工具，在多遍阅读后，能较容易找出文章特点，有主题、结构、关键词句方面的，有典型的文体知识，有写作规律的，还可能有文化、历史的知识等。这些点都有可能成为解读课文的切入点。把这些点找出来，就为进一步解读做好了充分的准备。

研读，即教师精心研习课文本身。在通读课文的基础上，理清思路，理解分析主要内容，对文本内在言语、结构的细致把玩，发掘出文字背后蕴藏的意义和情味。正确把握文中字里行间所蕴含的丰富语义是解读课文的基础和前提。

3.第三阶段：学习者的多维度解读

在读者中心论看来，文本不是一个封闭的、具有确定定义的结构，而是一个开放的结构。读者应该始终立足于自己独特的视角与期待，因此，文本的解读是多元立体的，而不是单一平面的。作为语文教师，需要以一个学习者的身份和文本及文本后面的作者、编者认真对话，从作者、编者、学生三个维度解读教材，从而选择适当的教学内容。

首先，立足知人论世，倾听文本真意。

教师对文本的解读要注重个体心理的体验性，以其独特的感性和经验参与对文本的把握和建构，这需要教师结合自己的人生经历和阅读积淀，有独特的感受、体验和理解。教师在解读教材时，还要和作者对话，细心查找相关资料，找到文章的作者介绍和反映文章背景的材料，然后进行阅读和筛选，准确理解作者想要表达的情感。披文，知人，论世，察己，是读“懂”课文的基本过程。教师以一颗真诚的心与课文和作者交流，碰撞，产生共鸣。古人所说：“读之而喜，拍案叫绝，起舞旋走；读之而悲，涔涔泪落，脉脉欲诉。”这样，阅读者才能以一颗真诚的心与文本对话，才会被文中的人物、事件、情景和语言所感动。这样，在以教师中心的课文解读中，教师主体性能得到充分的体现。

其次，关注学生需求，遵循发展规律。

每一个人对文本的理解是跟他的生活经历、知识累积紧密相连的。相同的文本，不一样的读者会读出不一样的感受，正如“一千个读者眼里，有一千个哈姆雷特。”更何况，新课标也指出：“阅读是学生的个性化行为。”“学生是阅读的主体。”如果教师仅以成人的鉴赏目光来解读教材，往往与学生学习的需求、生活经验等出现隔阂，也就无法达到学生、教师、文本三情的和谐统一。因此，教师在对课文进行教学解读时，最终还是要回归学生，遵循学生的发展规律。用学生的视角找准学生认知的起点，确定哪些内容需要重点讲授，哪些内容仅需要点拨引导，哪些内容不需要涉及。根据学生的阅读心理与认知规律，寻找学生与文本对话的兴奋点、疑惑点和难点。只有分清主次轻重，疑难困惑，教师的课文解读才有意义和效率。教学解读离开了学生视角无疑将会陷入高耗低效的境地。

最后，揣摩编者思路，把握文本目标。

教材是编者根据课程目标从茫茫文海中挑选出来，根据一定的编排理念，组合而成的。每一册语文教材的成册，每一个单元课文的编排，都有编者的一定意图。课文解读须从编者的角度进行解读，理顺编排意图。

着眼单元导语，寻找课文解读的立足点。部编教材所选编的课文，在编排上是按单元组合呈现的。每个单元内的课文都是围绕一个主题设置编排的。其中的单元导语既起到提领及梳理知识点的作用，又能够有效激发学生对本单元阅读期待。教师抓住单元导语解读文本，可使教学目标的制定准确而有效。

聚焦课后习题，捕捉课文解读的重点。课后习题紧随课文之后，是教材编写者的精心设置。它蕴含多种提示和目标，有结构梳理，有思考探究，有积累拓展，有语言品析，暗示教师教学的重点和难点，学生学习的过程与方法。所以，在解读文本时，教师应对课后习题认真阅读，仔细分析，领会编排者意图。

关注课文提示，探究文本解读的难点。讲读课文有预习，自读课文有批注，篇末有阅读提示、知识框等。细细研究会发现它们虽简短但有用，这些往往也体现了编者的意图。教师在解读文本时，可以考虑把这些问题用来引领学生思考，而课后推荐阅读的文章，则让学生把语文学习的触角伸向更广阔的天地，有助于提升学生语文综合素养。

（二）学生中心论

“学生中心论”指在学生的解读课文过程中，起决定作用的是学生，而教师只是作为外部条件参与解读文本的过程。学生理解文意解读课文的过程，并不是一个简单接受文本、作者、教师描述的过程，学生只有构建起自己对文本深层的理解，才是真正的阅读，才是真正的学习。

“学生中心论”强调教师要站在学生的角度解读文本，实际上是对“以生为本”理念的具体化。“以生为本”的主体是教师，学生中心论强调在课文解读的过程中，尊重学生的认知基础与生活经验，尊重学生的主动建构过程，尊重学生建构出的结果。教师的“教”应当在此基础上积极引导，以达到预期的教学目标。

1.第一层面：初读文本，引发阅读期待

阅读者总是带着一定的“期待视野”来进行阅读接受。为了激活学生的阅读期待，应鼓励学生对课文进行主动探索，对文本中的悬念处、空白点、质疑处进行主动猜测和补充，并在验证的过程中逐步提高其对课文的深度理解能力。

关注标题。标题是文本内容的提炼和灵魂所在。学生阅读期待始于对课文标题的审视，尤其对一篇陌生课文或预习不充分的情况下，可从标题开始设疑。

设置悬念。利用文本之间的关联设置疑点，引发学生思考，使之对阅读充满期待，从而进行深入的阅读。

发现空白。一部作品中的“未定性”“空白之域”越多，它给学生留下思考和想象的余地就越大，学生就会有更多的空间去探析作品的意义。

质疑猜测。学生不是被动地接受文本，而是主动地投入探究之中，为了证实自己对课文的猜测，他们会不断质疑、释疑，进行自我阅读构建，从而读出新意来。

2.第二层面：走进文本，交互对话，促进深度阅读

走进文本的阅读过程是文本增值，即在与文本对话中不断改变和重新建构的过程。伊塞尔认为，文本只有当它被具体化时才获得了生命。每一次阅读行为都是对文本的具体化。

在以学生为中心的课文解读过程中，如果只是由教师详尽地分析，学生简单地参与问题的答问，就无异于走马观花。不仅不能体味作者的情感，更不能说是走进文本，领会文章的真谛。作为教师要以生为本，摆正参与者、引导者的身份，把课本还给学生，引导学生走进课文。

品言。把握字里行间所蕴含的丰富语义是学生解读课文的基础和前提。作者为什么用这个字、词、句式等，须细细体会其中神韵。

悟情。文学作品表达作者的真情实感，只有学生在解读课文时真正走进文

本，才能与文中人物对话，体会人物的情感，触摸作者的情丝。

入境。进入文本中的情境，可加深对文本内容的理解，在与文本对话中触动情感，引发共鸣，站立在更高的视角触及文本内涵。

只有让学生走进文本，全面感知文章内容，整体感受作者情感，从文本中去找出自己生活中的影子，将自己与文章关照起来并融入文章当中，将文中所描述的生活或场景与自身进行联系，才能使学生读出和自己思想感情相通的某些情节、人物形象和文章主旨，从而感同身受地去与文本对话，与作者对话，捕捉作者的情感，弄懂文章的意蕴，读出自己的个性体悟，深刻领悟文章的主旨。

3.第三层面：走出文本，拓展延伸，挖掘深层内涵

宋代文学家陈善说："唯知出知入，得尽读书之法也。"现实的语文教学中，对于文本的解读却过于狭隘，大都停留在文字的层面上，而忽视了文字所栖居的文学，文本所浸润的文化。因此，在解读文本的过程中，学生在走进文本的同时，更要走出文本，超越文本。只有文本浸润在文化之中才能更鲜活起来，学生才会以文读文，以文解文，领会课文深层内涵。

教学实践中，学生可以自主搜集与文本主题相类似的其他作品，也可以由教师推荐范本，通过对比阅读的方式，品味文章的深意。如学习《我爱这土地》，学生可查阅资料了解到这是艾青在1938年所作，当时日本侵略者的铁蹄猖狂地践踏着中国大地，作者怀着对祖国的挚爱与对侵略者的愤恨写下了这首爱国诗，表达对这片土地赤诚的热爱。同时阅读一些与作者同时代的诗歌作品如臧克家的《烙印》、戴望舒的《夜行者》等，学生通过拓展阅读能强烈地感受到诗人对当时底层人民的同情以及对民族的热爱，从而被深深地感染。

文学作品本身是开放性的，对文本的理解不再是读者通过文本把握作者原意的过程，而是读者依据自身的历史性，使文本的意义得以不断创生和流动的过程。就教学而言，对教材课文的解读，以学生为中心，选择真正适合学生的方式，使其对文本形成更深层面的解读和感悟，才是最具影响力、最有生命力的。

第四节　教学中心论的解读范式与运用

相比于文学理论主要关注以上三者，语文阅读教学还需要考虑“教学行为”开展的过程性和特殊性。“教学中心论”的解读范式就是以阅读教学的参与对象、行为特征、组织形式等为依据，充分发挥教师和学生的作用和相互影响，从而达到加深文本理解的模式。

一、对话理论

在“对话型”阅读教学模式中，阅读教学活动中其实存在教师和学生两个“主体”，尽管角色不同，任务不同，但他们的关系是平等的，通过文本媒介两者的理解、志趣产生碰撞，在这种相互作用下达到挖掘文本含义、提升相互理解、发现个性自我的目的。所以，广义的“对话”不只是语言的形式，更主要指在精神层面的双向关系。

（一）两种“对话关系”

阅读教学过程中的对话形式是一种复合的过程。它包括师生之间、师生与作者之间、学生之间、师生与编者之间、学生与自我甚至师生与教学资源、教学环境之间的对话。考虑到阅读和教学的主体，这其中有两组是最核心的关系：

第一组核心关系是师生与文本的对话，这是“阅读”教学的主要互动关系。无论师生关系和外部环境如何，阅读的对象是“文本”，它既是教师和学生活动的核心对象，也是联接教师和学生认知理解的媒介，所以教师和学生与文本之间的对话是阅读教学最核心的一组关系。其中，在阅读教学过程中，教师与文本的对话既包括前期准备过程中形成的理解，也包括在教学过程中动态化地修正自己原先的认识；而学生对文本的对话，则既包括在教师指导下开展的理解活动，也包括依据个体经验对文本的认识解读。

第二组核心关系是教师与学生的对话，这是阅读“教学”的主要形式。阅读活动和阅读教学活动不同，阅读活动可以是单一读者与文本的互动，但阅读教学活动中存在“双主体”，且与传统教学形式不同，对话式的阅读教学活动中的教师和学生是平行、平等的关系。平行是指两者均对文本理解形成自身见解，平等是指在双方意见交流中，两者无论人格还是认知上都需要尊重彼此。

（二）“对话”的教学策略

“对话”既是一种教学方式，也是一种教学原则。基于这两个层次的“对话式”阅读教学模式，我们可以采取这样的教学策略：

1.“对话”作为一种教学方式，可以采用问答式和讨论式两种主要方式

“问答式”的课堂组织方式在“对话型”课堂中其实是得到广泛运用的。但这种方式受到了很多质疑，主要是认为问答形式中，发问主体是教师，往往占据主导地位；回答主体是学生，往往囿于发问者的有意识引导，从而导致文本解读趋向单一化。但这种质疑实际上属于一种哲学式的形而上的思考，真正在教学实践中，基于学生——特别是高中生的认识水平，在课堂中采用“问答式”的教学方式是必须且有效的。比如课堂“教学”《变形记》，这是由阅读主体和阅读对象的特征所决定的。从阅读主体而言，高中生对现代派或是卡夫卡总体上都处于知识和阅读的空白状态，对于现代社会的发展现状也处于较为感性与浅层的理解。术语和概念的灌输或许并不必要，但文本的理解和主题的探讨仍需教师的指导。因此，与其使用传统意义上的“教学”一词，“指导”二字更显恰当。因为，教师以何种方式干预学生的阅读，干预过程中如何既起到引导、推进作用而又不阻碍、不替代学生思考，实在是需要有分寸的把握。

当然，其有效的前提是：首先，教师对文本的理解在一定程度上要比学生更深入；其次，问题的设置是合理的——判断是否合理的标准，最基本的应该是围绕教学目标，且基于学生语文核心素养培育。比如，除了锻炼学生文本内容筛选能力的问题，更多的应该是答案开放的问题。开放式的问题更容易激发

学生的思考欲和表达欲，也更容易形成有效的“对话”，从而在碰撞中产生“新知”。

其实，学生不能发问吗？当然也可以，这就更倾向于一种“讨论式”的课堂组织方式。“讨论”与“问答”相比，在提问和回答主体上更显多元，每一个课堂中的老师和学生兼具这两者的身份。同时，它的开放性和自由度更高：“开放性”更高是指问题的答案是在交流过程中动态生成的，原先预设的答案会由此而推翻甚至根本没有预设，我们也不再期望在课堂教学过后，每一个问题都能得到确凿的解答，因为留给疑问的或许是新延伸出来的一系列问题，当然这本身也正是阅读的乐趣之一；“自由度”更高则是指，教学过程并不依据问题的提出和解决逐步推进，它由一个或几个主要问题构成课堂的主要讨论对象，师生在课堂空间中则依据文本解读的需要“自由”发言，依靠这种讨论推动课堂行进。

2.“对话”作为一种教学原则，平等是其基本特征

何谓“平等”，无需赘言，我们主要关注“平等”的两组对象：一是教师与学生之间的平等，基于传统师生关系中教师占据主导和强势一方，那么“平等”在对话式的课堂中更意味着教师的课堂预设、课堂解读要做好被质疑甚至被推翻的准备。二是师生与文本之间的平等，作者不再是文本解读的权威可以发表“一锤定音”的发言，作为阅读主体的教师和学生都可以突破这种限制而寻求个性化的解读。因而，文本阅读的过程不再是“理解”和“阐释”的过程，还应该是“质疑”和“发掘”的过程。基于平等的对话，更多“盖棺定论”的结论可以展开进一步的探讨。

这也就形成了多元解读的要求。

二、多元解读

多元解读和个性化解读密不可分。

叶圣陶先生说：“生活如泉源，文章如溪水，泉源丰富而不枯竭，溪水自然活泼地流个不歇。”这其实也在告诉我们：既然每个人的生活都有独特性，

那么我们对生活的理解自然也是千差万别。在阅读过程中，确实需要我们对照自身的经历，形成自我的理解。所以我们提倡的是尊重阅读个体，提倡个性化阅读。阅读活动对外是理解作者和作品，对内是理解自我和生命，两者融合，是理解这个世界。在这个过程中，读者与作品的对话是交流式的，而非灌输式的。“一千个读者就有一千个哈姆雷特”，一是源于作品意蕴的丰富性，二也因为我们对作品的理解少不了依据自己的生活经验和情感体验，而这些又是独一无二的。

从作品意蕴的丰富性来看，以现代散文为例，它从内容选材上已经延伸到比古代散文或者比以往任何时候都更广阔的范围，多元化社会给予我们多元化表达的空间，所以作家也并不会遵循在一篇文章中表达明确的中心或主旨，我们早就能接受哪怕作家将本身思想上的挣扎、疑惑和似是而非写成文字，并且我们也认为这种没有明确中心的表达，是有其价值的。

沪教版中选录的赵丽宏先生《晨昏诺日朗》一文，其中有一处经常作为课文讨论的对象：作者记叙自己在奔向诺日朗瀑布的路途中，遇到牧区的两匹马。这一段与瀑布的关系是不大的，但是我们在分析时往往会引导学生往诺日朗瀑布的神秘感思考。其实这可能就是现代散文教学中某种程度上唯“形散神不散”理论指导而束缚散文鉴赏思路的表现。其实散文创作中这样的“神来一笔”，如果能够听到学生对此更有想象力、更有见解的分析，言之成理的情况下，又何尝不可？

又如这篇文章中作者在最后一段的“理”：作者见识了诺日朗瀑布的磅礴气势后，再对比其源头的宁静，表达“沉静孕育激情”的哲理确实是恰如其分的。但是如果结合全文去看，这个“理”能统摄全文的内容吗？如果仅仅是为了表达这个“理”，文章前半段黄昏中看诺日朗瀑布而不真切的内容岂不是显得多余？因为这违背了“神聚”的原则。但是如果我们能将这个“理”作为全文“某个”中心，而非“全部”中心，岂非更符合文章内容的合理性？更何况，阅读贵在所得，如果学生可以从文章中读出比这种“既定”中心更多、更深刻的内容，不是更好吗？当我们倡导“多元解读”时，其实我们也在鼓励学生开展创造性阅读。

所以，我们不妨抛开“好的散文”的标注，不要给自己设置一个标准去评判什么是好文章，而是能真正结合具体文章，去体悟思想情感，去品味语言风格，去把握结构章法，从中读到现代散文的万千气象，真正和作者进行一场没有“偏见”和“预设”的交流对谈。

当然，我们也要把握多元解读的边界。“思辨阅读”的主体是学生，这样一个显而易见的事实，却往往会在实际的教学过程中被教师主体性削弱。我们现在越来越主张开放的课堂氛围、开放的文本解读，也越来越能将文本解读多元化的理念贯彻到教学中。但是，随之而来一个更棘手的问题是：如何把握学生个性化、多元化解读的边界？

“多元解读”绝不是“任意解读”。对于文本整体内容疏漏、缺乏基本的知识储备、过于私人化的理解等，都有可能造成看似“头头是道”，实则缺乏立足理由的解读。而这个存在于课堂教学的现象，之所以比“以教代学”的封闭课堂、灌输式的文本学习更为隐蔽，是因为它会以确立学生主体性、鼓励学生个性化的假象，造成一种貌似活跃的、开放的课堂氛围。这种氛围看似比死气沉沉的课堂要好得多，但也往往使人忽略了其中的隐患。多元化解读的边界，需要教师本身对文本有足够的理解，并占有大量资料，以专业的素养去画出这条“边界”，并根据课堂实际作出调整。

确定这条边界是必需的，因为允许任意解读，其实是对文本意义的某种消解，把文本抽离了与作者、历史、现实的联系。在《变形记（节选）》的教学过程中，学生解读甲虫的象征意义时，认为甲虫拥有“坚硬得像铁甲一般的背”，象征着格里高尔坚强、强壮的精神和体魄。如果从格里高尔为家人工作成为经济支柱而言，确实可以理解，但从格里高尔的整体形象而言，这显然不符合他这样一个四处奔波而落下许多疾病、为家人仅是忍受工作的形象。从文章提到格里高尔房间无趣的装饰、闲暇时做木工的爱好、多次抱怨工作中的人情冷漠这些内容来看，这个铁甲一般的外壳如果解读为主人公自我封闭的精神状态，可能更合理。

“边界”需设置，“边界”也可变动。我们鼓励多元解读，不变的是在“文本意识”催动下对作品本身开展合理的、深入的、丰富的理解。这也是需要同学们警惕的，要让自己的个性化解读成为有价值的思想，其实还需要我们比照前人的观点、思想，让自己的解读更能站得住脚。

三、语言内化与能力提升

吴晗说："读书是学习，摘抄是整理，写作是创造。"阅读并非只有"读"这一个环节，其实还应该包括笔记、记诵、表达这样几个后续工作，它们也是阅读的重要环节，也能帮我们克服"看过即忘"的问题，只有做到这点，才能谈得上将对文本的理解、审美的提升内化为自己个性化的语言，并实现语文核心素养的提升。在这里，我们主要谈两个方法：笔记与表达。

（一）"不动笔墨不读书"，语言的内化和能力提升离不开读书笔记

读书笔记是自己阅读时候所思所感的积累，灵感是一时的，"作诗火急追亡逋，清景一失后难摹"，苏轼的这句诗真实地道出了创作灵感的特点及重要性，"心灵闪过的微光"借助读书笔记，能够得到更好的保存。在日后的创作和生活中，也许会成为我们很好的借鉴。

其实，忽略以笔记形式进行积累，作为能力提升的重要手段，可能源于我们对于语文作为一门学科的性质的误解。语文的外延与生活的外延相等，意味着语文不应以追求具有确定性的、以掌握为主的知识为目标。但语文在中学教育中是作为一门课程而设置的，专门的、专业的学科知识是其不可或缺的、极为重要的基础组成。语文知识的学习过程往往让学习者产生"死记硬背"的枯燥印象，因而产生排斥甚至忽视。而事实上，语文基础知识的学习是迈入课程学习的门槛，如果不进入这个特别的系统、特殊的领域，更别谈要在这门学科上有所收获、有所精进，而从中创造性地产生个人语言的特色和能力的特长，也就更无从谈起。

蔡元培先生在《我的读书经验》中回忆自己的"不得法"之处，就说"第二是不能勤笔。"他讲到自己虽然读书时会注意自己认为有用材料，却往往为了追求速度而无暇摘抄，也会忽略做些记号帮助自己日后"索引"。以至于他

感慨自己因为懒得动笔“所以没有成就”。蔡元培先生当然是自谦的说法，但是这不妨当作他对我们的告诫：勤做笔记，有所积累，才是真正学有所得。

（二）像蜜蜂一样读书，个人的语言特色和能力特长最终表现在“输出”中

有这样一个比喻，读者应该像蜜蜂，它首先是辛勤地采撷花粉，之后又会进行酿造，这样的读者是既重“输入”，又重“输出”的。“输入”是积累，“输出”则是表达，可以是口头表达，也可以是书面表达，总而言之是将书本内容经过自己思考的转化，不仅在大脑中成为自己思想的成果，也成为能够诉诸笔端或嘴边的思考结晶。

日常生活中，“口头表达”处处都在发生，但其实又并非易事。有时间、有兴趣的听众实在不好找，我们好像很难形成一个“读书圈”，即便是虚拟的网络社交媒体，也无法提供给我们“口头表达”的机会。所以，中学生更应该珍惜校园生活得天独厚的条件，而教师也可以在课堂教学中更多地营造让学生“开口说话”的机会。

除了口头表达，写作是巩固自己阅读成果的好方法。如果我们能在阅读过后，以书评的方式写下自己的思考，那就算真正完成了阅读的过程。“操千曲而知音，观千剑而识器。”读的多了，便可以试着下笔，比如以名著为内容撰写读后感。撰写的过程中可以以自己感兴趣的某个点作为切入口，确立一个中心，诠释自己对名著的独特体验。教师则可从名著的思想内容的深刻、写作技法的精湛等角度进行评说，也可以组织学生进行读后感的互评，加强交流。

语言内化与能力提升是依托每一种语文活动形式而发生的，教师注重活动设计，尊重学生主体，而学生珍惜表达平台，勇敢自信展现，就会将逐步形成自身的个性语言和特色能力。

第五章　学科交融背景下的语文教学解读

第一节　语文教学解读与语体学

近年来，许多语文教育学者开始重视对语体学的研究，主张在语文教学解读方面加入语体学理论以促进教学。然而，在实际教学解读中语体学的融合还微乎其微。教师语体意识不强，在语文教学解读中只知文体而不讲语体。其实，在语文教学解读中融入语体学理论有利于更好地把握课文的特点，有利于教学的开展和学生阅读能力的培养。

一、语体、语体学及分类

语体是在交际目的和语境等条件制约下的语音、词语、句式等语言材料运用的特征体系，是交际环境中情感、语气、语调与言语形式的统一，在宏观上显现的一种风格基调。与之相应的，分析研究语体的学科，就叫作语体学。

语体分为口语语体和书面语体两大类。书面语体分为文艺语体和实用语体两个部分。其中，文艺语体依照承载情感的语言表现形式将其分成散言体、韵文体、戏剧体。

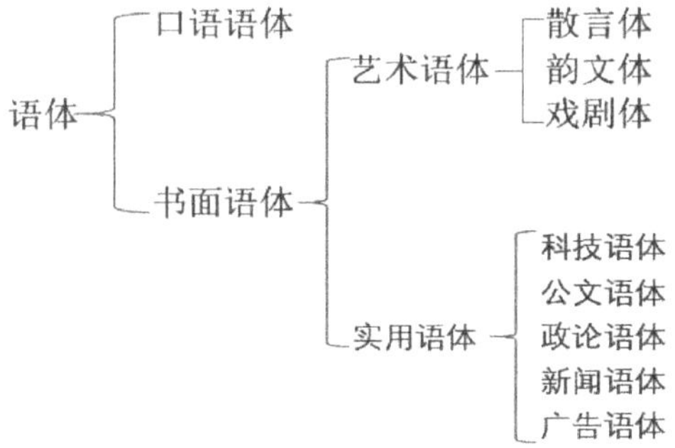

（一）文艺语体单元

按上图所述的语体分类，我们可对部编版高中语文教材按语体类型分为文艺语体和施用语体，文艺语体可分为散言体和韵文体。

散言体，是指在行文时不求押韵且句子表现为整散结合的文学语体，包括小说、散文、随笔、传记文学、报告文学等。部编版高中教材中选取的大部分文章都属于这种文体。如《劝学》《师说》《故都的秋》等。

韵文体，是一种讲究韵律的文学语体，包括古诗、近体诗、现代诗、词、散曲、说唱曲艺文学等文学样式。高中课本中选取的诗歌作品和部分古文属于这一语体。现代诗歌中选用的《立在地球边上放号》《红烛》《致云雀》，古代诗词选用的《涉江采芙蓉》《短歌行》《归园田居（其一）》《琵琶行》《念奴娇·赤壁怀古》《永遇乐·京口北固亭怀古》《声声慢》等属于这一语体。

（二）实用语体单元

科技语体：高中课本中涉及的主要是论著体和科普体，如《乡土中国》《宇宙生命之谜》等。

新闻语体：是为了满足新闻报道领域的需要，以新闻传播为主要功能的语体类型，可进一步分为消息体和通讯体。如教材选用的《喜看稻菽千重浪》《“探界者”钟扬》《以工匠精神雕琢时代品质》等。

演讲语体：是演讲者在相同时空环境中，运用对话语言和肢体语言的手段，面对广大听众阐述事理、表达情感，从而感染和号召听众的一种形式。如

《最后一次演讲》《在马克思墓前的讲话》等。

政论语体：毛泽东的《反对党八股》等。

二、在语文教学解读中融入语体学的意义

语文教学的性质是工具性与人文性的统一。一方面通过引导学生解读他人的言语作品，通过对言语的分析鉴赏学习优秀的言语使用经验，懂得在不同语境下选择适切的语言，从而掌握传情达意的语言运用规律，提升自己的语文素养；另一方面通过作品中的情感体验来丰润自己的心灵，接受美文带给自己的审美熏陶，提升自己的人文素养。

（一）有助于学生收获语文教学解读效果

随着部编版新教材的推广，教学提倡“自主、探究、合作学习”。但一些实际操作往往流于表面，语文课堂看似热闹，小组讨论、合作学习，“锣鼓喧天，旌旗招展”，但却脱离了课文，远离了作者个性化的魅力语言，学生的学习收效甚微，对课文的解读蜻蜓点水，学生也没有深刻的体会更不要说是理解课文中的深刻意蕴。

实际上，语文教学解读就是需要教师引领学生走进作者“个性化的言语”中去体会课文“独特的情感认知”，再从情感认知和思想内容中走出来，进一步理解作者语言运用的组织方式。语体是在交往中需要遵守的语言运用规律与准则，语体学就是通过把握“语言文字是如何运用的”，即把握语体特征，使得学生能够体会到不同语体的个性。课文的语言是紧承情感变化来建构的，在语文教学解读时树立语体意识，才能在引导学生进行教学解读时将语言文字运用的深层意旨洞察明晰，师生才能共同挖掘语言文字背后的涵义。因此，在语文教学解读中融入语体学，可以引导学生多些体验美文的乐趣，收获更好的阅读效果。

（二）可以提高教师语文教学解读能力

如果以语体为纲来统筹语言运用的教学，就能总揽整个教学中的语言知识体系，做到点面结合、条理清晰，把字、词、句教学组织到语体系统中来。既然人们的语言运用都是在不同语体中的具体运用，那么阐述清楚哪些词语和句式是哪个语体所常用的或是哪几种语体所通用的，它的表现形式和特点，它的表达作用和局限性等，就比孤立、笼统地去讲解词语和句式要更容易为学生所掌握，也有用得多。因此，在教学解读过程中，可从语言材料、表现方法的本身特点体系以及它同语言环境的结合、适应关系上做出科学的比较分析。给学生以切实明确而系统的有关语言运用的知识，有助于学生对语言运用的理解，从模糊的感受建构为条理明晰的把握。这种知识的获得，反过来可以转化成使用语言文字的技能。

三、融合语体学的语文教学解读策略探析

语体要素存在于语言的语音、词汇、语法之中。在语体系统中，语体学特点主要是通过词语、句式和某些修辞手法的运用来体现的。我们将语体学理论与语文教材中的课文相结合，将这些特点具体化，增强语文教学解读的能力。

教师可从以下语体学特征出发，增加语文教学解读的角度，丰富语文教学解读的内容。

（一）运用语体学中的词语理论对实用语体进行教学解读

现代汉语当中，很多词语因具有特定的语体色彩，而成为这一语体的常用词语。如：“徜徉、憧憬、万念俱灰、缭绕、五彩缤纷”等就具有文学语体的色彩；“核准、仲裁、开除、协商、全部责任、民事赔偿”等就具有公文语体的色彩；“黑洞、星系、转基因、微生物、虫洞”等就具有科技语体的色彩；“战略平衡、非正式会晤、货币量化宽松、重返亚太战略”等就具有新闻语体的色彩。

当然，也有很多词语本身并没有特定的语体色彩，但引申义却有了某种语体色彩。比如“开放、台阶、龙头”等的派生词就带有新闻语体色彩。有些词基本义带有一种语体的色彩，派生义又带有另一种语体的色彩。如“回潮、覆盖、渗透”的基本义带有科技语体的色彩，派生义却带上了新闻语体的色彩。

由此可见，选用词语的方式可以体现语体的特点，符合某种语体的实用文章自然也应遵循该语体的特点，在阅读实用文章的过程中如果抓住关键词语进行分析，可以更易于读懂文章要表达的内容，并且体会作者如何在行文中遣词造句。

如通过把握演讲语体的词语特点解读演讲语体课文。演讲语体在词语运用上带有明显的特征，如多用双音节词或多音节词，以及常用具有感情色彩的词语。如在《在马克思墓前的讲话》一文中，恩格斯用了“最伟大”“巨人”“英名”这样饱含深情的词语，在表达自己对于这位挚友的怀念与不舍的同时，也表明了当时马克思在世人心中的重要地位。演讲稿多用亲切的称呼语。演讲者为了尽可能地拉近与听众之间的心理距离，使听众有亲切感，常会使用一些亲切的称呼语。如在《我有一个梦想》这篇选文中，马丁·路德·金亲切地称呼他的听众为“朋友们”，使得台下的白种人还有黑种人，都能感受到演讲者平等的尊重。这样一来便能使听众更好地融入演讲中，缩短人与人之间的距离。

而对科技文章进行教学解读时，要把握科技语体的词语特点。科技语体会频繁而准确地运用科学术语。科技语体中的科学术语，在使用上具有明显的单义性特征，即在某一特定的科学范畴的词语系统中，词语所代表的概念有严格限定，意义专一而稳定。同时科技术语也有复杂化和符号化的特征，科技术语的复杂化表现在，绝大部分的术语在功能上具有名词性，其结构是偏正式的，且有的结构相当复杂，如“量子力学的不确定性因素”。与此同时，和这种术语结构复杂化相关，术语的缩写、简称形式和非自然语言符号也被广泛地运用于科技语体中，比如“钠 22”。科技语体多使用基数词、序数词等数词或表先后顺序的副词如“首先、其次、最后”等组句成段，组段成篇。

新闻语言贴近现实，直接反映社会政治经济文化生活，能够广泛地接纳其他语体特点。所以，从语体的角度研究新闻语言，可以充分显示语言研究的多样性。新闻多采用真实人名、地名、职务、机构名等名词，这样写反映了新闻事件的真实和准确。如《奥斯维辛没有什么新闻》中提到的“罗道夫·弗兰斯·费尔南德·霍斯”“不热金卡”“波兰”“奥斯维辛”“纳粹"等，这些词语在新闻中的再现印证了新闻报道的真实性。由于真实人名、地名、职务、机构名等名词的语义作为一种通识，在人们的头脑中已有印象，所以这些名词在新闻作品中再现时，它们会立即进入受众的认知过程，并且与受众储存的知识中相对应的语义迅速发生关联，形成语义的和谐，最终完成阅读认知。

同时，新闻报道贵在新鲜，记者在写作时必然会使用许多反映新形势、新事物的词语。新闻语体中的新词可谓琳琅满目，它们新鲜而真实地反映了信息时代的千变万化和社会生活的丰富多彩。近年来，我国新闻作品中出现了大量令人耳目一新的词语。产生这些新词语的途径大致可以分为五种：一是利用词根词缀构词的能产性构成新词，例如“航天人”“草莓族”“高学历”“领导力”等；二是通过词义引申方式构成新词，如“门槛”是指要求、条件；三是用暗喻的方式造新词，如“现在没有铁饭碗，只有泥饭碗，所以要努力工作。”其中的“泥饭碗”是指没有保障的工作席位；四是通过新的搭配构成的新词，如“第一夫人”，现在通指国家元首的夫人；五是直接借用外来词，如《别了，不列颠尼亚》中的“不列颠尼亚”“劳斯莱斯”“查尔斯”等。

（二）关注语体学中的语体风格对文艺语体进行教学解读

相较于实用语体而言，文艺语体的时代性和社会性更加鲜明。因此，在探究文艺语体的语体特征的时候，可关注文艺语体的语体风格。

1.精细描写还原生活

如《老人与海》：“老头看见它那双奇异的眼睛，咬住鱼尾巴上面一点的地方，牙齿咬得嘎吱嘎吱地响。鲨鱼的头伸在水面上，它的脊背也正露出来，老头儿用鱼叉攮到鲨鱼的头上的时候，他听得见那条大鱼身上皮开肉绽的声音。他攮进去的地方，是两只眼睛之间的那条线和从鼻子一直往上伸的那条线交叉的一点。事实上并没有两条线。有的只是那又粗又尖长的蓝色的头，两只大眼和那咬得格崩崩的、伸得长长的、吞噬一切的两颚。”材料描绘的是老人和鲨鱼搏斗的场面，鲜明反映了海明威语言文字的特点：①多使用日常用语和拟声词，如“嘎吱嘎吱”“格崩崩”“长长的”“吞噬”来突出鲨鱼的险恶。②善用动词，在对付鲨鱼的过程中，动词的描写非常生动有力。如“攮”“扎”，这些都是圣地亚哥看到的、感受到的，但通过这几个凝练的动词，读者仿佛身临其境，与主人公拥有同样的惊惧和喜悦。③文中没有过多地使用形容词，却非常真实地还原了老人与鲨鱼英勇搏斗、毫不退缩的场面。课文教学解读的过程中要让学生感受到作者精细还原生活的特点，即运用大量的拟声词、精选的动词来描绘，这样可以方便学生在头脑中构建语言图式。

2.内心独白映射思想

“他想：能够撑下去就太好啦。这要是一场梦多好，但愿我从来没有钓到这条鱼，独自躺在床上的报纸上面。”“可是一个人并不是生来要给打败的，”他说，“你尽可能把他消灭掉，可是就是打不败他。”他想：“不过这条鱼给我弄死了，我倒是过意不去。现在倒霉的时刻就要来到，我连鱼叉也给丢啦。‘Dentuso’这个东西，既残忍，又能干，既强壮，又聪明。可是我比他更聪明。也许不吧，”他想，“也许我只是比他多了个武器吧。”（《老人与海》）

大量的内心独白是海明威小说的一大特点，内心独白可以真实地呈现人物内心的活动，让读者真切地感受人物内心的变化，还可以反映人物的思想，刻画人物的形象。作者在描绘人物的内心独白时根据人物身份、地位、性格来组织话语，文中的圣地亚哥是个“硬汉子”的典型代表，他出海捕鱼，连续84天都没有捕到鱼，可是他从不懈气。

海明威在塑造圣地亚哥的内心独白时，有以下几个特点：①运用了大量的语气词和口语词，如“呢”“啦”“谁晓得”“吧”。语言的口语化，更能直接生动地反映出渔民人物形象。②句子洗练，对话简洁。例如“可是一个人并不是生来就给打败的，你尽可能把他消灭掉，就是打不败他。”这简短的一句话，是老人的内心独白，永不放弃、毫不懈怠地与命运作斗争是他毕生的追求，这也让读者真切地感受到了硬汉的人物形象，反映海明威小说要表现的核心精神。通过对材料中的语体要素分析，可以让学生感受海明威语言文字的特点，即以含蓄、凝练的风格下遣词造句。

3.夸张讽刺塑造人物

"'请坐!'柯瓦连科冷冷地说，皱起眉头。别里科夫沉默地坐了十分钟光景，然后开口了:'我上您这来，是为了了却我的一桩心事。我烦恼得很，烦恼得很。有个不怀好意的家伙画了张荒唐的漫画，画的是我跟您和我都有密切关系的人。我认为我有责任向您保证我跟这事没一点关系……我没有做出什么事来该得到这样的讥笑——刚好相反，我的举动素养在各方面都称得起是正人君子。'

"科瓦连科坐在那儿生闷气，一句话也不说。别里科夫等了一会，然后压低喉咙，用悲凉的声调说:'另外有件事要跟您谈谈。我在这儿做了多年的事，您最近才来;既然我是个比您年纪大的同事，我就认为我有责任给您进一个忠告。您骑自行车，这种消遣，对青年教育者来说，是绝对不合时宜的!'"'何以见得?'科瓦连科问。"(《装在套子里的人》)

鲁迅先生说过:"如果删除了不必要之点，只摘除各人有特色的谈话来，我想，就可以使别人从谈话里推见每个说话的人物。"①他所提到的有特色的谈话就是最能反映人物个性的语言，这些言语使你闻其声而如见其人。语体教学中要引导学生关注文中对话对人物形象的塑造作用。材料中的用词鲜明地反映出柯瓦连科和别里科夫的性格特点，从文中"请坐""何以见得"可以发现科瓦连科对别里科夫的厌烦和他性格的爽直，而别里科夫的"烦得很"也说明了他性格的胆小、多疑。

(三)运用语体学中的辞格理论进行教学解读

一般而言，文艺语体是会大量且经常性运用辞格的，几乎所有的辞格都会在文艺语体中出现。其次是谈话语体、广告语体、演讲语体、新闻语体，较少使用辞格的是科技语体，最少的是公文语体。

语体对于辞格的选择表现为既有固定性又有流动性。固定性，表现了语体对辞格的规定性要求，显示了语体在运用辞格时的规律性。比如科技语体中也使用比喻，但是常是用来说明事物之间的关系或者阐明一种原理，所以主要是

① 《鲁迅文集·4》，甘肃文化出版社2018年版，地230—231页。

运用明喻，语言形式较活泼的暗喻、隐喻、借喻等就会很少使用。流动性表现在经常运用于某种语体的辞格，由于表达的需要，偶尔也会出现在其他的语体中。例如比拟常用于文艺语体中，但是政论语体和科技语体也会偶或一用，通常会使人感到活泼灵变、生动优美。

由此可见，不同的语体在辞格运用上有不同的特点，我们可以结合课本从各类语体入手，分析不同语体的文章在辞格运用中的特点，使学生在读懂课文的同时也能够体会各个辞格的不同表达效果。

例如在《边城》中，“但祖父一问，翠翠却微带点恼着的神气，把头摇摇，故意说：‘我记不得，我记不得，我全记不得！’其实她那意思就是‘你这个人！我怎么记不得？’”“翠翠不理会祖父，口中却轻轻地说：‘不是翠翠，不是翠翠，翠翠早就被大河里鲤鱼吃去了。’”第一次对话中祖父提问打断了翠翠的思绪，她全然沉浸于回忆两年前端午的事情，“我记不得”这几个词的重复，愈发体现了少女微恼和故意的心理。第二次对话中“不是翠翠，不是翠翠”，非常形象地描绘了少女赌气时的心理，让翠翠这个人物形象跃然纸上。

四、结语

通过语言特征的分析，将语体学引入语文教学解读当中，不仅可以提高学生对于语言的理解与掌握，还可以促进学生对于美的感知。理论是需要实践的反复锤炼的，语文教学解读语体教学需要在一线教学当中通过实践得到创新与改进，从而更好地促进学生对于教学解读的感知。

第二节　语文教学解读和语法学

我们常说的“学点语法、修辞”中的“语法”，实际上指的是语法学知识。语法学是研究语言结构规律的科学。汉语言共有五级语言单位：语素、词、短语（词组）、句子和句群。语文教学解读中的语法学指的是汉语的法则：包括现代汉语语法，也包括古代汉语语法。

一、语法学运用于语文教学解读中的现状

（一）初高中语法学习的衔接出现断层

语法学曾经是中学语文教学的重要内容，与文学教育并重。然而，自20世纪90年代以来，“淡化语法，注重语文素养”的呼声渐高。加之，《全日制义务教育语文课程标准》中又明确指出“语法知识不作为考试内容”。所以，在目前的语文教学解读中，语法知识的涉及较少。即便一些教师能够教授一点语法知识，却也存在着诸如较随意，不系统，专项训练较少或基本没有，要求尺度不统一等问题。按照知识体系的构成要求，高中之前应该完成语法方面的基础知识的学习，而大多数高中教师对初中的教学实际了解甚少。

1.文言文学习错误多多

在高一，最能明显地感受到语法学存在感的是在文言文教学中，学习一定量的文言语法知识对学生具有重要的意义。但是，在实际的教学中，学生对文言知识掌握不清，分不清什么是特殊句式，什么是词类活用。语法掌握不好直接体现在翻译句子时错误百出。

例如，在课上讲解《荆轲刺秦王》这篇文言文时，请学生翻译“至陛下，秦武阳色变振恐，群臣怪之，荆轲顾笑武阳，前为谢曰”这句话，有的学生翻译：“见到了陛下，秦武阳脸色变得惊恐，大臣们责怪他，荆轲笑了笑武阳。”有的学生翻译成“到了陛下面前，秦武阳脸色震惊，一些大臣们觉得奇怪，荆轲又笑了笑”。由于学生对文言文中的词性演变和用法不了解，不知道在本文语境中“陛下”是“台阶”的意思，“顾”是“回头看”的意思，从而闹出笑话。正确的翻译是：“到了台阶下，秦武阳脸色变得惊恐，大臣们认为他很奇怪，荆轲回头看秦武阳对他笑了笑。”

2. 句法语法辨析困难

语法是语言的规范，是一个语言系统约定俗成的规律和表达规则。句子一定要符合语法规范，别人才能更好地理解句子的意思，才能起到表情达意的作用，不符合语法规范的句子就属于病句。辨析修改病句最能够体现学生的语文实际运用能力，但是由于学生语法基础薄弱，不会辨析句子成分之间的关系，往往对病句修改难以下手。

高中生汉语语法知识十分贫乏，分不清词性，搞不懂短语，对于单句、复句更是不会划分。文言文中不懂特殊句式的用法，不明白实词虚词的区别，对于翻译文章那更是“心存畏惧”。在高中文言文课堂上普遍出现了一种“教师讲不动，学生听不懂”的现象。在高考中，语法知识虽然考但是却以病句和简单的文言选择题出现，相比较现代文阅读和作文来说，所占分量太小，再加上教师不重视，学生无所谓的态度，就导致了语法在高中语文教学过程中处于一种停滞不前的境地。

二、语法学运用于语文教学解读中的意义

语法学从一开始颇受重视，到后来一段时间的淡化，再到现在重拾语法学，它的地位浮浮沉沉，导致对语法学的态度也是摇摆不定。事实上，如能运用语法学知识进行语文教学解读，那么对于提高学生的语文水平和素养是大有裨益的。

（一）强化语法有利于学生学习文言文

中华民族可以通过阅读文言文继承和发扬优秀的传统文化，这些文言经典都是先哲们智慧的结晶。《普通高中语文课程标准》（2017年版）要求学生能借助工具书阅读浅显的文言文，了解常见的文言现象，理解句子含义，读懂文章内容，体悟作者情感，力求能在阅读实践中做到举一反三。而实际上，学生在文言文学习时是忽视语法学习的，这导致文言文阅读变成了一大难题，文言文成了学生学习语文道路上一块难啃的骨头。有时候，甚至于一篇浅显简短的

文言文，学生也需要老师逐字逐句地翻译，否则就听不懂，这不但使得学习效率低，而且对老师和学生来讲都显得枯燥无味，很容易就会走神，因此教学效果也不甚理想。事实上，如果将语法学运用于文言文的教学解读，学生会发现，文言文和现代汉语的差别并不大，只是当下学生脑海里少了语法这块敲门砖，因此导致古今文章切换困难。

（二）强化语法有利于提高学生的写作水平

新高考改革带来的一个结果就是语文的地位越来越突出，甚至有“得语文者得天下”的说法。而其中作文教学更是得到了前所未有的高度重视，因为作为表达思想和情感的一种方式，它最能显示一个人的语言水平。一篇优秀的作文，不仅要有深刻的思想，更要有娴熟的语言，因为“文以载道”。然而，由于学生不懂语法，也就不能很好地表达自己的想法，所以他们越来越害怕写作文。只读不写，是不会拥有深厚的语言功底的，自然也是写不出优秀的作品的。广泛的阅读积累会使学生的语言更美，更有诗意，而理解语法规则，才能将诗意的语言连缀成篇。反观当下，由于网络的普及，学生的作文中经常夹杂着英语、口语甚至不伦不类的网络语言和脏话，这些问题的出现在很大的程度上都是因为他们欠缺必要的语法知识。

三、语法学在教学解读中的运用策略

语文教学解读要求我们在教学中引导学生理解作者的创作意图，体会作者想表达的思想感情，达成这一目标的首要前提是准确理解和把握课文的字句。也就是说，语文教师在引领学生学习语法知识时，不能孤立地去教那些抽象的语法概念等知识，不能让学生失去学习兴趣，而是要结合文本，利用文本，在帮助学生学会解读文本的同时，潜移默化地、自然而然地掌握一些基础的语法知识。这种学习过程对于学生来讲，更加地轻松，更加地灵活，也更有利于学生借助语法知识准确地解读文本。假如我们能将语法学理论运用在语文教学解读中，用生动的方式来学习概念化的语法知识，用经典作品来进行语法教学，这样学生就可以学得相对灵活轻松。我们可从以下方面来进行探索和实践：

（一）从核心词找到教学解读的钥匙

对词在课文中的作用的把握是语文教学解读的前提，也是准确理解课文的基础。查找核心词，指的就是在课文中，通过运用语法知识，学生可以发现核心词，再加上仔细体会词语的含义，体会其中蕴含的思想感情，从而帮助学生进行准确的教学解读。如果教师可以找到课文的脉络，抓住核心词来分析课文，展开教学设计，肯定有利于学生理解课文。什么样的词可以理解为核心词呢？即那些具有极强的表现力的，能体现出作者写作目的或蕴含作者思想感情的词语。但是一篇课文中有很多词语。我们应该怎样入手比较好呢？我们就应该从分析课文类型入手，从课文特点出发，来确定核心词。比如叙事性课文最关键的要素一般有人物形象、情节、环境等。我们要分析一个人物形象，除了分析外貌描写以外，主要从人物的语言、动作、神态和心理活动描写等去解读出重要的信息，这些内容都很关键。总之，凡是对表达作者情感，突出写作意图等有帮助的内容，我们都不应轻易放过。

比如，鲁迅先生的《故乡》一文写阔别家乡许多年的“我”回到鲁镇后，见到的是“远近横着几个萧索的荒村”。这里面有一个动词“横”，我们在教学解读时，可以引导学生用其他动词来比较，比如“有”。学生应该能体会出这个词写出了村庄是乱七八糟的，可以联想到此刻“我”的面前是一种死气沉沉、萧条的景象，非常生动形象。

（二）从修饰语体会作者内心的情感

我们在引导学生进行教学解读的时候，应该使学生有意识地去注意一些既对解读有帮助但同时又常常会被忽视的具有修饰作用的词语。教师要注意引导学生琢磨这些词语，并把这种体会运用到教学解读中去。带有修饰作用的词主要有形容词、副词等。在课文的具体语句中，它们有时会充当定语，有时会做状语，对后面的句子成分起到限定性或修饰性的作用。作者往往会借助这类词语，含蓄地表达情感或达成写作目的。当《老王》后面写老王得了重病时，作者写道："……直僵僵地镶嵌在门框里……他面如死灰……骷髅上绷着一层枯黄的干皮……"在解读文本时，教师应该引导学生去关注这些修饰语。"面如死灰"和"枯黄"这些描述性定语从视觉上直接写出了老王所患的重病在他的身体上所反映出来的外部表征，更写出了老王的病的严重程度。学生再联系上下文，还可以进一步解读出，面对这样身患重病的老王，作者的心里会是怎样的震惊，以及写出了老王重病之下却无人照顾的孤苦凄凉。同时，为后文再写老王在这种情况下，还想着要给作者送香油和鸡蛋，表现老王的朴实善良，以及在文章后面作者得知老王的死讯并知道老王是在给她送东西之后的第二天就过世了的情节埋下伏笔，也烘托了作者对老王深深的愧怍之情。

（三）从分析复杂句子理解文本的含义

掌握一定的语法知识也有利于学生准确解读一些课文中会出现的复杂句子。因为有些句子太长，学生有必要运用语法知识明确划分句子的成分，或者去分辨复句之间的关系等。只有先正确理解了句子的含义，才能对其进行分析，这样对正确解读课文十分有益。

我们把课文中的一些句子做适度的修改，再与原来的句子作比较，使学生通过细致分析那些变化了的地方，解读出更深刻的内涵，确实是非常好的教学方法。倒装句是文言文中比较常见的特殊句式。比如《〈论语〉十二章》中的"贤哉，回也!"。教师要引导学生理解这个句子，首先应介绍"回"指的是孔子的得意弟子颜回，然后让学生体会句意。学生应该可以说出这句话字面意思是说："多么贤德啊，颜回!"然后再进一步体会其中的含义，这种把主语放在后面，谓语放在前面的写法，当然是要强调被前置的谓语，也就是强调颜回的贤德。学生对于关于主谓宾的语法知识一般还是比较熟悉的，辨识出这句话是倒装句，也就容易解读课文了。王荣生先生说："文言，是以先秦汉语为基础形成的一种古代汉语书面语。文言与现代汉语的差异，主要表现在词汇和语法方面。文言有一套相当严格的词汇、语法系统……"文言文阅读教学设计，其主要的工作，就是要在课文的教学解读中，找到"章法考究处，炼字炼句处"

这样的关键点，“在教学设计中，获去纲举目张的抓手”。[①]

教师在引导学生学会理解变式句时，要注意不是单纯地换种说法去表达，而是一定要注意不能改变原句的意思，不要为了改变而改变，有些词语不需要变动就可以不变动，也不要转换得太复杂，只进行必要的改变，比如增补信息或调换顺序就可以了。这样循序渐进，学生慢慢地就可以摸索出一些规律，否则反倒容易糊涂。在增补内容或改变句子语序时，教师应该引导学生注意文通字顺，以及是否能与上下文的内容情节相联系。学生想要更深入课文，走进作者，就要借助语法知识来解决理解句意的问题。这个解读的过程，也就是学生们学习并积累语法的过程。学生们在解读课文时会逐渐发现，只要掌握基本的语法知识，了解一般句子的成分，在结合上下文的基础上，去理解变式句的含义并不难。而且学生慢慢地会注意变式句里所用到的语法知识，慢慢地积累，不仅可以帮助他们解读课文，而且在写作和表达时也会有很大的帮助。

四、结语

语文教学从以前的重视基础知识的教学向重视实际应用能力转变。语法是语言的规律和原则。想要更好地培养语言运用的能力，离不开对语法知识的掌握。语法知识在学生进行文本解读、口语交际、写作等方面都有很重要的作用。因此，教师应该重视语法知识教学。传统的语法教学方式并未与教学解读相结合，经常是孤立地片面地就语法知识而讲语法知识。所以我们在平时的课文教学解读中，应随文点拨语法知识，使枯燥的语法知识在具体的语言环境中变得生动，让学生在这个过程中积极参与并思考，使学生通过教学解读来掌握语法知识，并能够把语法知识运用到其他的教学解读中，真正地做到活学活用。教师通过课文教学解读，真正教会学生运用语法知识解读文本的方法，而不仅仅是让学生记住一道阅读理解题或一个答案。这种把二者结合到一起的方法，是理论与实践的最佳结合，既使学生慢慢积累了语法知识，又提高了语言

① 王荣生：《阅读教学设计的要诀：王荣生给语文教师的建议》，中国轻工业出版社2014年版，第237—241页。

的感知力，有利于语感的形成，还加深了对课文的理解，使学生更准确地理解作者的写作意图和要表达的情感。

第三节　语文教学解读与语用学

《普通高中语文课程标准（2017年版）》指出："语文课程作为一门实践性课程，应着力在语文实践中培养学生的语言文字运用能力。" 培养学生语言文字运用能力，一是培养学生作为听话人，能准确理解读到的和听到的语言材料；二是培养学生作为说话人，能恰当地运用语言文字进行口头和书面的表达。这些都跟语用学的研究内容紧密相关。本节意在探讨语用学知识对于语文教学解读的重要作用，也即教师如何运用语用学相关知识和研究，引导和培养学生与文本对话、体悟和理解文本的能力。

一、语用学的定义和研究内容

索振羽先生曾将语用学定义为"语用学研究在不同语境中话语意义的恰当地表达和准确地理解，寻找并确立使话语意义得体恰当地表达和准确地理解的基本原则和准则"[①]。从语用学的定义中，我们看到"语境、意义、恰当地表达、准确地理解"这些核心的概念。

就语用学的研究内容而言，主要有对于语境、指示词语、会话含义、预设、会话结构以及言语行为的研究。

（一）语境

在言语交际中，交际双方都离不开语境。因为要准确地理解、得体地表达，没有语境，仅仅通过言语形式无法做到。言语形式的字面意义往往容易理

① 索振羽：《语用学教程》，北京大学出版社2000年版，第14页。

解，但“言外之意”往往表达了更真实的意图。当代语用学理论从西方发展而来，在本土化的过程中有如下两方面的认识：语境不仅仅是上下文语境；语境具有广泛性和动态性。

1.语境不仅仅是上下文语境

我国第一个对语境的重要作用做出阐释的是陈望道先生。他在《修辞学发凡》中提出6种影响修辞的因素：何故、何事、何人、何地、何时、何如。索振羽先生在《语用学教程》中将语境定义为“语境是人们运用自然语言进行言语交际的言语环境”。并且指出语境包括“上下文语境、情景语境、民族文化传统语境”[①]。其中情景语境一般包含时间、地点、话题、场合以及交际参与者（身份、职业、思想、教养、心态）。

2.语境具有广泛性和动态性

当代语用学研究重点关注语境的两个特点：广泛性和动态性。语境的广泛性，指语境不只局限在语言环境，即上下文，而是一个复杂的与语言运作有关的环境；不但指语言发生的现场，而且要考虑到听话者和说话者双方的身份、地位、性别、长幼、语言习惯、文化背景、思想意识以及民族习惯。语境的动态性，则是说语境是动态的，随着话语的变化而变化，说话者和受话者在对话过程中内容和目的的改变都可能引起语境的变化。

（二）指示词语

指示词语是语用学最早的研究对象。指示词语的意义无法用词汇学或者语义学来衡量，只有借助语境才能准确地理解。指示词语分为人称指示、时间指示、地点指示、语篇指示和社交指示。人称、时间、地点指示比较好理解，比如“你、我、他”属于人称指示，“昨天、今天、明天”属于时间指示，“这里、那里、附近”等属于地点指示。语篇指示指的是用词语来指示语篇的某一部分，所用的词语也包含在语篇的话语之中，参照点就在语篇的语言之中，比如“综上所述、以上内容、上一节”等。社交指示的参照点是说话人的社会地位，一般包含3个方面：言语交际参与者的身份、说话人和听话人之间相对的

① 索振羽：《语用学教程》，北京大学出版社2000年版，第22页。

社会地位、说话人和第三者之间相对的社会地位，比如“足下、鄙人、令爱”等。

1.会话含义

会话含义是语用学研究的核心内容。会话含义包括一般性会话含义和特殊性会话含义。一般性会话含义不需要特殊语境，根据字面意义就能明白，特殊性会话含义需要根据语境才能推导出来。

经过格赖斯、列文森、利奇以及国内索振羽、徐盛桓等对会话含义的研究，会话含义可以根据合作原则、礼貌原则、得体原则来推导。会话双方是为了达到交际目的而会话，如果一方采取不合作、不礼貌、不得体的方式来展开会话，其本身就蕴含了一定的意图。在这些大的原则之下，还有量的准则、质的准则、方式准则等。比如交际一方在正常会话，而另一方装疯卖傻，说了大量无关的话，违反了量的准则和质的准则，就可能是为了达到某种目的，故意让对方误解。

2.预设

“预设”原本是语言哲学的一个研究课题，近40年来受到语言学的关注。对于预设的定义，学者们有很多争议。华东师范大学教授胡范铸先生指出：任何言语行为都有预设。所谓“预设”，从字面上讲就是“预先设定”，指的是一句话，一个言语行为，除了它在字面直接表达的意思以外，还包含了有关说出这句话的一系列的前提：不管对这句话本身是加以肯定还是否定，这句话的前提都不会变化。预设包括存在预设、角色预设、空间预设、观念预设等。

3.会话结构

会话结构研究关注以下几个问题：会话局部结构和整体结构、会话的轮换、提问与回答等。会话结构关注的不是一词一句，而是会话过程中的停顿、接续，旧话题的结束和新话题的开始，主动提起话题者和被动接受话题者。从这样的转换中，可以表明双方的社会关系和地位。通过对会话结构的分析，可以准确理解话语意义。

4.言语行为

言语行为理论由奥斯汀开创，经过塞尔的补充完善和发展，成为阐释人类言语交际的重要理论。徐默凡指出："言语行为包含了发话者、受话者、语用规则、语境等要素，每一方面都已经在语用学中有了比较充分的讨论，都可以作为变量引进语文教学的文本分析中，从而把一个静态的文本还原成一个动态的过程。"①

传统的语文教学将句子分为陈述、疑问、祈使、感叹4类，而言语行为涉及的概念非常广泛，例如塞尔把言语行为的类别分为阐述、指令、承诺、表态和宣告，概念的细化，有助于对言语行为更加深入、全面的考察。

二、语用学视野下的语文教学解读

高中语文教学内容主要围绕文本解读展开。在文学研究中，研究者尝试从不同角度、采用不同方式对文本进行阐释和分析，而语文课堂教学的目的在于引导学生理解作品。由专业的文本解读到语文的教学解读，需要教师和学生的转换与生成。上海市语文特级教师王林认为："教学解读就是指在语文教学中，师生对课文的语言、结构、思想、情感、背景、手法、技巧、意义、风格及作家等问题进行比较深入地分析、研究的双边共同的教学活动。"②

语用学的研究成果众多，徐默凡梳理出语用学最有可能为语文教学内容提供直接借鉴的三大板块：言语行为、语用意义、语篇结构③。根据王林对语文教学解读的定义，我们可以发现，语用学的研究内容可以为语文教学解读提供理论基础和生成路径。

（一）语境与语文教学解读

理解语言、分辨词语语义和情感的差别，组织表达内容，都离不开语境。

从语用学的角度关注教学解读中的语境，只做背景知识的介绍是不够的，还要从文本中去理解和认识语境，从上下文语境、情景语境、民族文化传统语

① 参见徐默凡：《语用学视野下的语文教学改造》，《语文建设》，2015年第7期，第11页。

② 王林：《教学解读的特征、视角与层次》，《中学语文教学》，2020年第11期，第17页。

③ 参见徐默凡：《语用学视野下的语文教学改造》，《语文建设》，2015年第7期，第11—12页。

境等多方面去考察，才能更好地理解语境下的人和事。

下面以鲁迅先生的小说《祝福》为例，结合语用学中关于语境的认识，来探讨语文教学解读中对语境的关照。鲁迅先生的《祝福》可谓影响广泛。但是对于高中生而言，能否通过阅读这篇小说体会到封建礼教的吃人本质呢？这需要文本解读的过程中的教师引导。我们从现实语境、传统文化语境和情景语境来进行考察。第一，现实语境是一个鲁镇社会，封闭、愚昧，年复一年重复着几乎相同的生活，在“我”的眼中，每次回去都发现鲁镇没有什么变化，其间的人们也没有什么变化，只是老了一点儿。这可以理解为一个静态的、不变的上下文语境。第二，民族文化传统语境体现为“祝福”的语境，以及封建社会女性的生存环境“语境”。“祝福”作为年终大典，是一年中最为隆重的仪式，属于一种民族文化传统，有仪式感，包含着人们的美好祝愿，在这种民族文化传统中，祥林嫂的勤劳、能干曾经被承认，却在人们知悉她寡妇再嫁的身份后被厌弃，不能再参与“祝福”中的重要工作。第三，情景语境，小说中情景语境众多。祥林嫂与“我”的对话情景，祥林嫂与“四婶”、与柳妈、与众人的对话和交流等，都可以看作一个个情景语境。在这些情景语境中，不同身份、地位、性别的人，也许曾对祥林嫂有过同情，但更多的是对她的身份有着不能容忍的厌弃。不变的鲁镇社会严格遵守着封建礼教，身处其间的人们把寡妇再嫁视作不干不净。无论是雇主四叔、四婶，还是与祥林嫂地位相同的柳妈，还是其他的众人，都持有这样的看法，于是在短短五年中，祥林嫂在“祝福”中的表现和命运有了强烈的反差，她的机会被一个“再嫁寡妇”的身份剥夺了，即使是捐了门槛，也没有人承认这一点。这最终导致了祥林嫂的精神和身体被彻底摧毁，最终被赶出门，沦为乞丐。而在一个个情景语境中，有人远程赶来听祥林嫂说阿毛的悲惨遭遇，态度也从同情渐渐变为逗趣，在此我们看到人性中丑恶的一面。

传统文化语境是变化非常缓慢甚至几乎不变的。封建社会延续几千年，鲁镇是一个相对比较封闭的环境，无论外界发生了什么，人们的观念、行为都没有大的变化。在这样的环境中，鲁四老爷“比先前并没有什么大改变，单是老了些”，几个本家和朋友，“他们也都没有什么大改变，单是老了些”，唯独祥林嫂，在我眼中是变化最为剧烈的。认识这样一个语境：几乎不变的鲁镇，几乎不变的“祝福”，几乎不变的鲁镇的人们，而情景语境却是广泛的、动态的，考察这一个个情景语境，我们发现，正是封建礼教顽固的鲁镇和鲁镇中深受封建礼教禁锢的各个阶层的四叔、四婶、柳妈们，共同的合力将祥林嫂在短短几年中从一个能干的女人变成缓慢迟钝的乞丐，使她的生命如一粒尘埃消失在茫茫大雪中。在对比反衬中我们也可以更深入地体会到，是不变的语境中，顽固不变的封建礼教和封建礼教禁锢下愚顽不变的众人造成了祥林嫂的悲剧命运。

由此也可以发现，运用语用学中关于语境的研究成果，可以使我们从多方面认识教学文本中的语境，并以语境为抓手，认识环境和人物，探究人物命运。

同时，对语境的全面关注也可以帮助我们理解字词的细微含义。《哦，香雪》一文，在初读课文后，教师一般会关注到标题并问学生，“哦”应该读第几声？或者去掉“哦”可以吗？闭塞的台儿沟因火车的到来而发生着改变。在这样的一个语境中，“香雪们”有着对外界的向往，也保留着内心的诚恳和淳朴。结合台儿沟这个具体的语境，我们可以解读出作者对于香雪的赞叹、喜爱之情，才能够欣赏这个标题的巧妙灵动，仿佛是带着亲切、激动的声音扑面而来。

（二）指示词语与语文教学解读

关注指示词语，也可以成为师生解读文本的抓手。

1.关注指示词语，理解作者意图

以《青蒿素：人类征服疾病的一小步》为例，可以梳理这篇演讲词中的“我”和“我们”的不同指称。通过梳理可以发现，屠呦呦在介绍个人发展经历以及自己所做的事情上，用的是“我”，在说到研究进展和贡献的时候，多用“我们”。指示词语的严格斟酌不仅显示了实用文体的准确严谨，也反映了作者对于团队贡献、国家支持的深刻认识和衷心感谢。小说节选的《复活》文本中，聂赫留朵夫称呼玛丝洛娃时对于“你”“您”的斟酌，戏剧《哈姆雷特》节选中“我”和“我们”的指示范围的理解，都会影响我们对于教学文本以及人物形象的理解。

2.关注指示词语，理解文章内容

在文言文教学中，指示词语更加需要关注。省略的主语，各种“之”的指代关系，深深影响着对文意的理解。联系上下文，引导学生领会指示词语准确的指示内容，亦是语文教学解读的一项重要工作。

（三）会话含义与语文教学解读

1.运用会话含义原则，领会言外之意

在教学解读中，教师可以运用会话含义原则以及相关的准则，比如质的准则、量的准则、方式准则引导学生领会言外之意。

《祝福》中，四叔听到人们回来报告说祥林嫂被绑走了，说“可恶！然而……”。“可恶”是四叔对这件事的第一反应，也是正常反应：这些人无法无天，居然光天化日绑走了人，这个人还是我的用人！“然而”后面是一个省略号，四叔这句话显然没有说完，明显违反了合作会话中的“量”的准则，四叔究竟想说什么呢？把话说完的话，他会怎么说呢？这就需要师生共同去解读。等到卫老婆子来了之后，四叔第一句话也是“可恶”，我们又该如何理解这个可恶呢？是对祥林嫂被绑走这件事的评论，还是对卫老婆子做法的意见？待卫老婆子做了解释之后，四叔又说“然而……”。对于两处“可恶！然而……”的会话含义解读，可以引发我们对四叔这个封建卫道士的认识：他认为绑人这件事可恶，认为卫老婆子作为中人不负责任的做法可恶，也认为逃出来做工的寡妇祥林嫂可恶。“然而……”后面的真正意图，第一次和第二次都可能是对夫家人将寡妇带回这件事的认同，第二次也许增加了对寡妇逃出来做工这件事的否定。解读会话含义，有助于加深我们对于四叔封建卫道士形象的认识。还有准备福礼的时候，四婶说“祥林嫂，你放着吧！”，祥林嫂提到阿毛时候，鲁镇人们的反应，以及开头“我”回到鲁镇跟祥林嫂的对话，对这些会话含义的解读，都会影响我们对于小说的进一步认识。

而《鸿门宴》中，作者的笔法隐藏着对人物的褒贬，比如“沛公至军中，立诛杀曹无伤”。文本就是与作者和读者的对话，从这样的表述中，可以感受到司马迁对沛公的情感态度：认为刘邦果决而冷血，与项羽的犹豫形成鲜明对比。

2.运用语用知识，明确文本多重含义

王元华先生指出，“语用教学中首先要弄清楚的是具体所指意义和主题意义，要根据话语的前后关联，消除歧义，明确指代意义和段落的主题意义，整合已经明确的各部分主题意义，形成文本话语的主题意义。这是语用教学展开的基础。”①例如：

咏怀（其四十三）

（三国·魏）阮籍

鸿鹄相随飞，飞飞适荒裔。
双翮临长风，须臾万里逝。
朝餐琅玕实，夕宿丹山际。
抗身青云中，网罗孰能制。
岂与乡曲士，携手共言誓。

首先，要明确每一句的具体所指，鸿鹄群飞，飞到人烟稀少之处；双翅凭借长风，一下子飞得又高又远。朝食鲜果，夕宿仙山。立身青云之上，网罗怎能束缚？

其次，要解读话语背后的含义。“鸿鹄”也即区别于乡野之士的“人”。

最后，整个文本的主题意义在于解读一种精神：无论处于什么环境中，都要保持自身的高洁，不同流合污，拥有独立的精神和人格。

至此，语文教学解读中的与文本对话、与作者对话、师生对话才得以完成。

（四）预设与语文教学解读

这里指的“预设”，不仅包括教师对学生既有知识和水平的预设，也包括文本话语中的预设，包括文本作者对于读者的预设。在语文教学中，如果这个

① 王元华：《语用学视野下的语文教学》，北京师范大学出版社2012年版，第49页。

预设超脱了学生的理解程度，教师要帮助学生理解这样的预设，这也是文本解读的一把钥匙。《祝福》开篇，“我”跟四叔见面，四叔“大骂其新党”。“但我知道，这并非借题在骂我：因为他所骂的还是康有为。”《祝福》写的是1911年辛亥革命以后中国农村的情况，新党是孙中山领导的革命党，而康有为是1898年戊戌变法中的新党。鲁迅在写小说的时候，预设读者是明白历史进程的，那么一个消息闭塞、食古不化的老乡绅的可笑又可怜的形象便跃然纸上。然而对于100多年以后的学生，未必全部知晓这样的历史，或者不能够理清事件的前后关系。这时候，文本的预设就成为理解的障碍，也就成为教学文本解读中教师和学生需要共同关注的一个点。

在诗歌鉴赏中，典故的运用是理解的难点。典故的存在，也可以理解为一种预设，诗歌写作的背景跟典故共同构成教学文本解读的难点。比如理解庾信的《拟咏怀·其二十六》，“秋风别苏武，寒水送荆轲。谁言气盖世，晨起帐中歌”，就必须了解庾信曾为使节而身在敌国做官的经历，这段经历让他想到十九年持节不屈的苏武，想到失败的壮士荆轲；想到盖世英雄项羽穷途末路的悲歌。

“预设”也包含教师的“预设”，即根据学情分析，预设学生生成，有的放矢地进行教学准备和课中引导、课后巩固。

（五）会话结构与语文教学解读

在课堂教学中，我们一般会引导学生关注文本的结构。这样的结构为什么合理？段落或者画线句有什么效果或者作用？而借助语用学的研究成果，可以将对会话结构的关注细分到关注会话局部结构和整体结构、会话的轮换、提问与回答等。局部结构和整体结构也是教学中经常关注的，而“会话的轮换”“提问与回答”相对来说关注较少。比如《雷雨》（节选）中，就可以关注“会话的轮换”。

会话是一个合作的过程，一般我们不能打断别人说话，否则就是不礼貌的，但是如果别人说完了，我们也不便冷场，应该尽快接着说。而有时候，话语权是听话人争取的。关注话语的轮换，对于我们理解事件以及人物形象至关重要。

周朴园：她为什么不再找到周家？

鲁侍萍：大概她是不愿意吧。为着她自己的孩子，她嫁过两次。

周朴园：嗯，以后她又嫁过两次。

鲁侍萍：嗯，都是很下等的人。她遇人都很不如意，老爷想帮一帮她吗？

周朴园：好，你先下去。让我想一想。

鲁侍萍：老爷，没有事了？（望着朴园，眼泪要涌出）老爷，您那雨衣，我怎么说？

侍萍与周朴园重逢，也许很多愁很多怨她已经放下了，但是，也许她还想确认周朴园的心中还有没有她。于是，在对话结束的时候，侍萍又竭力引出了新的对话，开始了新的话轮。话轮的结束，以及话轮的开始，都显示着说话人和听话人的意图，这使我们考虑他们为什么要这么做？从而使得会话的轮换也可以成为教学解读的一个生长点。

而文本中的提问与回答也是非常值得关注的。比如《齐桓晋文之事》，孟子就是借助一个又一个巧妙的提问和回答宣扬了自己的思想，说服了齐宣王。而一些主客问答的文章和《论语》等语录体经典，对于提问和回答的解读也是此类文章教学解读的重要关注点。

（六）言语行为理论与语文教学解读

言语行为理论为我们提供了一种分析言说过程的完整范式。言语也是一种行为，因此，言语行为也要遵循一些原则，比如得体原则、合作原则、有效原则等。对不同的言语行为来说，比如许诺言语行为、指令言语行为，还要遵守一些特定的规则。在具体的教学行为中，可以考察言语行为是否遵守这些原则，如果没有遵守，就另需考察行为发出者的其他意图。

佚之狐言于郑伯曰："国危矣，若使烛之武见秦君，师必退。"公从之。辞曰："臣之壮也，犹不如人；今老矣，无能为也已。"公曰："吾不能早用子，今急而求子，是寡人之过也。然郑亡，子亦有不利焉！"许之。（《烛之武退

秦师》)

这一段展现了烛之武的拒绝言语行为，烛之武为什么会拒绝？结合当时的时代背景，可见烛之武是一位有才却迟迟不得重用之人，面对郑伯迟来的“重用”，他的心中是有怨气的。而郑伯立即实施了道歉言语行为，又从国家和个人的利益关系出发，顺利地说服了烛之武。短短几句对话，却包含了极多的信息量，烛之武的有才而耿直，郑伯的决断、勇于认错和用人不疑。有这样的君臣，退秦的胜算一开始就能被我们预见。

《鸿门宴》中，项羽集团和刘邦集团人物的不同言语行为也导致了不同的后果。比如对谋士言语行为的考察，我们可以发现范增的劝说言语行为不够“得体、合作”，而显得独断、命令，也导致了最终的“无效”。而刘邦与谋士张良则相反。

在语文教学解读中对说话者和受话者的言语行为分别进行考察，可以推断出事件走向，也可以形成对人物形象的认识。

三、结语

将语用学理论用于语文教学的尝试由来已久。在语文课堂教学中，了解文本内容、划分层次结构、分析人物形象、赏析精妙词语、鉴赏环境描写、细节描写，是我们每一节课都在着力去做的事情。而借助现代语用学的研究成果，可以使我们在文本解读时对每一个环节有更为理性的认识，在寻找解读生长点时有更为全面的思考。语文教学解读是一个综合、复杂的过程，需要教师多方面的储备和努力，如何运用语用学理论和知识来扩展语文教学解读的维度，需要广大一线教师长期的探索和实践。

第四节　语文教学解读与文章学

《普通高中语文课程标准》(2017年版）指出：“语言文字是文化的载体，又是文化的重要组成部分；学习语言文字的过程也是文化获得的过程。语言文字作品是人类重要的审美对象，语文学习也是学生审美能力和审美品质发展的重要途径。”语言文字作品在高中语文教育中主要指的是文学经典，阅读文学经典是高中生提高语文核心素养的重要途径之一。统编高中语文教材有大量的经典文章和篇目，整本书阅读与研讨的任务群设计更是强化了阅读的重要性。从语文教学角度来看，有效地解读作品可以帮助学生更好地理解文本，提高阅读质量。学生的阅读经验和生活阅历是有限的，审美水平和鉴赏能力也参差不齐，作品类型、语言风格、思想内涵又是丰富多样的，如何能够引导学生深入地解读作品，做到读有所思，思有所得，得有所用，是当下语文阅读教学的一个难题。面对如此难题，童庆炳先生曾指出：“在具体的批评实践操作中，由于文学作品的多信息特性，可关注的信息点很多，因此需要选点切入，连线生发，说清说透其中的一个或几个方面。”①此种解读作品的方法其实是运用了文章学的知识。本节针对当前高中语文教学需要，结合语文阅读教学现状，具体分析文章学知识对于高中语文教学解读的重要意义。

一、文章学的定义与内涵

文章学是一门以文章为研究对象的学问，在宋代又称为“笔法学”。柳宗元曾指出：“古今号文章为难……得之为难，知之愈难耳。”可见古人已有解读文章之难的经验，因此专门建立一门研究文章的学问。文章学正式设立成为一门学科是在1907年，这门学科综合研究关于文章的诸多内容。由于对“文章”

① 童庆炳：《文学理论教程》，高等教育出版社2006年版，第376页。

的理解不同，学界尚未对文章学概念有统一的定义。从词源学看，“文”即“纹”，指“纹路”“纹样”。“章”本指“屏蔽”，转指“外表”。“文章”原义指“有纹样的表面”，诸如服装上绣绘的龙凤图样、皮肤上针刺的花卉图案等。到了先秦时期，“文章”主要指辞藻华丽的文字作品。西汉以后，“文章”的含义与“文学”相近，主要指诗词曲赋等文学作品。从曹丕的《典论·论文》、陆机的《文赋》，到刘勰的《文心雕龙》，逐渐形成对文章专门研究的成熟思想和理论著作。目前学界对于“文章”的定义有广义和狭义两种。广义的文章，包括所有形式的书面作品，如诗歌、散文、小说、戏曲、报告等。在这些作品中作者借助文字表达情思，正如《尚书·尧典》中“诗言志”之说，我国古代的文章学研究即是从广义入手的。阮元在《与友人论古人书》中指出：“属辞成篇，故曰文章。”明代学者徐师曾认为：“按编内所载，均谓之文，而此类独以‘文’名者，盖文中之一体也。其格有散文，有韵语，或仿《楚辞》，或为四六，或以明神，其体不同，其用亦异。”[①]徐氏所说的“文”即是广义的文章。狭义的文章，与叶圣陶提出的“普通文章”概念有很大关系，叶圣陶认为“普通文章”指的是诗歌、小说、戏剧之外的文章，主体是广义的散文。清代学者吴乔认为：“文为人事之实用。”强调文章的实用功能。因此，狭义的文章主要指排除文学作品的实用性文本。曾祥芹先生对此给出了较为全面的定义：“狭义的文章，不包括诗词、小说、剧本等文学作品在内，它是真实地反映客观事物，表达主观情思，用于社会交际，组成篇章结构的书面语言。其内容包括自然、社会和思维三大领域的一切科学认识成果；它要求生活的真实，事料具有客观实在性，不允许虚构。以抽象思维为主，带有局部形象，重在实用。”[②]按照曾先生的观点，高中语文教学中的科学小品、新闻评论、报告文学等都属于狭义的文章范畴。当然，对于广义和狭义的文章范畴并非是泾渭分明的划分，重点还是在于研究对象的性质和意义。

对于文章学的内涵，学界目前仍在探索中，并未形成统一的认识。四川大学祝尚书教授认为文章学的内涵应该从概念所包含的内容而来，“它是从文章

① 徐师曾：《文体明辩序说·文》，人民文学出版社1982年版，第137页。
② 曾祥芹：《文章学与语文教育》，上海教育出版社1995年版，第6—7页。

创作实践中抽象出来的、可以指导写作实践的相对完整的理论体系。换言之，文章学内涵应该揭示出‘文章学’解决了文章写作中的哪些理论问题，也就是它能够为写作提供理论支撑并指导写作活动的具体范围，这个范围，就是所谓‘内涵’。”[①]具体内容可以包涵理论性阐释，如文风、文气、文道等，结构性阐释，如文体、行文、用事等，技法性阐释，如修辞、炼字、文法等。文章学的发展逐渐呈现出理论研究的系统性和丰富性、实践探索的广泛性和深入性、学术成果的科学性和严密性等特征。

二、文章学视野下的语文教育

从文章学的定义与内涵来看，文章学与语文教育密不可分。尤其是新课改强调推进素质教育，语文学科属性决定了它在提高学生素质层面所能起到的重要作用，在强化阅读与写作的高中校园人文环境中，文章学自然而然将成为语文教育的重要理论支撑。

从历史的角度来看，文章学的发展与语文教育传统紧密联系，相互促进。文字的发明促进了文章学的诞生，也意味着语文教育的萌芽。《礼记·明堂位》记载：“殷人设右学为大学，左学为小学，而作乐于瞽宗。”夏商时期出现了“庠”和“序”的教育场所，特别是文章的产生，为学校教育提供了对象和工具，衍生出礼、乐、射、御、数的教育内容。春秋战国是我国思想发展的鼎盛时期，这也就意味着文章的大量出现，有书信、政论、记言等不同文体，私学随之兴起，一度出现“百家争鸣”的景象。孔子亲自删定《诗》《书》《礼》《易》《春秋》作为读本，《墨子》《老子》《庄子》《管子》等不同流派的著作也相继出现，成为后生研读的范本。郑振铎在《中国文学史》中写道：“虽然他们并不以文学为业，但他们的文章，却也是光彩焕发，风致遒美。”文章的表达技巧、修辞手法、文体风格、思想内涵都成为语文教育的重要内容。直到儒家成为中国封建社会的正统，语文教育的教化功能进一步扩大，与此同时，文章学的理论构建也渐趋丰富和成熟，如曹丕的《典论·论文》、陆机的《文

① 祝尚书：《关于文章学研究的几点思考》，《社会科学战线》，2013年第1期。

赋》、刘勰的《文心雕龙》、钟嵘的《诗品》等文章评论著作，为文章学的发展提供了重要的理论基础。近代白话文运动以来，语文教育更是被提高到重要的地位，叶圣陶、陈望道、吕叔湘等老一辈语文教育家将文章学知识大量地实践于语文教育中，起到了非常好的效果。叶圣陶曾经在一封信中写道："学生须能读书，须能作文，故特设语文课以训练之。最终的目的为：自能读书，不待老师讲；自能作文，不待老师改。"把学生能自觉读写文章作为语文教育的目的之一，是一种非常有前瞻性的思想。当前语文教育更加重视学生的阅读与写作能力，无论是阅读与写作，学生都要思考分析文本，教师都要引导学生解读文本，必然要运用文章学知识解决语文教学中的诸多问题。

从语文教学内容来看，文章学体现了强大的主体性特征。必要的语文基础知识包括语音、文字、标点、修辞、逻辑、语法等内容，是勾连语言与文学的重要桥梁。首先，音韵美是文章的传统特点，文章富有音韵美能更好地体现内涵，调动读者的情绪。语文教学中常常把音调按照节奏和韵律去分析，以及汉语拼音读写教学，都是将文章学知识运用到语文教学中去。词语与句子教学也是语文教育的重要内容之一，词汇作为文章的建筑材料，能够准确、细腻地表达情感与思想，文章呈现出来的词汇越丰富、越准确，文章内涵才会越深刻、越成熟。同样地，句子能够反映出文章的文采，整句、散句、长句、短句、骈句等不同形态，对文章内容的表达效果也是不一样的。文章的语法与修辞也是语文教育的重要内容之一。语法强调的是语言使用规则，无论是阅读还是写作，都要有一定的语法基础。修辞在文章中随处可见，它通常能提高文章的审美层次和表达效果。吕叔湘曾说："语文教学进一步发展就走上修辞学、风格学的道路。"在某种程度上可以说，文章学是语文教育的重要内容，当然，文章学也对语文教育有重要的启发作用。

三、高中语文教学解读析疑

高中语文教学内容主要围绕文本展开，长期以来形成了一套复杂的文本解读方式，这种对文本的解读方式主要来自文学理论。在文学研究当中，分析和阐释文本（text）是必不可少的工作，研究者尝试从不同角度、采用不同方式对文本进行解读，“文本解读”这一术语的内涵也在不断丰富。但是语文教学和文学研究毕竟存在本质的不同，前者以培养学生为主，后者以学术研究为主，课堂教学贵在引导学生理解作品，而理论研究的专业性、抽象性和多义性特征使其并不能完全适用于高中语文教学环境。为了解决这个问题，应当调整解读方式，由对文本的解读转换到语文的教学解读。上海市语文特级教师王林认为：“教学解读就是指在语文教学中，师生对课文的语言、结构、思想、情感、背景、手法、技巧、意义、风格及作家等问题进行比较深入地分析、研究的双边共同的教学活动。”这是高中语文教学的一种创新观念，能够更好地解决高中语文“教学”与“解读”的问题。

首先，在观念上，它不再是传统的文本解读，不是借用理论的空壳机械地分析作品，而是将对文本的解读与教学环节紧密联系起来，更好地适应高中语文教学环境。过去我们在分析文本时，通常会采用理论解读的方式，以学术的眼光对文本进行解读，表面上看解读的质量很高，其实忽略了学生的理解能力和课堂的真正需求。这种专业的理论分析无形中也给一线的教师造成更多的压力，因为很多教师在入职之前并没有接受过系统的文学理论的学习，理论解读对他们来说无疑是一种负担；二是学生的知识储备和认知水平也未达到能够接受专业理论分析的层次，这样就导致实际的教学质量不高。如果把文本解读放到教学环境中重新考察，以学生和课堂为中心，就应该重视教学的环节和方式，而不是单纯地对文本进行理论分析。

其次，教学解读强调了教师与学生的主体地位。文学理论中的文本解读，通常是以专业学者的身份展开学术研究活动，其分析和阐释都是以文学理论为基础，更加强调专业性、理论性和系统性。而教学解读的主体是教师和学生，教师根据其专业素养和教学经验，对文本进行筛选，并选择恰当的角度进行解读，帮助学生提高对语言的认知能力，提升学生的文学素养，培养学生的审美品位，有效促进学生对文化的感知，引导学生进行思维训练。学生在解读的过程中可以收获更多的阅读感受，掌握更多的阅读方法，提高自己的审美趣味、鉴赏水平和思维能力，进而提升自己的语文素养和综合实力。

最后，作家与作品是教学解读的主要对象。美国当代艺术家艾布拉姆斯在《镜与灯：浪漫主义文论及批评传统》中提出文学活动应由四个要素构成：世界、作者、作品、读者。这也构成了后期文学理论研究的主要思路和方式。在高中语文教学中，依然脱离不了作家与作品。世界反映在作家的作品中，此时的教师与学生即是四要素中的“读者”。在教学活动中，师生共同解读作品，分析文本的艺术形式、表达技巧、构思特点、表现手法、思想情感等，在解读过程中不断提高对作品的认识和理解，把握其内在的艺术价值，感悟作品的真正魅力。通常，解读的另一对象是作家本人，作家的成长经历、创作背景、写作动机等都可以成为教学解读活动的内容，《孟子》有云“知人论世”，解读作家的同时也是在解读作品，分析作品也是在分析作家，二者有机联系，相互促进。

四、文章学对教学解读的重要作用

（一）结构与文体

理解文章结构是教学解读的重要内容之一。结构属于文章的形式范畴，对文章内部组织和构造的理解即是对文章结构的分析。一般来说，一部作品的结构主要包括标题、开头、过渡、起承、总结等内容，而在解读这些内容的过程中，就需要运用文章学的知识进行分析。在文章写作环节，作者构想了一套丰富的情感、使用了精心挑选的素材，还需要再配以适当的结构形式，才能充分地表达作品内涵。而在文章结构设计过程中，开头结尾、起承过渡、照应突出，甚至是标题，都在考虑的范围。

文章学视角可以提高教学解读过程中对文章结构的理解。例如文章的层次问题，从文章学角度来看，层次是为了体现文章结构的有序性，实用性文章一般按照提出问题、分析问题、解决问题的层次安排，小说叙述性文章一般从事件的发展顺序，或者人物的成长过程，抑或是场景的转换等来安排层次。在高中语文教学阶段，绝大部分作品都可以从层次的角度来看文章的结构划分。

刘勰云："积句而成章。"（《文心雕龙·章句》）文章的内容是由字、词、句、段组成的，句子在作品中对结构的作用尤为重要。文章不同的位置安排恰当的句子，可以起到起承串联的作用，使得文章结构自然流畅，层次分明。例如在文章开篇，通常有表现文章主旨的佳句，起到点题的作用；或是在文章结尾，有总结全文、点明文章中心的句子，这些句子对于理解文章的结构起到非常好的引导作用。如范仲淹的《岳阳楼记》中"先天下之忧而忧，后天下之乐而乐"的结尾，表达了文章忧国忧民的主旨。

语段的组合对于文章结构来说也至关重要。不同的段落内容和位置体现着不同的结构作用，如开头的段落点题、引出下文，中间的段落过渡、承上启下，结尾的段落总结、揭示主旨等。抓住这些重要的句段去分析文章的结构，有助于提升教学解读的效率和质量。例如《藤野先生》是按照事件发展顺序进行的，第一部分从开头到"到别的地方去看看，如何呢?"主要写见到藤野先生之前；第二部分是与藤野先生相识、相处和离别，也是文章的主体部分；第三部分从"我离开仙台之后"到结束，主要写对藤野先生的怀念。

不同的文章结构有不同的适用文体，文章体裁既是文章学的知识范畴，也是教学解读的重要内容。明代学者徐师曾在《文体明辨·序》中写道："夫文章之有体裁，犹宫室之有制度，器皿之有法式也。"在师生阅读环节中，明确文体特征是提高阅读质量的重要方式之一。一般来说，文章的体裁分为记叙文、议论文、说明文、实用文四大类，如果从高中语文教学内容来看，主要有小说、戏剧、散文、诗歌，不同的体裁呈现出不同的特点，解读的方式也不尽相同。

小说以人物为中心展开故事，与情节、环境构成三要素，主要采用叙述的方式展现作品内容。因此，在解读小说作品时，需要重点分析人物的塑造以及叙事的表现手法。语言、心理、动作、情态等刻画方式是小说塑造人物形象时常用的手法，如用情节来推动故事发展，用环境来烘托人物形象。总而言之，小说的行文结构离不开人与事。如契科夫的《变色龙》在文章开头交代了故事发生的地点及环境，暗示了故事发生的社会背景，6至27段作为小说情节的发展与高潮部分，集中记叙描写了警官奥楚蔑洛夫六次"变色"的过程。结局处理巧妙，作者虽无一句直接表明观点的话，但读者从中非常清晰地看到了：一个下层百姓的命运还不如有权有势人家的一条狗；警官“判案”可以完全不依据事实和法律。沙皇俄国何等黑暗与腐朽！小说主题在此得到了深刻的表现。

戏剧作为一种舞台表现艺术形式，演员的台词对于呈现戏剧效果来说至关重要。它通过对话的形式集中反映人物的性格特征、剧情发展以及作品主题。因此，在分析剧本时，可以从人物对话入手看作品的主题思想。如曹禺的话剧《雷雨》，主要是通过周鲁两家的复杂矛盾来展现作品主题：一是以周朴园为代表的带有浓厚封建色彩的资产阶级家庭的生活悲剧，二是以鲁妈为代表的城市平民不能把握自己命运、被别人所操控的悲惨境遇。其中，个性化的语言生动地反映出不同阶层的人物特质。如第一幕中对鲁贵语言的刻画，那奸猾的笑容和猥琐的语言，把一个奴才的嘴脸表现得淋漓尽致。在《雷雨》中几乎没有特别拗口的台词，大部分台词都通俗易懂，精练深刻。而且，台词里充满了精妙的停顿和省略，能使观众随着剧情的发展完全进入台词所创设的情景中。

散文与诗歌是集中表达情感的文学体裁。诗歌通过不同的意象、韵律、表现手法等来展现诗人内心的情绪。散文则更多的是因景生情，形散而神不散，选材相对自由，但是情感表达丰富且真挚。因此，在解读这类作品时，应该重点从思想情感的角度入手，从具体到抽象，抓住文章的核心，提高作品解读的质量。

（二）逻辑与思维

文章的写作思路是教学解读的重要内容之一。无论是长篇小说，还是短篇评论，在内容的组织上都有先后顺序，这就体现着一定的逻辑性。它能够反映出作者对于事物的认知和判断，体现出文章的层次规律。文章的逻辑是作者写作思路的具体表现，“文章思路是指文章的‘意脉’，是作者的逻辑思维在文章中的反映，是文章逻辑的核心。思路与结构的关系是内容与形式的关系。”[①]师生需要在解读文本时厘清作者的写作思路，把握作品的逻辑规律，从而更好地理解作品内涵。

① 曾祥芹：《文章学与语文教育》，上海教育出版社1995年版，第143页。

从文章学视角来看，作品的逻辑通常体现出以下几个特点：第一，条理性。文章内容的叙述需要符合读者的阅读习惯和规律，先写什么，再写什么，如何呈现，无论从生活经验还是心理认知来看，都能够符合逻辑。作者在写作过程中需要具备清晰的思路，使得文章能够缜密连贯，有章法，有层次。文章的思路是为主旨服务的，主旨是作者写作的核心，也是教学解读最重要的内容。因此，文章的逻辑在某种程度上是指向了作品的主题，在教学解读中如果清晰地把握了文章的思路，也可以说就抓住了文章的精髓。第二，灵活性。所有的文章都是独立的个体，没有哪种统一的写作思路可以放之四海而皆准；作家的人生阅历和社会认知也存在巨大的差异；作品的内容风格、思想内涵往往不同；表现方式更是丰富多彩。因此，在解读文章思路时要具体问题具体分析。教学解读的主体是师生，教师和学生在阅读经验和认知程度上存在差异，对于同一部作品的理解程度也会不同，这些都会影响对作品思路的分析。但恰恰是因为如此，作品的逻辑解读才能体现出更多的可能，这也是文学研究的魅力所在。第三，支配性。文章的逻辑可以反映作者的写作思路，因此在内容的安排上就会存在一定的限制。通常来说，一篇作品的逻辑设定会决定其写作的内容，甚至会影响文章的表现手法和风格特征。在教学解读过程中，把握了文章的逻辑，看清了文章的写作路径，才能更好地理解文章的思想内涵。

思维能力是一种较为高级的精神活动能力，它通过分析、综合、比较、概括等一系列抽象的行为去解决问题。从文章学的角度来看，文章具体内容的呈现往往反映出作者的思维能力。文章作为一种思想情感的载体，是写作主体思维转化的产物，从选定写作内容，到谋篇布局，再到语言表述，无一不是对作者思维能力的考验。不同的写作对象需要不同的思维取向，如果是以客观性为主的写作内容，如科普文、新闻稿、各类文书等，在写作时从内容到形式都有明确的要求和限制，不需要作者发挥想象，而是依照提出问题、解决问题的思路进行。但如果是主观性为主的写作内容，作者需要精心设计写作的各个环节和内容，充分发挥主观能动性，创造更有美感的文学意境。作家可以兼用抽象思维、形象思维等方式进行文学创作。抽象思维主要是透过现象看本质，以理性的分析取代感性的认知，通常在分析议论性文章时可以看到这种写作思维。

“形象思维是在对客观事物感受、储存的基础上，结合主观的认识和情感加以识别，并用一定的形式、手段、工具创造和描述形象的一种思维能力。”①文学作品中的形象思维主要体现在作者的想象力上，即作品的虚构内容。这也就说明了文学创作时，作者常用的思维方法有归纳与演绎、分析与综合、想象与联想，最终达到“思理为妙，神与物游”的境界。

分析文章的写作思路还可以提升教学解读的主体——即师生的思维能力。南宋著名理学家朱熹在与弟子讲授读书方法时指出，读书不仅要识文义，即文章的字面意思，更要“识得意思好处”，即字面意义之外的精神、言外之意。对于文章言外之意的理解在很大程度上取决于读者的思维能力，所以阅读活动与思维能力互为因果，相辅相成。在教学解读活动中，师生可以根据文章的思维特点来提升自我的思维能力。文章是作者思维活动的产物，集中体现了作者的思维方法和语言表达形式，师生阅读文章内容的过程也是思维展开的过程，分析和理解文章的写作思维，也可以锻炼阅读主体的思维。另外，还可以从文章的语言表达来提升阅读主体的思维品质。根据汉语的多义性特点，文章的语言一般有表面义和情境义，师生在阅读时不能仅仅停留在文章的语言表层，而要根据具体的情境对作品的语言进行解读，运用思维分析作品语言的深层含义。

（三）审美与评价

《课程标准》指出“审美鉴赏与创造”是语文学科核心素养的重要内容之一，“审美鉴赏与创造是指学生在语文学习中，通过审美体验、评价等活动形成正确的审美意识、健康向上的审美情趣与鉴赏品味，并在此过程中逐步掌握表现美、创造美的方法。”审的主体是人，美的对象是作品，作品中的美不仅需要教师引导启发，还需要学生欣赏领悟，因此，审美教育贯穿整个教学解读活动，而文章学视角让我们更容易理解文章的美。

从语言表达来看，文章有庄重与诙谐之分。庄重表现为严谨审慎，诙谐则注重风趣幽默。中国传统文化以儒家为核心，宗法伦理思想成为著书立说的主

① 任遂虎：《文章学通论》，清华大学出版社2011年版，第275页。

要范式，因此，文人的语言表达大多正统规范、稳重内敛，逐渐形成了一种文章的典雅之美。但这并不意味着中国古典作品中没有诙谐之作，《庄子》讲“道”，用鲲鹏、蝴蝶、葫芦等构成充满奇幻色彩的文学场景，表现出一种浪漫主义的倾向。语言表达呈现出一种诙谐、调侃的风格——往往在严肃的场合使用戏谑的对话来凸显这种风格之美。刘勰在《文心雕龙》中讨论“谐隐”，认为正统文体固然重要，但是不能忽视其他的语言表达方式。刘勰用“意义归正”来肯定语言风格诙谐的价值。这也说明解读文章，需要看到不同语言风格的美。

从内容表达来看，可以从文与质的角度去解读文章。古代文论范畴中有“文”与“质”的比较，“文”代表文章的言辞华美、富有文采；“质”突出文章思想内涵，语言简洁质朴。古代文论家有“尚文”与“尚质”之争。《论语·雍也》中认为：“质胜文则野，文胜质则史。文质彬彬，然后君子。”可见“文”与“质”是相互依存、相互促进的关系。荀子更加强调文采的重要性，他在《非相》中反对“好其实不恤其文”的观点，而柳宗元则对追求辞藻华丽提出批评，他在《答吴武陵论非国语书》中指出：“夫为一书，务富文采，不顾事实，而益之以诬怪，张之以阔诞，以炳然诱后生，而终之以僻，是犹用文锦覆陷阱也。”传统文章学主张文质并重，“言之无文，行之不远”，精美的语言和丰富的思想可以相得益彰，达到美美与共的境界。

从形式表达来看，文章还存在简与繁的问题。中国古典文学多以简约为美，提倡语言形式简明扼要，意旨表达清晰明了。王充在《论衡》中明确表达了对文词简约的提倡：“文贵约而旨通，言尚省而而趋明。辩士之言要而达，文人之辞寡而章。”语言的明快简洁成为后期文人的一种创作追求，李渔在《闲情偶寄》中提出“意在期多，字唯求少”的观点，刘大櫆认为文章贵在简，一言以蔽之，“简为文章尽境”。当然，苏轼也曾提出过不同的看法，他认为：“行于所当行，止于所当止。”并非刻意地追求文辞简约，而应当繁约得当。正如刘勰在《附会》中讲到的：“文变无方，意见浮杂，约则义孤，博则辞叛。”试图在简与繁中找到一种平衡，以体现文章的美。

教学解读需要发掘文章之美，更要培养会审美的人。通常我们会用评价的方式来检验对事物的认知程度，师生需要通过上述的解读活动来分析作品的价值。结合文章学知识，我们可以从目标、内容、过程和效果四个方面来进行评价。教学解读的目标在于让学生通过对文本的分析，从整体上理解文章的内容，进而提升文本阅读能力。从内容上看，强调学生可以把握文章的形式。不同的文章会采用的不同的表达形式，学生在进行综合分析之后，不仅要知道文章写了什么，更要清楚文章怎么写的。过程与结果指向的是师生在教学解读活动中的共通交流，通过教师对文本的引导解读，学生可以吸收、引申、创造，提高阅读能力和语文核心素养，这也是文章学介入教学解读活动的重要之处。

五、结语

阅读作为高中语文教学长期以来的主要内容之一，在培养和提升学生语文核心素养方面起到了重要作用。而教学解读把阅读和分析文章作为活动的重点，又可以进一步提高学生的审美能力。教学解读活动借助文章学的知识，从文章学视角理解文本，有效打破了专业壁垒，帮助师生在解读过程中更好地分析和评价作品。如此看来，文章学不仅丰富了语文教学的内涵，还推动了语文教学质量的提升，对于学生来说，能够增加解读文章的视角，激发他们学习的兴趣。当然，我们主张从文章学视角进行教学解读，意在扩展语文教学的维度，并不是说教学解读就等同于文章学解读。文章学在语文教学中的应用还有很多的阐释空间，随着学科的不断发展，对于文章学与教学解读的探索研究成果会更加丰富，“路漫漫其修远兮”，这需要更多有志者长期的努力。

第五节　语文教学解读与文艺学

《普通高中语文课程标准》（2017年版）指出：“语文课程是一门学习祖国语言文字运用的综合性、实践性课程。工具性与人文性的统一，是语文课程的基本特点。”在高中语文教学中，语言文字的综合运用主要体现在阅读与写作中，而阅读又是写作的基础。统编高中语文教材重视培养学生对文本的解读能力，设立整本书阅读、群文阅读等，以任务群的形式体现在具体教学环节中。因此，掌握解读文本的技巧就显得尤为重要。随着语文课程改革的不断深入，对解读文本的理论研究也越来越丰富，当下的高中语文教学越来越呈现出理论性与实践性的统一。可以看出，语文教学的实践需要强大的理论支撑，这套丰富的理论内容来自人文学科之一的文艺学。本节从文艺学视角出发，分析其对高中语文教学解读的重要意义。

一、文艺学视野下的语文教育

文艺学主要是以文学为研究对象，探究文学的总体特征和一般的发展规律，并介绍文学相关知识的学科。一般来说，它可以分为文学批评、文学理论和文学史三个分支。有学者定义："文学批评是对具体作家、作品或文学现象的个别研究。文学史是对文学进程及其发展规律的探讨。文学理论则是对文学总体特征的抽象概括，并对文学批评和文学史研究提供基本理论方面的指导。"①在19世纪之后，文艺学才逐渐成为一门学科，至今学界仍在讨论它的内涵及发展。笔者认为，文艺学的产生和发展是综合的产物，"文艺学"更是一门具有中国特色的现代人文学科，它绝非西方的舶来品，而是融合了中国文艺思想的独立学科。

语文教育的发展历史悠久，在当下，已经成为热门的讨论话题。而文艺学以它独特的学科属性，为语文教育提供了重要的理论指导与发展方向。从某种程度上说，语文教育也是文艺学的实践场，"实践出真知"，语文教育的实践发展也为文艺学的学科建设和理论丰富提供了重要的实践来源，还有效地检验着文艺学研究成果的科学性和实用性。在早期，我国文艺学研究忽视语文教育领域对其学科发展的重要作用，陷入抽象的理论建设，缺乏文学活动的重要支撑，尤其不重视语文课堂活动的有效影响。而语文教育的研究者和实践者也缺

① 赵宪章：《文艺学的学科性质、历史及其发展趋向》，《江海学刊》，2002年第2期。

乏文艺学的理论知识作为支撑，导致语文教育的实践感性大于理性，文本、文学、文化等内容无法有机地融合。直到20世纪90年代，这一现象才逐渐被重视并提出解决方案。文艺学与语文教育的关系应该是相辅相成、密不可分的，王纪人的《文艺学与语文教育》、王富仁的《语文教学与文学》、孙绍振的《名作细读》等著作都指出了文艺学与语文教育的重要联系。

文艺学强调人的主体性。钱谷融先生曾经提出“文学是人学”的观点，发现了人与文学的强有力联系。文艺学是研究作品、作家的审美理论，阅读过程也是审美活动的发生过程，同时也是受到熏陶、提升自我的过程。“人”作为文艺学关注的重点，目的在于培养人的审美价值取向，构建完整的人格。我国的语文教育也逐渐走向“以人为本”的教育观，重视通过对文本的学习和解读，提升学生素养。语文学科核心素养旨在培养学生具有真、善、美的健全人格，通过文化熏陶的方式，从文字中汲取营养，提升学生的人文精神内涵。文艺学重视研究的多元性。文艺学以其独特的学科背景决定了它形态上的多元，从艾布拉姆斯的理论来看，文学活动主要由世界、作品、作家、读者四个要素组成，但其理论的内涵和发展是丰富多样的，研究的方法和价值取向也各有不同。在语文教学活动中，教师根据不同文本的特点尽可能多元解读作品，显示出极大的阐释空间，并且形成独特的阅读理解方法。

二、高中语文教学解读的内涵

《课程标准》中要求学生“学习多角度多层次地阅读，对优秀作品能够常读常新，获得新的体验和发现”。因此，文本阅读是高中语文教学的重要内容之一。文本阅读有时又被称作文本解读，“文本”（text）是西方文学理论家的重要研究内容，对文本的解读也多从理论视角出发，如英美新批评流派提出的“文本细读”概念。随后接受美学姚斯提出：在“作者、作品和大众的三角形之中，大众并不是被动的部分，并不仅仅作为一种反应，相反，它自身就是历史的一个能动的构成，一部文学作品的历史生命如果没有接受者的积极参与是不可思议的。因为只有通过读者的传递过程，作品才能进入一种连续性变化的经验视野。”[①]从文学理论的视角看待文本多是抽象的、理性的分析。在高中语文课堂教学中，如果直接照搬文学理论研究的方法来进行文本解读，会造成整个教学过程理论大于实际、形式大于效果，教师与学生都无法真正获得提高。在这一基础上，应该借鉴文本解读的理论分析方式，并结合一线教学的具体实践，真正做到对文本从理论研究到教学解读。高中语文“教学解读”的内涵应该包括在语文教学中，师生对课文的语言、结构、思想、情感、背景、手法、技巧、意义、风格及作家等问题进行比较深入地分析、研究。在系列教学解读活动中，教师利用课文培训学生的语言感受力，提升学生的思维能力，培养学生感受美的能力，帮助学生学习吸纳各种文化并不断进行文化的创造。

首先，教学解读强调了“教”与“学”的动态过程。传统的文本分析和阅读教学重在对作品进行静态解读和理论研究，而教学解读突出了教师与学生双边共通的动态教学过程。解读的对象是文本，是相对固定的客观存在；解读的主体是教师，教师的知识涵养、解读方式、认知水平等都会影响解读效果；解读的受众是学生，学生的语文素养、接受能力、理解层次也会影响教学效果。教学解读旨在调动教师与学生的主观能动性，提高整体解读质量。教师首先要研究文本，像文学理论研究者一样认真钻研、理性分析文本，从不同角度探讨文本。紧接着要进入教学预设，哪些是分析的重点，哪些是学生理解的难点，应该如何更好地呈现作品的丰富内涵和价值，也就是我们俗称的备课环节。最后是课堂实践和反思，在课堂解读中与学生一起探究文本的形式与内容，引导学生更好地理解作品，课后对解读过程进行反思深化，为教学解读理论的进一步发展提供更多的教学范例。学生的解读过程从初步感知、对作品进行表层阅读、大致熟知文本内容，到具体理解，能够在老师的引导下分析解读作品的语言、结构、技巧、手法、主旨等内容，再到深入探究、从具体的写法抽象到整体的艺术特色、语言与思维的整体提升等。整个解读过程都是在动态中完成的。

其次，教学解读强化了文学活动各要素之间的关系。美国文艺学家艾布拉

① 姚斯，霍拉勃著：《接受美学与接受理论》，周宁，金元浦译，辽宁人民出版社1987年版，第24页。

姆斯在《镜与灯——浪漫主义文论及批评传统》一书中提出文学活动主要包含了作家、作品、世界和读者四个要素。在高中语文教学解读中，文本是解读活动的根本内容，没有课文或作品，何谈教学，更不必说解读。文本的内容是对客观世界的反映，在经过作者的艺术加工之后，呈现在读者面前。因此，丰富的文本内容是教学解读的重要内容来源，也是高中语文教学的重要依据。世界既是指客观外部世界，即自然社会，也是指作品中呈现出来的具体内容，也可以指作者想象的世界，还可以指读者在阅读文本之后形成的世界。高中语文教学解读强调对文本内容的理解，也就是对世界的理解。它将作家、作品、读者联系在一起，展现出丰富有力的一面。作家是文本的创造者，也是世界的观察者，作家不与读者直接沟通，他们通过作品与读者对话。教学解读的重要内容之一就是解读作者。作者的创作背景、创作经历、创作环境等都会影响其创作内容、创作成果、创作质量。解读作者也是帮助我们理解作品的丰富内涵和精神主旨。从某种程度上来说，读者是教学解读的主体，它包括教师和学生。读者阅读分析文本，研究文本所呈现的世界，理解体悟作者所要表达的思想情感。

最后，教学解读深化了高中语文学科核心素养。《课程标准》指出："语文学科核心素养是学生在积极的语言实践活动中积累与构建起来，并在真实的语言运用情境中表现出来的语言能力及其品质；是学生在语文学习中获得的语言知识与语言能力，思维方法与思维品质，情感、态度与价值观的综合体现。主要包括'语言建构与运用''思维发展与提升''审美鉴赏与创造''文化传承与理解'四个方面。"高中语文教学解读以文本分析为主要内容，教师在教学过程中可以帮助学生提高对语言文字的认识和使用能力，通过对作品语言形式和表达技巧的学习，培养学生独特的语言创造能力。另外，在教学解读活动中，学生不断加深对文本内容的了解，分析作品结构和写作思路，学习作者的写作思维，有助于提高学生的思维能力。随着解读的深入，教师与学生共同参与理解文本的丰富内涵和精神情感，在感悟与评价作品中提升自己的审美情趣和审美品位，逐步掌握什么是"美"，懂得如何分析"美"、鉴赏"美"。针对作品中呈现出的丰富的思想情感，我们应该给予重点关注，尤其是优秀的中华传统文化及民族精神，解读文本可以有效地呈现出其丰富的文化内涵，扩展我们的文化视野，增强我们的文化自信。

三、文艺学对高中语文教学解读的重要作用

（一）提高教学解读的理论支撑

文艺学在当今学术界仍然保持相当高的研究热度，主要是因为它有着丰富的理论阐释空间。文学理论是理论家基于对文学作品的深入研究，进而提炼归纳出一般的规律而来，并不断在文学实践活动中检验、丰富其内涵。无论是文学批评理论还是文艺理论，在文艺学范畴内，都具有丰富的理论内涵。高中语文教学解读活动的重心是分析作品，这种分析的理想状态是剔除教师与学生的感性理解，用科学理性的视角和思维去解读作品，这就需要文艺学的理论支撑。

首先，从阐释学角度来看，文本解读深受阐释学的影响。按照定义，阐释学是对文本的理解和解释的一门学问，并强调忠实客观地把握文本和作者的原意。传统阐释学认为理解文本就是复制作者的意图，而且作者意图和文本内涵是固定不变的。海德格尔则认为理解是一种历史性行为，具有主观能动性。伽达默尔受到启发，构建了现代阐释学理论。他认为作品的真正意义是会随着读者的不断阐释而发生变化的，读者对文本的理解受到诸多因素的影响。伽达默尔重视作品与读者的共同作用，让其进行对话，完成对文本的多元解读，进而否定了传统阐释学的不可变性。在传统语文教学中，通常会预设对文本的理解，禁锢学生的想象力和创造力，完全按照预设的解读进行教学。伽达默尔的阐释学理论则可以为高中语文教学解读活动提供启发。在课堂教学中，教师可根据对文本的理解预设会在学生中出现的问题，在真正教学活动展开时注意倾听学生对作品的解读，并与学生展开有效的对话，提高对文本的认知，丰富理解内涵。

其次，接受美学，强调了读者在解读活动中的作用。姚斯认为接受是读者

在阅读活动中发掘作品意义的过程，从某种程度上说，它又是创造作品的过程。作品本身不具有历史性，只有当作品被不同历史、不同社会和不同读者不断接受才具有历史性，而读者在这一过程中起着决定性作用。“期待视野”是姚斯接受理论的重要内容之一，它指的是读者在没有阅读作品之前根据自己的生活经验和阅读审美视野而形成的对作品的期待理解。通俗一点来说，就是读者对作品的预判，在阅读过程中，这种预判会随着对文本的分析理解的深入而发生变化。对于作品而言，通常都会存在解读的“空白”，即作品中留白的艺术，用鉴赏视角解读通常为言有尽而意无穷。例如沈从文的《边城》，在小说结尾写道：“这个人也许永远不回来了，也许明天回来。”这种未知的结局往往会引发读者丰富的想象。这对于文本的解读，也会带来不同的分析体验。在教学解读活动中，教师不能替代学生完成解读工作，需要通过引导启发的形式激发学生的解读热情，增强学生的主体地位。接受美学正是以读者为中心，重视读者的阅读经验、人生阅历、审美品位等在解读作品时发挥的作用。同时，它也关注作品本身，如伊塞尔的阅读理论强调文本中的未知能带来更多的解读可能性。

最后，从叙事学理论视角来看，文艺学丰富了作品解读的层次。叙事学理论发源于西方，主要用于对文本形式和叙述结构的研究。有学者将叙事理论分为故事层、叙述层和文本层三个层面。故事层关注文本内容，叙述层重视行为过程，文本层强调结构视角。在高中语文教学解读活动中，可以从叙事视角的层面解读作品。叙事视角可以分为全知视角、内视角和外视角三种，全知视角俗称“上帝视角”，可以知道一切，正如韦勒克、沃伦在《文学理论》中所说：“他可以用第三人称写作，做一个‘全知全能’的作家。这无疑是传统的和‘自然的’叙述模式。作者出现在他的作品的旁边，就像一个演讲者伴随着幻灯片或纪录片进行讲解一样。”[①]内视角指的是叙述者和人物知道的一样多，叙述者只借助某个人物的感觉和意识，从他的视觉、听觉及感受的角度去传达一切。外视角是指叙述者对人物的语言和行为所知甚少，无法解释人物的行为动

① 勒内·韦勒克，奥斯汀·沃伦：《文学理论》，刘象愚译，江苏教育出版社2005年版，第132页。

机，体现出更多神秘性和未知性。例如，在解读叙事性作品《红楼梦》时，可以从叙事学理论视角分析人物形象。刘姥姥进大观园的情节可以称作小说的经典场景，小说以刘姥姥的眼观察贾府的环境特征，以刘姥姥的口认识贾府的人物关系，以刘姥姥的心理解小说的主题内涵。

当然，在高中语文教学解读活动中，对文本的理论分析解读不是按图索骥将文学理论拿来就用，更不是套公式，而是需要根据文本的具体特征选择恰当的文学理论内容进行解读。新批评、形式主义、马克思文论、后现代理论等都可以成为教学解读的理论支撑。

（二）丰富教学解读的人文主义内涵

文艺学探讨“文学的本质是什么?”这一命题，虽然至今未能统一认识，但不可否认文学是人类活动的具体表现形式之一，是一门关于“人”的学问。著名文学理论家钱谷融先生曾经提出“文学是人学”的观点，强调了人的主体地位，即文学是以人为本的学说。复旦大学教授朱立元先生认为：“当我们把文学艺术活动提到人的存在论高度来认识时，就能认识到，文学（艺术）活动作为人类审美活动和精神活动的重要形式，乃是人的基本存在方式和基本人生实践之一。又如把文学作为人学的一个重要方面看，就可以发现文学（艺术）在一定意义上是人的本质力量的自由的、想象性和情感性的对象化和确证。”[①] 马克思主义的文学理论观强调人的重要作用，《共产党宣言》中指出“每个人的自由发展是一切人的自由发展的条件”，人的自由发展在文学艺术领域体现为阅读与写作的自由，文学艺术的功能则促进了这一目标的实现。从文学创作的角度来看，任何作品都是作者基于社会生活经验而进行的提炼加工。艺术来源于生活，但高于生活，文学作品的背后是富有情感的作家本人。读者作为解读的主体，通过作品间接与作家对话。有其可见，由此是作者还是读者，“人”在解读活动中都显得尤为重要。

首先，从解读的主体来看，师生应该呈现出人本主义思想。每个人都是不

---

① 朱立元：《对于当前文艺学建设的几点想法》，《西北大学学报》（哲学社会科学版），2011年第9期。

同的个体，都有着不同的生活经历、阅读体验和审美品位，在解读作品时会产生不同的想法和见解，不同的阅读素养也影响对作品的理解程度。在教学解读活动中，教师应该着重培养学生的人文主义精神，丰富学生的精神世界，提升学生的审美趣味。让学生在阅读活动中将自身情感与作品精神相融合，实现自我与作家的间接双向交流。在某种程度上说，文艺学是一门以审美来育人的学科，教学解读则通过对作品的理解来完成育人的工作。审美过程指的是读者在阅读活动中，潜移默化地接受作品的洗礼，逐步构建健全的人格精神，培养自身的阅读品味的过程。评价是教学解读又一重要环节，文学评论可以体现读者的精神理想和价值取向，对作品的解读在很大程度上又可以理解为对人生的愿景，从作品中能读出什么取决于读者想读出什么，因此，读者的精神需求可以通过对作品的评论进行展示和调节。在高中语文教学解读活动中，教师应该注重培养学生对作品的评价能力，从而提升学生的审美素养。同时，应该主张这种审美情趣的多样化、个性化和自由化。尊重人的价值是人文主义精神的重要内涵，人的发展是多样的、自由的，对作品的理解也应该呈现出这样的特征。阅读的开放性可以丰富学生的审美品位，不同的学生倾向于不同类型的文学作品，教师应该提供更多类型的作品，引导学生创造性地解读，从而培养学生的语文核心素养。

其次，从解读的对象来看，作品具有丰富的人性主题。文学（艺术）作品是人文主义精神的具体表现形式，其中蕴涵了丰富的人性主题。哲学上讲，我是谁？我从哪里来？我要到哪里去？这些永恒主题都可以在文学作品中找到答案。德国著名学者菲·巴生格在《黑格尔的美学和普遍人性》中表示："我的主题是：一个'完成'的艺术作品的内涵愈是具有普遍的人性，就愈加巨大。"[①]作品中所蕴含的永恒人性可以跨越历史、阶级和种族，从而具有一种普遍性特征。文学历史上的但丁、莎士比亚、歌德、陀思妥耶夫斯基、屈原、李白、杜甫、汤显祖、曹雪芹、蒲松龄等，都因为他们的作品蕴含丰富的人文精神而被铭记。作为人类永恒主题的普遍人性在文学作品中的呈现是否有其规律可循？有学者认为："普遍人性本身就是在历史中完成的，从这个意义上说，

① 宗白华：《西方美学名著选译》，安徽教育出版社2006年版，第168页。

所谓普遍人性就是指作为族类的人在共通的生存关系中所形成和体现的人类普遍的心性特征。人类共通的生存关系是普遍人性形成的基础。每一个人与生俱来无可超越的生存关系至少有四个层面，即个体生存、人际关系、生存环境和生存理想；每一层面的生存关系中又形成多样的人性和人情。”[①]人类对于真、善、美的追求、对于生死的思考和对于亲情、爱情、友情的渴望，都可以在上述的生存关系中呈现。例如，曹雪芹的《红楼梦》中呈现出了丰富的人性主题，贾母对宝玉的疼爱是亲情，林黛玉对贾宝玉的关心是爱情，贾政训斥宝玉不读书是封建礼教，秦可卿托梦王熙凤是讲生死兴衰，整部作品都在围绕“人”展开，用蒋勋的话来说就是：“《红楼梦》多读几次，回到现实人生，看到身边的亲人朋友，原来也都在《红楼梦》中，每个人背负着自己的宿命，走向自己的命运，或许我们会有一种真正的同情，也不再会随便说：喜欢什么人，或不喜欢什么人。”[②]因此，在解读过程中，重视作品的人文主义精神，体悟作品所蕴含的人文主题，是利用文艺学视角丰富教学解读内涵的重要方式之一。

（三）促进教学解读对文本的多元分析

童庆炳先生在《文学理论教程》中把文学作品分为三个层面，分别为文学语言层、文学形象层和文学意蕴层。语言层面是文学作品呈现在读者面前的文字阅读系统，是文学作品最基本的层面。文学语言与普通语言不同，它更多地指向作品的艺术中心。形象层面是指读者结合作品语言内容，根据自己的想象和联想而构成的图景，这种图景是主客观的统一。意蕴层是文本所蕴涵的思想感情等各种内容，属于文本结构的纵深层次。由于形象具有指向性和包孕性，就使意蕴层面呈现出多层次的丰富意蕴。借助文艺学的相关理论内涵，在教学解读活动中就可以充分挖掘文本信息，多元分析作品，打开文学世界的大门。

首先，从语言文字的角度来看。文字是构成作品最基本的单位，作者借助语言文字构建文学世界，表达丰富的情感。金岳霖曾经说过：“中国的语言文

---

① 陈文忠：《普遍人性与永恒主题——文艺学与语文教学答问之三》，《学语文》，2004年第4期。
② 蒋勋：《蒋勋说红楼梦》，上海三联书店2012年版，第23页。

字特点是朦胧、模糊，它的涵盖面几乎无边无际，暗示性几乎无际无涯。”[①]语言文字的丰富意蕴促进了文本内涵的丰富性，因此在对文本内容进行解读时应该重点关注具有丰富内涵的语言文字，尤其是在教学解读活动中，教师应该关注文本中具有丰富内涵的字词，引导学生理解分析文字中所蕴含的丰富内涵。如果从诗歌鉴赏的视角来看的话，就是炼字。王国维在《人间词话》中谈道："'红杏枝头春意闹'，著一'闹'字而境界全出。'云破月来花弄影'，著一'弄'字而境界全出矣。”元代诗人杨仲弘曾说："诗要炼字，字者眼也。”宋人胡仔在《苕溪渔隐丛话》中对炼字之妙也早有议论："国学诗以一字为工，自然颖异不凡，如灵丹一粒，点石成金也。”语言文字的妙处不仅存在于诗歌当中，在众多经典作品中也有所呈现。例如，托尔斯泰的小说《安娜·卡列尼娜》的经典开头："幸福的家庭都是相似的，不幸的家庭各有各的不幸。”

其次，从典型意象的角度来看。刘勰在《文心雕龙》中写道："独照之匠，窥意象而运斤。”作者通常在文学作品中借助典型意象来帮助表达情感，将现实中的具体物象进行有机地加工组合，融合自身的情感因素，使之成为具有情感意蕴的意象。在教学解读活动中，教师引导学生关注具有特殊象征意味的物象，借助作品中意象的丰富意蕴去分析作品内涵。尤其在中国诗歌创作中，意象的使用尤为明显。例如，马致远的《天净沙·秋思》，这首小令以多种景物并置，言简意丰，构造出一幅意境悠远的秋景图，作者也因此被称为"秋思之祖”。意象的朦胧性和多义性为诗歌解读带来更多的想象空间，更增加了诗歌的魅力。又如，现代写景抒情散文中，作者多用景物组合营造氛围，借以表达情感。老舍在《济南的冬天》有一段关于雪的描写："妙的是下点小雪呀。看吧，山上的矮松越发的青黑，树尖上顶着一髻儿白花，好像日本看护妇。山尖全白了，给蓝天镶上一道银边。山坡上，有的地方雪厚点，有的地方草色还露着，这样，一道儿白，一道儿暗黄，给山们穿上一件带水纹的花衣；看着看着，这件花衣好像被风儿吹动，叫你希望看见一点更美的山的肌肤。等到快日落的时候，微黄的阳光斜射在山腰上，那点薄雪好像忽然害了羞，微微露出点粉色。”使人读来意犹未尽。

① 金岳霖：《知识论》，中国人民大学出版社2010年版，第234页。

再次，从人物形象的角度来看。人物形象塑造是叙事性作品的重要内容之一，从某种程度上来说，一部作品的人物刻画能够决定这部作品的质量。通常在分析作品人物形象时，会结合典型环境、典型人物、扁平人物、圆形人物等理论术语，但最根本的是能够深入作品中去，理解分析作品人物形象的多维特征，借助人物形象领悟作品内涵。一部作品中的人物形象往往是多面化、立体性的，教师应该引导学生尽可能全面地分析人物形象，不能单纯地陷入脸谱化分析的桎梏中，而要更加理性地多角度去分析。例如，莎士比亚的经典戏剧《哈姆雷特》中哈姆雷特角色的复杂性。哈姆雷特的遭遇很是坎坷：父亲被毒杀，母亲被占有，王权被窃取。有时他的抉择是非理性的，相当冲动的，比如当他在激怒之下一剑刺死他误以为是国王的波洛涅斯。他装疯来躲避国王的迫害则表明他相当理智和顽强。其实很多时候很多东西很多疑问他可以不追究，过一种被称作麻木或者“看开”的生活。然而即使在他遭遇不幸的时候，他仍然真挚地爱着奥菲莉娅。

最后，从审美形态的角度来看。文艺学重视审美，在教学解读活动中，教师可以引导学生关注作品的主题，把握作品的精神内涵，从审美形态的角度研究作品的审美意蕴。美学学科把审美形态分为优美与崇高、悲剧与喜剧、丑与荒诞。用不同的审美形态解读作品可以提高对作品的主题认识，促进对学生的审美教育。优美可以从其形式特征去认识，如柔媚、和谐、安静、秀雅等，具体以表现为风和日丽、鸟语花香等自然之景，如杜甫的诗：“细雨鱼儿出，微风燕子斜。”崇高表现为一种斗争和矛盾的冲突，它在具体作品中的表现往往是反传统的、打破常规的。例如，在课文《林教头风雪山神庙》中，林冲的性格变化是由隐忍走向反抗，自然环境的渲染激化了这种矛盾性。悲剧与喜剧作为美学学科两种相反的审美形态，在作品中有大量的表现。西方美学史将悲剧分为命运悲剧、性格悲剧和社会悲剧三种。在鲁迅的作品《祝福》中，可以充分体现出这三种悲剧内容。喜剧则更多表现为一种幽默和讽刺。丑表现为反常、混乱、给人以恶性的刺激等形式。艺术作品中的丑，更是以丑为美，发人深省，启迪人生。例如雨果的《巴黎圣母院》中加西莫多的形象。荒诞在文学作品中更多表现为一种荒谬、怪诞，例如卡夫卡的《变形记》中主人公格里高尔的形象。

四、结语

总而言之，文艺学对于高中语文教学解读的帮助是巨大的。在统编高中语文教材使用的背景下，阅读教学将成为一线教师和学者的重要研究内容。教学解读应时而生，它试图构建语文阅读的“教”与“学”、“教师”与“学生”的创新阅读生态。文艺学以其自身的特性，适时介入教学解读活动中，不仅丰富了教学解读的内涵，还提高了其理论性和解读的多样性，帮助师生更好地理解作品，提高语文素养。当然，从学科的发展角度来看，对于高中语文教学解读的内涵阐释还有很大空间。文艺学自身也在不断发展，它对于教学解读的作用和影响也会在研究中不断更新。可以肯定的是，随着研究的深入，高中语文教学解读会逐渐成为阅读教学的重要内容之一，教师的阅读教学水平、学生的阅读质量和素养都会得到提升。

第六章　语文教学解读的理论视角

第一节　语文教学解读与接受理论

一、接受理论的基本内容

（一）接受理论的诞生与发展

1.接受理论产生的背景

接受理论诞生于20世纪60年代末期的联邦德国,，它“是以现象学和解释学为理论基础，以人的接受实践为依据的独立自足的理论体系”。[①]接受理论直接源于解释学，是当代解释学在文学研究中的新应用和新发展。伽达默尔继承并变革了海德格尔现象学的解释思想，提出真正的理解是解释者（读者）和被解释者（文本）视野融合的产物。换言之，理解是一种对话交流的语言事件。在现象学和解释学的范畴里，“视野”这个美学概念被拓展引申为形成理解的先决条件和各种与之有关的联系因素的总和。接受美学正是在此基础上形成了自己的体系。

① 姚斯，霍拉勃：《接受美学与接受理论》，周宁，金元浦译，辽宁人民出版社1987年版，第380页。

2.接受理论的诞生与传播

1967年，联邦德国康斯坦茨大学法国文学教授姚斯发表了题为《文学史作为向文学理论的挑战》的演讲，这标志着接受理论的诞生。随后，伊瑟尔于20世纪60年代末发表了《文本的召唤结构》，进一步奠定了接受理论的基石。以他们两人为代表的“康斯坦茨学派”逐渐发展壮大。这个非正式团体把读者与作品的关系作为研究的主体，赋予读者前所未有的积极地位，提出要研究读者对作品接受时产生的一系列因素与规律。由于他们着重研究读者的接受过程，因此被称为“接受理论”，在美国也被称为“读者反应批评”。

20世纪80年代中期，中国文艺界大量翻译介绍西方文艺批评的理论与方法，其中就有1984年与中国读者见面的接受理论。接受美学的引进切合了新时期读者多元化、开放性的阅读心理。随着基础教育改革的深入，接受理论也引起了教育研究者的广泛关注，涌现了诸多论文、著作。

（二）接受理论的主要观点

1.读者中心

以往的文学理论不是执着于挖掘“作者”想表达的中心思想，就是着力分析“文本”自身的语言形式和结构，因此“作者”与“文本”一直占据阅读的中心地位。接受理论与“作者中心论”“文本中心论”不同，它确立了“读者”在阅读活动中不可或缺的重要地位。姚斯认为，在作家、作品和读者的三角关系中，读者并不是被动的接受，“阅读作品的过程并不是作家与作品单向地向读者灌输形象和意义”①，文学作品的意义不只是作者赋予的，或者作品本身呈现的，也需要读者的想象和再创造。“文学作品的意义只有在读者创造性的阅读中才获得现实的存在和生命，否则只不过是一堆印着死的符号的纸张而已。”②

2.期待视野

“视野”即“Hori-zon”，其含义本是指地平线。姚斯在《接受美学与接受

① 朱立元，张德兴等：《西方美学通史》，上海文艺出版社1999年版，第298页。
② 朱立元，张德兴等：《西方美学通史》，上海文艺出版社1999年版，第300页。

理论》中指出："在文学阅读之先及阅读过程中，作为接受主体的读者，基于个人和社会的复杂原因，心理上往往会有一种既成的结构图式。读者的这种阅读文本的既成心理图式，叫作阅读经验期待视野，简称期待视野。"[①]期待视野主要有两大形态：其一是在既往的审美经验基础上形成的"较为狭窄的文学期待视野"，这里的审美经验主要指对文学的类型、形式、语言、风格等积累的审美经验。其二是在既往的生活经验基础上形成的"更为广阔的生活期待视野"，这里的生活经验主要包括对历史人生的经验积累。这两大视野相互交融构成具体的阅读视野。

在阅读教学中，学生作为课文的读者，在阅读前有着自己的经验、趣味、素养、理想等，形成了一定"视野"；学生同时又具备一定的个体认知水平和审美标准，并在此基础上建立起对课文的"期待"，这种期待也不是一成不变的，而是随着阅读的深入和阅读量的累加，不断修正，不断扩大的。

3. 召唤结构

伊瑟尔在创立接受理论之初就提出了文本的"召唤结构"。在伊瑟尔看来，文本具有结构上的空白与未定点，有待于读者在阅读过程中填补和充实，这些对读者来说有召唤性的未定之域就是"召唤结构"。"空白"不是文学文本的缺点，而恰恰是它的特点和优点。"如果读者已被提供了全部故事，没给他留下什么事情可做，那么，他的想象就一直进入不了这个领域，结果将是，当一切都被现成地设置在我们面前时，不可避免地要产生厌烦。"[②]这种空白存在于文本的各层结构中，最明显的是存在于情节结构层上，除此之外还存在于人物性格、对话、心理等各个方面。

召唤结构是文学作品具有永久艺术魅力的潜在可能性，以它的"空白"召唤着读者的无穷想象和联想，从而赋予文学作品无穷的意义，实现其审美价值。伊瑟尔的召唤结构，为我们阅读教学开辟了新天地，启示我们在阅读教学中要关注"空白点"与"不确定性"，教师要调动学生的能动机制，积极参与

① 姚斯，霍拉勃：《接受美学与接受理论》，周宁，金元浦译，辽宁人民出版社1987年版，第340页。

② 朱立元，张德兴等：《西方美学通史》，上海文艺出版社1999年版，第310—311页。

到课文的解释和构建中来。

二、以接受理论反思语文阅读教学

（一）从读者中心论反思学生的地位

接受美学强调读者对文本意义的阐释，认为读者也参与了文学作品意义和价值的创造，把文学作品看成是读者和作者共同创造的结果。读者对文本的阐释并不仅是简简单单地对某一个词某一句话进行解释，而是通过调动以往的生活经验，创造性地对文学作品进行重新构建。这与《课程标准》强调的"阅读教学应引导学生钻研文本，在主动积极的思维和情感活动中，加深理解和体验，有所感悟和思考"相吻合。在语文教学解读过程中，需要学生发挥主体能动性，与课文深度对话，通过自己的思考感悟，将课文的语言文字演变出丰富的意义。反观我们的阅读教学，学生作为课文的读者，主体地位没有得到足够的重视，有时甚至直接缺失。

教学前学生与课文缺乏有效沟通，没有打开教材课文构成的本体世界，更谈不上与课文之间的视域融合。学生对课文的陌生，导致学生的感悟与思考成了无源之水，无本之木。学生无法领略课文内部构成的绚丽风光，缺乏得以提升的实质性内容，认知与精神也只能在原有的水平面上滑行。课堂教学中生生之间的讨论也就成了脱离课文的架空分析、空发议论，长此以往，学生就会变成喜欢追求表面热闹而无实际思想和价值的"浮躁人"，看似主体地位得到了增强，实则并没有使自我得到提升，反而"平庸化"了。

阅读教学时，有部分老师一味将教参教辅上的观点灌输给学生，以为教师讲到了就等于学生理解、掌握了。语文教学的目的不是完成既定的教学篇目、教学流程，而应该以促进学生阅读能力的提高为目标。课文的句子唤起学生的种种阅读期待，随着学生阅读视点的不断前移，这些期待的连续修改也将对已经读过的东西发生一种回顾效果，由此先前读过的部分现在也具有了刚阅读它时所具有的不同意义。这种期待与回顾在阅读过程中不是一帆风顺的，时而受到阻挠，时而迂回前进。权威式、灌输式教学缺失了课文向学生投射激化的过程，不可能产生真正的阅读理解能力，学生的主体地位也得不到真正的落实。

（二）从读者的期待视野反思个性解读

接受美学认为每个人在进行文本体验之前必须具备一种先在的理解结构，然后才能对文本做出新的理解，并建立新的理解视野。在姚斯这里，期待视野既是阅读理解的先决条件，也会对阅读理解产生一定的限制。从作品来看，一部新的文学作品也是必须在读者的审美经验和生活体验当中出现的。姚斯认为："一部文学作品，即便它以崭新的面目出现，也不可能在信息真空中以绝对的新的姿态展示自身。"①它会以某种形式想方设法唤起读者的阅读期待，将读者带入文本中。"期待视野"理论给阅读教学带来了观念颠覆和变革创新的契机，它揭示了阅读活动的本质是读者"阅读期待"被唤醒和实现的心理过程。由于期待视野的不同，对同一课文的解读结果可能千差万别。在语文阅读教学中，如果不重视学生期待视野的不同，则会造成阅读的单一化，抹杀了学生阅读的个性。

随着教育改革的推进，学生的个性化阅读得到越来越深刻的体现。但当前的阅读教学中依然存在不利于个性解读的因素。首先是"个性"异化为"自由"，误把"自主"当作"自由"。其实个性解读是以尊重课文和理解课文意义为前提的。其次是教师专业角色地位的隐退，承认学生的主体性，并不否认教师的主导性。不顾学生个性解读的质量与偏差，一味叫好；以繁多的问题掩盖阅读教学的核心目标；以所谓的"仁者见仁"阻滞了阅读理解的反思与升华，这些都是个性解读中存在的现实问题。

（三）从课文的召唤结构反思多元解读

接受美学理论认为作品本身具有"召唤结构"，呼吁读者积极主动地调动自己以往的生活经验进行文本阐释，从而建构属于读者的"第二文本"。运用

① 金元浦：《接受反映文论》，山东教育出版社1998年版，第43页。

接受美学的召唤结构理论来指导阅读教学时，人们较多关注的是课文作为一个多层面的未完成的开放式结构，但是较少关注课文的规定性。虽然文学文本的意义只能在阅读主体中实现，但是也“不是完全取决于读者”。因为“文本的规定性也严格地制约着接受活动”。因此，读者的阅读反应并不是毫无限制的，从一开始就受制于作品的“结构和肌质”。《课程标准》强调学生要积极主动地进行“多角度、有创意地阅读”，但不等于学生的多元解读可以离开作者创作时特定的社会、心理背景，背离作者的思想、认识、情感。对于那些脱离课文内容和形式的解读，容易造成“多元解读”的泛化。

语文教学解读不同于一般的文学阅读，它有自己的特殊性与限定性。比如阅读时空的局限性，学生阅读经验的有限性，教学目标的明确性等。编入语文教材的课文绝大多数都是文质兼美的作品，无论内容和形式都包含许多的“不确定性”和“意义空白”。一方面教师要善于引导学生深入课文内容，仔细揣摩语言，考虑课文结构，寻找情节、语言、形式上的空白点，激发学生想象，填补空白，建构课文意义。另一方面也要充分考虑教学的时空特殊性，不能一味鼓励学生漫无目的地随意发表自己标新立异的见解，也要适当聚焦一个或者几个重点空白。毕竟学生在某种程度上讲还是不成熟的读者，他们需要教师的引领与指正。

三、接受理论对语文教学解读的启示

（一）利用期待视野，促进个性化解读

1.尊重学生的期待视野，是个性化解读的前提

阅读经验不同的读者，其期待视野也不同。课文是由抽象性的文字构成的，每个人对文字符号所描绘的形象的认知，都带有个人独特的感受和想象。所谓一千个读者就有一千个哈姆雷特，正是由于期待视野的差异性形成的。当今的语文教学非常强调学生的个性解读。个性解读来自何处？其中一个重要来源就是每个学生不同的期待视野。从接受美学上说，每个学生的生活经历、认

知水平、阅读经历、兴趣爱好以及接受课文时的心境、情绪不一样，产生的期待视野效应也不一样。因此尊重每个人的阅读期待视野，是个性化解读的前提。

王荣生教授认为，当下的阅读教学是一种特定方式的阅读。教学往往蕴含教师个人的意识形态，教师在预见学生的期待视野时，“想当然”是不对的。教师以自己的“期待视野”，蒙蔽学生的“期待视野”，教学就成了一种“视野的入侵”。实施个性化解读就需要教师充分了解学生的期待视野，既不能高估也不能轻视学生的期待水平。另外也不能把期待视野狭隘化，期待视野不仅包括文学期待视野，也包括广阔的生活期待视野。学生对抽象符号的感知和理解，是受过去储存在脑海里的印象影响的，或者说是根据心中已有印象来建构的有待确认的形象，这当中一定包含了生活经验。比如，少年闰土的形象，在小说里是虚的、未加确定的，但在学生的眼里、心里是实的，他的“十一二岁”的样子，正符合学生眼中这般年龄孩子的样子；他脖子上的银圈，也是我们平时见过的银圈的样子，如果有学生没见过农村小孩的银圈，就不能产生这一事物的假想形象。因此教师充分了解、尊重学生的期待视野，是个性化解读的前提。

2. 拓宽学生的期待视野，是个性化解读的保证

马克思认为，如果你想得到艺术的享受，你本身必须是一个有修养的人。具备一定的文学素养才能更好地理解和创造作品意义。当然这些文学文化素养不是一次性输入学生头脑，而是一步步积累起来的。重视阅读量的积累，拓宽阅读范围，有利于拓宽学生的期待视野。刘勰在《文心雕龙》里说：“凡操千曲而后晓声，观千剑而后识器；故圆照之象，务先博观。”所以要获得对事物准确圆满的把握，一定要先广泛地见识。比如学习了冰心的散文《笑》可以拓展冰心的其他散文，让学生整体上感受冰心散文母爱、童真、大自然的主题以及文白夹杂、清丽典雅的语言风格；阅读章回体小说《水浒传》时，可以让学生去读相关的文学评论，如金圣叹批评本《水浒》，让学生全方位了解作品，建立多维期待视野。只有积累足够了，量变引起质变，才能成为学生独一无二的经验。我们常说“熟能生巧”，其实这个“生巧”能够帮助学生正确地迎合

课文的召唤结构，正确地填补课文的各种未定点、空白点，形成有价值的个性解读。

实际教学中，教师可能有这样的体会，即受阅读经验、认知水平、文化修养、学习智慧等因素制约，学生的期待视野有时会存在“误区”，学生对课文理解存在一定的距离感与陌生感，造成解读的“偏差”甚至“误读”。在提倡个性化解读的当下，教师应尊重学生横看成岭侧成峰的独特见解，同时对其中的“偏差”或“误读”进行适时的点拨，帮助学生突破个人期待视野的局限，让他们在一次次的反思、修正中拨云见日，逐步探究课文的真义。

伊瑟尔说，阅读表面是个人化的行为，本质上则是社会的文化交流活动，语言的意义和人们的社会文化经验有关。所以要拓宽学生的期待视野，除了广泛阅读之外，还要有意识地指导学生在文化大背景下进行大视野阅读。比如关注文化差异，关注写作的时代背景，关注文学意象在全球背景下的不同含义等。语文学家夏丏尊先生曾指出，在文学中“‘赤’不但只解作红色。‘夜’也不但只解作昼的反对吧。‘田园’不但只解作种菜的地方，‘春雨’不但只解作春天的雨吧。见了‘新绿’二字，就会感到希望焕然的造化之功、少年的气概等等说不尽的情趣，见了‘落叶’二字就会感到无常、寂寥等等说不尽的诗味吧。真的生活在此，真的文学也在此。”[①]

3.利用学生的期待视野，是个性化解读的途径

由于读者总是带着独特的期待视野进入解读活动，因此解读活动一开始就不是被动接受和消极认同，而是积极地参与和重建。学生作为课文的读者，他们往往积累了一定的阅读知识、阅读经验，所以个性化解读不妨先从学生的期待视野入手，做到辨文体、识作者、看标题。不同的文体有不同的特点，如果教学能召唤起所见课文的印象，就能对课文的一般性特点有所把握。如小说通过展现完整情节、描绘具体环境、塑造多样化的人物形象来反映生活。议论文通过摆事实、讲道理、运用逻辑推理来表明作者对某一问题的观点态度。其他如诗歌的独特意象，散文的形散神不散等皆是如此。学生虽然讲不出一整套理论，但应该在遇到作品就能分辨是何种文体，大概用什么方法解读。

① 夏丏尊：《夏丏尊散文集》，北方文艺出版社2019年版，第94页。

不同的作者会有不同的创作倾向和创作风格，如果学生不仅读过作者的文章，还知道他的人生经历，那么就可以把这些印象调动起来，预先建立一种期待视野。对于“职业是生病，业余在写作”的史铁生，学生通过课外阅读可以知晓他的创作主题往往超越了伤残者对命运的哀怜和自叹，上升为对普遍性生存，特别是精神“伤残”现象的关切。学习《江城子·密州出猎》时，可以调动学生关于苏词风格豪放，写人状物往往采用慷慨豪迈的形象和阔大雄壮的场面等印象。

标题是引领读者进入课文的初始途径，不管是感觉到富有深味的标题，还是平常的标题，都值得引导学生沉吟、默想一番。把标题变成最强有力的召唤结构，是个性解读的有效途径。比如《在柏林》这篇微型小说，课文以“在柏林”为题，一方面揭示了一战背景下特定的社会环境；另一方面以一个车厢里发生的小事折射大的社会环境，以小见大，侧面反映出战争给人民带来的肉体痛苦和对人民心灵的沉重打击，同时暗指柏林是这场战争的策源地，德国不仅给世界人民带来灾难，也把德国人民推向万劫不复的深渊等。利用学生的期待视野，实际上就是为着有效地进入课文和更好地把握课文，即使这些先期性活动还不足以完全把握课文，但学生在不知不觉地中接近了课文的“隐含的读者”，开始与课文“对话”了。

4.创设期待视野，是个性化解读的动力

教师以自身的思考、经验、学识创设期待情境，引导学生发表自己独特的见解。教学解读要“以导为脉”，通过有效开发教学资源，精心创设场景，增加学生学习的信息量与兴趣，为个性化解读提供动力。

例如《秋天的怀念》是史铁生的一篇回忆性散文，作者回顾了自己与母亲相处的最后一段岁月，文中的母亲用强烈而深沉的母爱改变了我的人生态度，展现了作者在感怀中的觉醒。窦桂梅老师在教读这篇课文时，巧妙撷取了《合欢树》中一段材料引出课题，让学生在标题朗读中渐渐体会“我”的情感。接着设计了这样的情境：面对文中“我”的自暴自弃，如果你是他的妹妹、弟弟或者朋友，你如何劝他？学生回答后，老师一边称赞他们有爱心，一边启发他们如果你是史铁生，此时此刻这些话听得进去吗？学生纷纷摇头，表示听不进去。接下来自然引导到母亲是如何做的。窦桂梅老师在这里对个性解读做了精彩的演绎，她把《秋天的怀念》放到史铁生的一组作品中呈现，丰富了学生情感的深度体验，也激发学生去读教材外的更多篇目。学生利用自己原有的情感认知走进课文，然后设身处地感受“我”的内心世界，学生的阅读视野与课文视野实现了高度融合。这样的情景创设是对课文加工后的再创造、再回归。

（二）利用课文召唤结构，促进学生多元解读

1.利用课文的召唤结构，激发学生的阅读兴趣

伊瑟尔认为作品意义的不确定性和意义的空白促使读者去寻找作品的意义，从而赋予他参与作品意义构成的权利。这种“感召力”促使读者不断发挥它的主动性和创造性去填补“空白”，从而赋予作品独特的个性化意义。苏东坡曾言“欲令诗语妙，无厌空且静，静故了群动，空故纳万境”。诗歌这种高度凝练，言简意丰的文学体裁，能通过意境所创造的空白，吸引读者走进它，领略韵外之致，味外之旨。贾岛有诗《访隐者不遇》：“松下问童子，言师采药去。只在此山中，云深不知处。”这首诗寓问于答，把所有问话省略了，形成一处处空白，能激发学生阅读兴趣。一问满怀希望，二问陡然失望，三问萌生希望，四问怅然若失。全诗看似平淡，但青松与白云彰显隐者的高贵品质，未见隐者却见青松挺拔，白云茫茫，使人油然而生一种秋水伊人无处寻的怅然。正是这一处处空白为学生创造了无限的艺术空间，极大扩充了诗的容量。

2.利用课文的召唤结构，激发学生的想象力和创造力

伊瑟尔认为“文本和读者的相会使文学作品真正进入存在，但这种相会绝不可能被准确定位，当它既不等同于文本的实现，又不等同于读者的个别意向时，他总会留下有待填补的空白部分”[①]。所谓空白就是文本未写出的或未明确写出的部分。阅读教学可以引导学生有意识关注这些空白点，这既是教学观念的转变，也是教学策略的实施。教学中要善于激发学生想象，补充“空白点”，与作者一起创造作品的意义与价值。例如《周亚夫军细柳》中“既出军门，群臣皆惊”，这里作者并未明确群臣此刻的心理状态，我们可以鼓励学生

①朱立元，张德兴等：《西方美学通史》，上海文艺出版社1999年版，第390页。

联系上下文，想象此刻群臣的内心活动。在群臣看来，维持皇帝体面是最重要的，做官一定要先奉承上级，至于做事做人的原则，是不重要的。所以当看到周亚夫如此严格的军纪时，都感到很意外。尤其看到周亚夫竟然不顾皇帝的威严，让皇帝遵守军营的规矩，觉得简直不能接受！他们跟着皇帝出行，多少都有狐假虎威的心态，于是内心非常愤怒，认为皇帝一定会处罚周亚夫，结果却大出意料，所以群臣再三惊讶。这里既有群臣为周亚夫治军之严感到“吃惊”，也有为周亚夫胆敢为了军纪严整而忽视皇帝体面感到“惊恐”，还有文帝不仅没生气反而对周亚夫致敬感到“震惊”。这个“惊”字背后隐藏的空白对塑造周亚夫人物形象起到了至关重要的作用。文学作品情节的发展、往往有许多“空白点”，倘若以此让学生发挥想象，那么既训练了他们的联想、想象和语言表达能力，又能促进他们深入、细致地阅读理解课文。

3. 利用课文的召唤结构，挖掘作品的多元意义

由于作品本身是作为一种召唤结构存在的，因而它随时随地都等待着读者去填补空白，去挖掘丰富多彩的意义。《课程标准》也倡导个性阅读，多元解读。多元解读能充分挖掘课文的丰富内涵和多元特质，最大限度彰显课文的审美价值，又能使学生在求新、求异中激发探究欲望，拓展思维深度，发展想象力与创造力，最大限度发挥课文的育人价值。

多元解读自古就存在，一个典型的例子就是关于《锦瑟》一诗的主旨解读。清代王渔洋在《论诗绝句》中曾说过“一篇锦瑟解人难”，今人周汝昌先生以为“如谓锦瑟之诗中有生离死别之恨，恐怕也不能说是全出臆断”。再如卞之琳的小诗《断章》，有的读者可能从写景的视角去看这首诗，而因诗中的风景、桥、人、明月、窗和梦的推拉摇移而困惑；有的读者可能凭自己的人生经验体会主客体的转化，站到人与人相依存的方位上去反观诗里所描写的景物，主观行为无时不被客观化，从而成为一种资源，一种审美，一种能够被冷静审视的对象。从这里就能看出，诗中由风景、桥、人、明月、窗和梦这些意象所形成的空白点和未定点，就成为学生解读的未定之域，对学生的审美体验形成一种开放性，不同的学生有不同的体验和理解。作为教师，在教学中应该不失时机地引导学生在课文的召唤结构中，结合自身生活与阅读经验，把课文

放在历史与当下不同的时空中进行解读，从而体会课文主题的多样性，人物性格的多重性，语言内涵的多样性，在真正意义上实现对课文的多元解读。

接受理论进入阅读教学，不仅是观念上的一次变革，更是方法上的一次创新。我们教师不仅要拓宽学生的期待视野，更要研究学生面对课文时会存在哪些意义空白点。在此基础上，发挥学生的主体性，让他们在课文的阅读中尽情表达自己、展现自己，进而提升他们对课文、对自我、对人生的理解，这样阅读教学才有一个更新的明天。

第二节　语文教学解读与对话理论

一、对话与对话理论

（一）对话的含义

从词源学看，“对”即“应答”，“话”即“言语”，“对话”指“两个或两个以上的人之间的谈话”“双方或多方之间接触或会谈”。但是，“对话”并非仅仅是以社会交往为目的而进行的交流，“对话”更侧重于对话双方或者多方之间的思想交锋，高于一般的日常需要的人际交流。在古希腊语中，“对话”（dialoglce）和“辩证法”（dialectic）为同源词，皆有“谈话”“论战”之意。其实，关于“对话”所蕴含的思想层面的交流之意，我们可以追溯到古希腊哲学家苏格拉底、柏拉图等人的对话录，西方先哲在辩论性质的“对话”中助产出精神之花。与之遥相辉映的是春秋战国时期的百家争鸣，东方先贤在诘难性质的“讲学”中占领思想的高地。群星闪耀的时代，东西方哲人不仅使“对话”以一种文体样式流传后世，更赋予“对话”这一古老的活动以不断涌动的思想之泉，使“对话”不仅实现了社会交往的基础作用，还承载了智慧分享的功能。如今，随着政治、文化、艺术的演变与迭代，“对话”被注入了新的内涵。从日常生活中的人际交流，引申到文学作品中的人物对话，采访过程中的面对面交流，甚至是国家、政府间的谈判和交流。

从哲学解释学看，“对话”的根本性乃是人类相互关系的根本性。德国哲学家马丁·布伯将人类面临的两种基本关系归结为“我—它”关系和“我—你”关系。“我—它”关系所呈现的是流俗的世界；“我—你”关系揭示的则是真实的世界。人类筑居于“我—它”世界，改造自然和进行社会生产的过程是以“我”为中心，去“经验”“它”，“利用”“它”。但是，这种关系只是工具性质的利用关系。只有当“我”将“它”看作是“你”的时候，“我”才真正开始了与世界的相遇。马丁·布伯称这种关系为“之间”（between），而实现“之间”的最佳方式就是“言谈”（conversation）。真正有意义的对话是“一个开放心灵者看到另一个开放心灵者之话语。唯有此时，真正的共同人生才会出现。”[①]正是对话和交流的真实实践融通了“我—它”，走向“我—你”的诗意之路。

从社会历史实践看，对话是人类交往实践的主要手段，也是语言运作的必然结果。马克思主义哲学认为，人们以语言从事的社会交往（合作）的一定形式、一定范围内的实践活动是人类历史的真正基础。交往（合作）体现了人类最基本的社会属性。个体与个体，个体与群体，个体与社会之间需要通过交往（合作）来完成生产资料的交换，实现智慧与情感的传递与分享。而这种交往（合作）需要借助“语言”这一形式来完成运作。这个运作的过程，不是单一的一方所能完成的，需要双方甚至多方来协同进行，所以以“语言”来进行的社会交往（合作）的表现形式实际是以“对话”来实现的。

（二）对话理论的提出

大多数人认为，第一个提出“对话”这一哲学概念并以此作为核心来构建“对话理论”的是俄国文艺理论家巴赫金。巴赫金敏锐地由人所具有的“全部社会关系总和”的基本特征，看到了人需要审视自身、观察他人，借由对他人

① 马丁·布伯：《人与人》，作家出版社1992年版，第16页。

的关照进而发现自己，即人的社会性决定了对话的无所不在。所以，他强调了语言的社会属性，他认为对话是生活的本质，对话关系是人类最基本的相互关系。他指出："一切莫不都归结于对话，归结于对话式的对立，这是一切的中心。一切都是手段，对话才是目的。单一的声音，什么也结束不了，什么也解决不了。两个声音才是生命的最低条件，生存的最低条件。"①

（三）对话的特征

1.交互性与平等性

对话，是参与对话的双方或者多方在说与听的过程中进行声音以及思想的交流。这一过程实际也是个体向群体、向社会、向世界发出的邀请。人类有这种发出邀请以及接受他人的邀请的诉求。巴赫金指出了人类心中有"无可回避"的，对个体、对他人以及对世界的责任，需要积极主动地参与到社会交往，形成双边或者多边的交互。同时，在这种交互活动中，每一个声音与思想都是以平等的姿态展现。任何一个声音，任何一个思想都不能控制其他声音、其他的思想表达。声音和声音，思想和思想，没有贵贱之别、等级之分。只有平等的交流才是真正的对话。

2.差异性与独立性

既然对话的参与者不是单一的"个体"，那么参与者的声音与思想就不可能统一，而声音与声音，思想与思想之间的差异性，乃是构成真正的对话的必要条件。"在每一种声音里，他能听出两个相互争论的声音。"②在对话的关系中，声音各有其音质，思想各保其华彩，万千姿容，各领风骚。他们不从属于哪一个声音或思想，也无须依附哪一个声音或思想。因之，参与到真正的对话中来的声音与思想必然是存在差异的，同时又是独立的。

---

① 巴赫金：《诗学与访谈》，白春仁，顾亚铃等译，河北教育出版社，第340页。

② 巴赫金：《陀思妥耶夫斯基诗学问题》，白春仁，顾亚铃译，生活·读书·新知三联书店1988年版，第77页。

3.开放性与未完成性

由双方甚至多方构成的对话关系在产生声音的差异性的同时，也产生了声音的开放性。因为对话不是封闭式的“独白”，不可能出现“同声齐唱”。一个声音的表达，会得到另一个声音的回应；一个声音的不同回答，会产生另一个声音的不同回应。也就是说，任何人都无法控制对话关系的真实走向，对话的无限变化的可能形成了对话的开放性。对话不仅是动态的，也是没有终结的。对话的无限变化的特征决定了对话的未完成性。

二、对话理论视野下的语文教学

20世纪80年代，我国教育界就已意识到传统语文教学中的沉疴痼疾，即知识性灌输对学生个性发展的束缚，并着力于教学实践中以平等自主的沟通交流来疏解僵化的课堂教学。但是，由于时代的局限性，这种“尝试”似乎浅尝辄止，没有从课堂实践走向理论研究。对话理论真正进入语文教育的视野，已近千禧之年。

近二十年来，国内课程教学理论界的学者一直在根据我国教育的实际情况将“对话理论”的相关研究往纵深处推进。例如王尚文先生倡导的“对话型”教学策略致力于从教学目的（培养语文能力——学会对话）、教学内容（知识传授——掌握对话规则）、教师角色（传授者——参与者）等三个方面指出语文教学的变革的三个路径，他强调“‘对话型’教学并不是淡化教学，而是对教师提出了更高的要求。他必须把学生的读写听说活动提升为对话实践，并置身其中，教学生学会对话。”[①]钟启泉先生回溯“对话”与“文本”的概念，揭示了教学活动本身就是“沟通与合作”的活动。同时，他推崇赫尔巴特关于教学结构的经典模型，即教学过程乃教师、学生和教材等要素构成，并对教学过程中的第三者“教材”进行了具体清晰的界定。他强调，教学过程中的“文本”“不是一般意义上的文本，而是教学的文本。教学文本是在教学沟通的过

① 王尚文：《“对话型”语文教学策略》，《课程·教材·教法》2005年12期，第29—32页。

程中生产和接受的，可以视为会话文本与读写文本，以及对话文本与独白文本的总体。”①

《普通高中语文课程标准》（2017年版）指出：“语文课程是一门学习祖国语言文字运用的综合性、实践性课程。工具性与人文性的统一，是语文课程的基本特点。”以对话理论的视角关照这段语文课程性质的描述，能使我们更清晰地了解到语文教学过程的实质即运用语言进行沟通的实践活动。这个沟通交往的实践活动是一个由教师与学生、学生与学生、教师与教材、学生与教材等多重关系构成的立体交织的复杂网络。对话理论本身蕴含的“交互性”“平等性”“独立性”等特征，使语文教学的过程实质是一个教师与学生互相介入，互为主体，以理解为前提，以学习对话为手段，以学生的学习与成长为终极目的的创造过程。对话理论为新时代背景下语文教学的变革提供了新的视角和思考方向。

三、对话理论对语文教学解读的启示

如前文所述，近二十年来，学界不断探索对话理论在我国的本土化实施路径，对话理论已逐渐成为语文教学改革的亮点。但是“为对话而对话”的形式主义，师生认知水平差异导致的对话的断层与错位，课堂教学中“失语”现象的频现等问题，依然是语文教学中不容忽视的难题。

上海市语文特级教师王林认为：教学解读就是指在语文教学中，师生对课文的语言、结构、思想、情感、背景、手法、技巧、意义、风格及作家等问题进行比较深入地分析、研究的双边共同的教学活动。“教学解读”创造性地在普通意义上的欣赏阅读和专业性质的文本解读之中又构建了一个更适应于实际的语文教学环境的解读方式，将教学活动过程中除了教师和学生之外的最主要的媒介“教材”界定为“课文”，而不是传统观念中的“文本”，强调了“解读的教学性和学生的主体性”。

“教学解读”的提出使我们重新思考教师、学生和教材之间关系，“教学解

① 钟启泉：《对话与文本：教学规范的转型》，《教育研究》2001年3期，第33—39页。

读”与“对话理论”或可成为互相关照、互为成全的有机体，促使语文教学真正走向声音与声音、思想与思想、心灵与心灵之间的有效对话。

（一）教师与文本之间的“对话”

教师在正式进入教学活动前需要以一个研究者的身份对文本进行解读。文学作品是一种复杂的社会存在。“文学秉有人类生活的历时的和共时的全息性。”[①]文学的复杂性势必带来文本的复杂性。由于复杂性的存在，研究者的种种探索与追问必须要以理解为前提。巴赫金认为，理解是所有对话关系发生和发展的关键。具备了较高文学素养的教师，尝试以专业研究者的角度，突破时间与空间的束缚，借助语言的载体，在理解的前提之下，与作者、文本，构建目标明确的、积极的对话关系，触摸文本的肌理，寻觅作家的内心世界，丰富自我体验，完成主体对世界的探索。

（二）教师与课文之间的“对话”

教师在以研究者的身份与文本进行“对话”之后，还需要退回到教师的身份将文本看作课文，继而进行与课文的“对话”。此时教师面前的课文就不只是一份阅读素材。教师需要在国家育人方针的指导之下，根据《课程标准》，立足学生的需求与发展，重新定位解读的要素，明确解读的目标、内容、重点和难点以及需要采取的教学手段和方法。教师身份的独特性和神圣性赋予了“对话”以使命的意义，即以一种引导者姿态介入“学生—课文”的对话关系，在学生走进作家所构筑的世界之前，先做一个探美的先驱，识其美，知其为何美，更晓其如何美。在这一指导思想之下的“对话”或可为课堂教学实践中的“教师—学生”的对话关系做好铺垫与准备。

（三）教师与学生之间的“对话”

课堂是教师与学生之间进行的“对话”的主要场域，课堂教学是这场“对话”的主要表现形式。教师对课堂的掌控性和对课文解读的权威性，学生在课

① 金元浦：《文学解读学》，东北师范大学出版社1997年版，第98页。

堂环境中的被动性和课文解读的附和性在此处应该得以消解。无论教师还是学生都应该在参与这场“对话”前调整自己与对话对象的位置，以平等性的原则参与到“对话”中来。戴维·伯姆曾这样形容：“在对话中你不会试图去赢取对方，也不会强求让别人接受你的观点。相反，我们通过对话，来发现任何人身上可能出现的任何错误，从而使每个人都从中受益。”[①]平等、真诚的师生对话才是达成教学相长的有效途径。

（四）学生与课文之间的“对话”

学生与课文之间的“对话”是一个复杂而曲折的过程。学生与课文的初次“对话”，是以一个普通的欣赏者的身份去领略作品的美，这种感受惊鸿一瞥，直观且笼统；学生与课文的再次“对话”，是在教师的指导与引领下，以一个学习者的身份，有目的、有方法，循序渐进地靠近作家构筑的精神世界；学生与课文的第三次“对话”，是在前两次“对话”的基础之上，深入思考和探寻课文的篇章结构、思想内容、艺术特色等信息，从而实现意义的生成。学生与课文的三种“对话”好比是个体与世界的相遇：邂逅—再遇—遭逢。起承转合的关键处，正是教师指导下的对课文的解读。

（五）学生与学生之间的“对话”

现代学校教育环境中，教师教学的对象并非单独的个体，学生参与各种形式的“对话”的过程中总是有“他者”的存在，这就意味着课堂教学过程中会有大量的生与生之间的“对话”的产生。对话理论强调对话关系间的差异性与独立性。每个学习者都以平等的主体身份参与“对话”，向共同参与的“他者”分享自己的认识与理解。这个交流互动的过程中，每个声音和思想既保持平等的关系，又努力凸显自身的独立性。“对话”的平等与独立在某种意义上还可促使生生之间的交流话语呈现出多样与多元的特征，进入一个“杂语化”“狂欢化”的新局面。在这里，每个声音都有其地位和价值，不是“同音齐唱”的“同而不和”，而是“百家争鸣”的“和而不同”。

---

① 戴维·伯姆著，李·尼科编：《论对话》，王松涛译，教育科学出版社2004年版，第146页。

（六）学生与自我之间的“对话”

“对话”是“开放性”的，所有人都无法预知“对话”动态生成的结果；“对话”又是“未完成的”，因为生活的本质就是“对话”，生活没有终结，“对话”就不会终结。以对话理论的这两个特征来思考语文教学解读中的“对话”，就不难发现语文教学解读的“对话”并不止于“课堂”这一场域，也不仅限于“教师—学生”“教师—课文”或者“学生—课文”等关系。学生借助“对话”，实现了个体与世界的“我—它”关系到“我—你”关系的转变，进而理解作家所构建的世界。随后，“这一切进入自我意识”“构成自我意识自身的对话性”。[①]换言之，个体与外部世界的“对话”并不是完整的“对话”，还需要进一步与自我“对话”，完成对自我的批判与反思。所以，语文教学解读还需关注学生在自我“对话”中潜藏着的“自反性”阅读，引领学生从理解课文、理解他人，理解世界，迂回至理解自我，在与自我的“遭逢”中实现思想的升华，人格的完善，生命的成长。

第三节　语文教学解读与语文课程

《普通高中语文课程标准》（2017年版）中对语文课程的性质做了这样的界定：“语文课程是一门学习祖国语言文字运用的综合性、实践性课程。工具性与人文性的统一，是语文课程的基本特点。”强调语文课程的综合性和实践性折射了语文课程和其他课程的何种差异？工具性与人文性的统一对语文教学提出了哪些要求？语文课程的性质与特点又对语文教学解读提出了哪些挑战和要求？本节将从语文课程特征、语文课程目标以及课程活动方式等方面，对语文教学解读与语文课程的关系进行分析。

① 金元浦：《文学解读学》，东北师范大学出版社1997年版，第68页。

一、从语文课程内涵看语文教学解读

（一）语文课程内涵的主要因素

廖哲勋在《课程新论》中提道："课程是在一定学校的培养目标指引下，由具体的育人目标、学习内容及学习活动方式组成的，具有多层组织结构和育人计划性能、育人信息载体性能的，用以指导学校教育、教学活动的育人方案，是学校教育活动的一个组成部分。"①从这一表述中可以看出，课程是由课程目标、各类教学资源和教学活动等有机组成的一个整体。课程目标回答的是教育培养什么人的问题，教学资源是师生实施教学行为的重要载体，教学活动是教学得以实现的主要途径。

具体到语文课程，其课程内涵又是什么呢？李海林认为要回答这个问题，必须要明确两个概念，他在《"语文"是由什么要素构成的?》一文中说："语文本体论回答的是语文的本源和实质，属于语文教育哲学的范畴；而语文构成论则回答语文有哪些成分和要素。"他认为语文本体论告诉我们语文教育首先是人的一种实践活动，它的本源和实质，是人的一种价值选择。而语文构成论首先要确定的是语文课要达到什么目标，实现这个目标需要开展哪些活动，开展这些活动要涉及哪些"材料"。

（二）语文课程内涵的历史演变

关于语文课程的目标、材料和活动等要素，历史上曾经有过诸多争议。20世纪40年代，叶圣陶和朱自清在回顾"五四"以来的语文教学状况时曾经说过："'五四'以来国文科的教学，特别在中学里，专重精神或思想一面，忽略了技术的训练，使一般学生了解文字和运用文字的能力没有得到适量的发

① 廖哲勋，田慧生：《课程新论》，教育科学出版社2003年版，第43页。

展，也未免失掉了平衡。”[①]一大批语文教育家在知识理论指导下，以语文知识为经，以选文为纬，编订了中国现代语文教育史上第一部系统的教科书《国文百八课》。“知识化”在当时成为中小学语文教育发展史上的一个进步标志。但是，在20世纪90年代掀起的语文教育大讨论中，“知识化”却成为众矢之的。学界对语文教育缺失人文内涵的批判声音蜂拥而起，于是，语文教学的“人文教育”在语文课程最重要的载体——教材上攻城略地，最直接的表现是按人文主题编排单元成为语文教材的主流，如苏教版的“人文母题”，沪教版的“感悟亲情”“体悟生命之美”等。

改革开放以来，中国与世界接轨，信息化、经济全球化对人才培养模式提出了新的挑战，在培养适应社会发展的高素质人才与创新型人才的同时，人们日渐重视语文课程在立德树人、文化育人方面的重要作用。因而，《课程标准》明确指出：“语文课程是一门学习祖国语言文字运用的综合性、实践性课程。工具性和人文性的统一，是语文课程的基本特点。”这一课程理念落实到教材和教学活动中，就表现为语文教材的选文特别注重人文性，教学目标的设定上特别重视立德树人、文化育人，在教学活动的组织上尤其关注综合性和实践性。

（三）语文课程内涵的当代共识

语文课程和其他课程一样，是学校教育体系中的一门课程，是学校教育活动的有机组成部分，承担着重要的育人功能。但语文课程和其他课程又有明显的区别，其他课程是人类文化中某一个领域某一个方面的成果，更多地表现为一种显性的知识存在，而语文课程是人类文化产生的基础和平台，更多体现为一种隐性的知识存在。刘大为指出：“语文学习的过程中学生确实不需要像其他学科的学习过程中一样掌握那么大量而系统的知识，语言能力的发展主要是以语感的方式实现的。”[②]学生的语感是在生活实践中积累形成的。儿童从出

① 朱自清：《〈国文教学〉序》，《朱自清序跋书评集》，生活·读书·新知三联书店1983年版，第36页。

② 刘大为：《语言知识、语言能力与语文教学》，《全球教育展望》2003年第9期。

生开始就置身于母语环境中，耳濡目染的语言感觉和语言实践活动一以贯之。我们的说话、交际、写作、阅读都是我们语言实践的平台，生活中时时处处都有语文课程的存在。学生学习语文不仅仅是在学校开设的有形的语文课程中学，更是在生活实践中的无形语文课程中学。正如陶行知在《教学做合一下之教科书》中说的——“我们要以生活为中心的教学做指导，不要以文字为中心的教科书”。可以说，从没有哪一门课程的综合性、实践性如语文课程这般伴随人的终生。人们运用母语阅读、交流、思考，语文是每个人获取知识、研究学问的工具，语言文字运用的能力和品质，关乎着人的成长。从这个层面上说，每个人都是语文课程的实践者，也可能是语文课程的观察者，这些都从某种程度上影响着语文课程发展的方向。

二、从语文课程目标看语文教学解读

（一）当今语文课程的主要目标

前文提到，课程的主要构成因素是课程目标、课程资源和教学活动。课程目标属于教育目的的范畴，回答了“培养什么样的人”的问题。语文课程目标的定位和其他学科不同，语文课程目标更多的是属于“能力目标”或者“素养目标”，其他学科的课程目标更多的属于“内容目标”。钟启泉和王荣生在《语文教学的内容与目标的达成》中说“‘内容目标’往往较为具体、直接地涵盖着乃至规范着课程与教学内容。而能力或素养目标，往往并不直接、具体地规限课程与教学内容，对期望学生达到结果的描述（即目标“是什么”）与为达成目标而选择的课程与教学内容（即“教什么”）之间，存在着种种较为复杂的关系。”①

语文课程到底要“把人培养成什么模样”？对这个问题的答案经历了从“语文知识”到“语文能力”再到“语文素养”的变化。早在20世纪40年代叶苍岑就在《对中学新生谈国文学习》中说：“中学国文科的学习目标，主要有

① 荣生：《语文教学内容重构》，上海教育出版社2007年版，第2页。

三项：第一是表达的技能。第二是阅读的能力。第三是思想（或意识）的能力，如果是高中学生，则借着本科的学习，使其对于固有文化的了解愈加深切，使其民族意识与民族精神愈加坚强。”在当下，学界普遍认识到，语文课程既要通过教材选文传承中华文化，培养学生的文化素养，又要让学生在学习的过程中培养阅读能力与思维能力。总之，更为强调语文教育要重视培养全面、综合的素养。

顺应这一思潮，《普通高中语文课程标准》（2017年版）对普通高中语文课程目标提出了总体要求：“学生通过阅读与鉴赏、表达与交流、梳理与探究等语文学习活动，在语言建构与运用、思维发展与提升、审美鉴赏与创造、文化传承与理解几个方面都获得进一步的发展；坚定文化自信，自觉弘扬社会主义核心价值观，树立积极向上的人生理想，为全面发展和终身发展奠定基础。”这些目标围绕语文学科核心素养——树立正确的价值观和人生理想制定，从路径、内容、结果等方面对语文课程目标进行了界定，同时将上述四个方面的核心素养具体对应12个课程目标：语言积累与建构；语言表达与交流；语言梳理与整合；增强形象思维能力；发展逻辑思维；提升思维品质；增进对祖国语言文字的美感体验；鉴赏文学作品；美的表达与创造；传承中华文化；理解多样文化；关注、参与当代文化。

这12条目标之间既相互独立，又彼此融合。无论哪一条目标都要求语文教学必须以学生为主体，以学生的语言实践活动为基础。具体到对文本的教学解读中，就是要求尊重学生的阅读体验，不能以教师的专业化视角和研究视角替代学生的阅读体验。教师的职责在于组织学生以综合性实践活动的形式，引导学生通过阅读教材选文等语言材料，在语言运用的实践中培养学生的审美能力、思维能力，进而在此基础上立德树人。

（二）语文课程目标下的语文教学解读

解读教材上的选文是达成语文课程目标的重要方式，但不同性质的课程目标决定着解读方式的差异。解读的主体是教师还是学生？衡量解读质量的标准是学术性、理论性、独特性、超前性还是其他？

我们通常将对教材中选文的解读统称为“文本解读”。“文本解读”作为西方文艺理论中的一种解读方法，是指文学研究者从学术的角度对文本进行分析和研究的一种行为。它专注于文本本身，并运用一定的理论、方法对文本进行分析、研究和阐释，它追求解读的学术性、理论性、独特性和超前性。这种解读强调解读的专业和艰深。将其搬到语文课堂，难免异化为这样的形态：教师成为专业解读的搬运工，学生成为专业解读的知识箩筐。这显然与新的课程目标所必需的学生主体性、实践性不符，也不利于学生阅读能力、审美能力、思维能力的培养。这种不考虑学生的存在，缺少互动的解读形式背离了当今的语文课程目标。

我们主张的教学解读则不是这样。语文教学解读应是语文教学活动中用于传授知识、培养技能的特殊阅读方式。它是师生双边共通的教学活动，师生以课文为研习对象，从语言、结构、思想、情感、手法、技巧、意义及作家等方面进行深入地分析与研究。

从选文类型看，语文教学解读所面对的教材选文必须是文质兼美，富于文化内涵的。考虑到中学生的年龄特点、知识背景以及阅读心理，选文又需在语言表达上避免艰深晦涩，在主题内容上保证积极健康，要能承载优秀的民族文化，确保文化构成的多样性。从培养学生的综合素养的目标出发，选文类型需注重基础性、时代性，力求拓展中学生的文化视野和科技视野；从语文综合素养的培养层面考虑，选文应确保文体丰富而多样。

从阅读视角看，语文教学解读的视角应坚持教学视角。一般意义上的文本解读可以有三个方面的视角，分别是欣赏者视角、研究者视角和教学视角。欣赏者的视角是要在所面对的文本对象上寻出一种美与价值来，是个体内心对美的感应。一般来说，欣赏者的视角更多的是遵循我们内心的审美直觉，一首诗，一片风景只要在欣赏者的内心唤起一种朴质的原初的心理愉悦，就有了它的审美价值。这种欣赏者的视角不需要高深的文化背景和知识修养，每个人内心可能都会有对美的对象的直觉反应，但却未必在内心中形成一种思维能力。一般来说，普通人面对文本多是欣赏者的视角。而研究者的视角则是要深入到文本内里，对文本的结构、意义、价值、背景、技巧等方面做精深的研究。研究者的视角对鉴赏主体来说，要求更高。孙绍振在《名作细读》中这样阐释研究者的视角："学习文本分析，其实就是努力使自己的心理图式开放，提高心理图式对陌生信息的同化功能。这就要丰富自己已有的图式。从哲学上、美学上、文学上、文化上，多方面提高、深化、丰富，最后还要学习在语言上正确创新地表述，这是一个在质量上提高自己精神能量的过程，是需要长期、刻苦的磨炼的。"①一般情况下，文本解读指的就是这种研究者的视角。

语文教学解读所需要的是教学视角。教学视角不像单纯的欣赏者视角那样只关注审美愉悦，还要关注相关知识的积累、思维能力的发展和情感态度价值观的塑造。教学视角不像专业的研究者视角那么精深细致，需要根据中学生的认知特点降低难度、拓展宽度。

三、从课程活动方式看语文教学解读

语文课程是学生认识自我和世界，提高自己思维品质的载体。这种认识和提高是在多种多样的学习活动中完成的，课程的实施离不开施教者和学生双方富有策略和个性的活动方式，因此，以下从两个方面谈语文教学解读的策略：依循学科自身的特点和规律，从施教者的角度谈语文教学解读的策略；依循受教育者身心发展的规律，从学生学习活动方式角度谈语文教学解读的实践。

（一）从教师的课堂组织形式看语文教学解读

语文课程是工具性和人文性的统一。工具性强调语文课程要重视语言文字运用能力和思维能力的培养，要致力于学生语文素养的全面提高；人文性则强调语文课程需通过一篇篇的教材选文重视培养学生的审美情趣，培养学生的人文内涵。在现行的课程标准体系下，语文课程由必修课程和选修课程两个部分组成的，必修课程突出基础性和均衡性，选修课程给了学生一定的选读空间。语文课程目标的落实是通过18个语文学习任务群得以贯彻实施的，语文学习任务群是以语文学科核心素养为纲，以学生的语文实践活动为主线设计的，语

① 孙绍振：《名作细读——微观分析个案研究》，上海教育出版社2009年版，第19页。

文学习任务群以任务为驱动，以学习项目为载体，整合学习情境和学习内容、学习方法、学习资源，着眼于培养学生语言运用的基础能力，进而在此基础上提升学生的思维品质和审美鉴赏与创造能力。这就要求教师在课堂教学过程中，不是单纯地以传授知识为主，而应该通过教学任务的设计，关注学生的语言运用实践，通过学生自主的语言实践活动，从而积累言语经验，获得审美感悟，培养运用语言文字的能力。

语文教学解读是从教学层面去解读文本，它不同于专家学者的研究性解读，语文教学解读既要关注文章自身的特点以及课堂教学内容的选择，又要关注学情，研究学生个体对文章的理解和感受能力，继而通过语言运用的实践训练，让学生在与文章对话的过程中形成自己的阅读体验。也就是说，施教者需要面对的是课文、学生和课堂三重对象，施教者必须考虑三要素的整合。

学生是课文解读的主体，课堂是师生互动的过程，很多教师都能有这样的意识：尊重学生的阅读体验，鼓励多元解读。但是在实际教学过程中，教师除了从背景、作者、内容分析、语词品味方面进行碎片化的知识讲解外，还习惯于从自己喜欢的角度，用专家学者的解读或者个人的一孔之见替代学生的阅读体验，最后以单向的结论输出为教学解读画上了一个终止符。这使得我们的语文课堂养成了一种看似“百家争鸣、百花齐放”的热闹场面，实则缺失了阅读的主体——学生的参与。教授一篇史铁生的《合欢树》，有的教师眼中看出的是亲情母爱，有的教师眼中看出的是生命意义的独特感悟与思考。但是对于一个十几岁缺少阅历的孩子如何让他体会生命的沉重？如何让他理解“悲伤也成享受”的深刻内涵？教师单纯地介绍作家个人经历恐怕也是“隔靴搔痒”。如果要深入理解文章，我们就必须要引导学生与课文对话，与作者对话。这时就需要引导学生阅读作家一段时间甚至一生的重要文学作品，去充分领略作家的生命观，理解作家的作品风格和作家个人之间的关系。因此“整本书阅读与研讨”要求学生在阅读过程中形成和积累自己阅读整本书的经验，根据不同的阅读目的，综合运用精读、略读与浏览的方法读懂文本，把握文章丰富的内涵和精髓。比如理解史铁生的文章，不能局限于某几篇文章，而必须阅读他从双腿残疾后的作品，从字里行间感受作家痛苦的心路历程以及在写作中寻找到生命意义的重生。不仅要读他的作品，还要读他的访谈文章，读相关作家对他的评价，这样学生才会建立起对史铁生作品的整体认知，也才会浸润到语言文字中去体悟作家的思想感情，也才能真正理解《合欢树》中那句“悲伤也成享受”的真正内涵。而这种心与心的交汇恐怕不是教师课堂上几句简单的语词训练就可以完成的。

（二）从学生的学习活动方式看语文教学解读

学生的学习活动方式受多种因素影响，其中既有来自书本上的知识体系的影响，已有认知经验的影响，同时还有周围环境的影响以及自身学习心理等复杂因素的介入。以史铁生的一篇《合欢树》来讲，初中阶段学生在诵读与欣赏的过程中，能比较好地感受到史铁生在文中诠释的对母爱的理解，而到了高中阶段，学生就不仅仅希望从中感受一种亲情，更希望全面地了解史铁生这个人，了解他的生活经历在文章中的投射，也希望能触摸到文章下幽微含蓄的情感内涵。学生可能会对阅读过程中产生的契合心灵的某些语句有探究的欲望，可能会对其中的合欢树的象征义多了一重思考。同时，这个年龄段的学生不会浅尝辄止地停留于教材，而是可能课下自己去阅读相关的史铁生的其他作品，以拓展自己的阅读深度和广度，还会将自己的阅读感受与心得与其他人分享，或者独自记录下来，与自我进行对话。而作为课堂引导者的教师，需要引领学生对文章进行沉浸式的体验与思考。

高中阶段的孩子是属于自我表现欲比较强烈的阶段，关注自我个体内心心灵的感受，不愿意接受他人既定的言论，甚至有时更欲带着怀疑与反叛的心态去看待眼前的教材。教师应该及时“捕捉”学生心目中对文章的“初感”，通过设置教学情境，利用合理的任务驱动，引导学生理解、深悟课文，而这个过程是流动的，甚至是阶段性的。

当然，尊重学生的原初体验，不代表放任学生可能的浅阅读甚至是错误的阅读。学生的阅读心理因其生长环境、生活阅历和文化视野不同而有差异性，教师应该引导学生通过教材选文提供的语言路径和内在的逻辑性，循序渐进，最终实现课文解读的优化效应。

四、从语文课程看文本解读的误区

（一）文本解读与语文教学解读

“文本”源于拉丁文 texere，本意是“联结、交织、编织”，并衍生出“构建、构成、建造或制造”之义。狭义上说，文本指未经阅读的言语成品，即“作品”。西南大学教师教育学院荣维东认为“文本”与“作品”含义不同：“作品”强调它是“作家的创造物”，意义是客观的，甚至是“唯一确定的”；而“文本”强调它是“读者的创造物”，是“自主开放的意义结构”，其意义有待读者去理解、分析、发现，具有多元对话、意义建构的特性。作者在创作作品的时候是有他自己独特思想的，这些思想隐藏在语言符号之下，作者显然并不打算让读者那么轻易发现他的思想历程。而读者的任务就是通过阅读，去逐步地揭示隐藏在语言符号之下的作者的心路历程，特别是阅读经典文学作品，探索思想情感的过程因其有多种不确定性和分叉路而显得神秘莫测且风光无限。

文本解读是文艺理论学术语，近年来在语文教学界频频被提及，从以前文本解读的缺席，到如今文本解读受到关注，我们看到新世纪语文课程改革的理念：注重学生主体学习能力的提升，重视课程的人文内涵以及学生的思维品质和思维能力的提升。但是，我们同样也看到，当下的语文教学界，将语文教学解读当成学术性的文本解读之风日渐走向极端，各种欣赏性的学术性的文本细读与漠视学生实际认知能力的超前解读，正在让语文教学走向另一个极端：越高深越精彩，越个性化越吸引人。在听课的过程中经常会看到公开课教学中动辄引用的专家学者高深的理论性解读已经成了一种风气，这需要引起我们的警惕。

语文教学解读和通常意义上的文本解读不同。事实上，在文本解读的过程中，曾经有几种解读范式：“作者中心”解读范式，“作品中心”解读范式，“读者中心”解读范式。荣维东将作者创作受到作家本人的影响和制约以及社会环境的影响合并称为“社会中心”解读范式。每一种解读范式都有其各自的历史渊源与发展历程，比如“社会中心”解读范式在我国是由孔子的“兴观群怨”说首开先河；而“读者中心”解读范式的深渊则为孟子的“知人论世”说，它强调作品的解读要从作者的心路历程、生活经历、人生遭遇出发；“读者中心”解读范式则认为：文本是一个独立自足的意义系统，文本的价值和意义是通过语言文字构成的。文本解读要以作品本身的内容和形式，而不是以作品所反映的社会历史经济状况作为解读依据。关注文本的形式在国外20世纪30年代比较盛行，我国最早则可上溯到孔子的“言之无文，行而不远”。

语文教学解读和文本解读既有相同也有不同，相同的是解读对象都是“读者的创造物”，其意义有待读者去理解、分析、发现，其间有多元对话与意义建构的过程。但教学解读不同于文本解读，首先解读主体不是专业的学者，不需要追求学术性。其次，解读的过程是在教师的引导下进行的，是考虑课程培养目标和教育价值的取舍性解读。从过程看，是在教师的引导下，通过阅读建构课文的意义来促进学生的知识获取与能力完善。再次，从阅读对象的选择上看，文本解读的阅读素材比较自由，基本是文学类文本，占有的资源和阅读内容范围相对丰富与广泛，而教学解读的内容是教育部门根据一定的课程培养目标和培养方向选择的有利于人才发展和适应社会需求的，有利于继承弘扬传统优秀文化与汇聚东西方优秀人文内涵的文章，且基本上都是短篇文章。基于以上这些区别，语文教学解读和文本解读有着不同的阅读取向和解读目标，因而教学解读不能等同于文本解读。

（二）文本解读的误区

教师是课堂教学活动的实施者，也是语文教学解读的引领者和摆渡者，教师对文章的解读能力直接影响到阅读教学的效果，也是学生阅读理解能力能否提高的关键因素。长期以来，教师对文章的解读主要存在以下几个方面的问题：

1.缺乏自主解读课文的能力，多依赖于各种资料

造成这种现象的原因，首先是教师个体的学术积淀不够厚重，要求学生探

究思考，自身却不践行；其次，工作任务的繁重让教师难以沉下心来面对阅读的文章；再次，信息化时代搜寻便捷让教师产生心理惰性，不愿意在其中投入时间和精力。基于以上的原因，教师在解读文章的过程中，应该摒弃心理期待和惰性心理。教师阅读“素”文本的体验是理解学生的基础。这要求教师不借助任何参考资料，在阅读过程中，感受作品的意蕴、情感的流动以及语言的鲜活。素读文章，可以获得对文章真实的阅读体验、真切的审美感受和独立的价值判断，这和学生日常的阅读状态是相似的。素读过程中所产生的问题和捕获的特征可能就是教学的重难点，是备课时候需要研究解读的问题。当然，教师的素读文章和学生素读有不同的地方，即教师要思考如何利用文章进行教学，教师要思考文章涉及的语文知识和语文能力在哪里，学生可能存在哪些问题，阅读教学过程中如何引导学生，等等。例如阅读《老人与海》，教师在素读文章的过程中，需要思考主人公桑迪亚哥的典型意义在哪里，作者借此要传达怎样的思想内涵？作品是否有什么深刻的社会意义？而这些其实是小说阅读教学过程中需要引导学生掌握的阅读能力。

2.感性取代理性，心理暗示先行于文章解读

教学解读都是要诉诸理性的，解读过程中，不能全然以“感受”“感悟”替代文章分析。语文教师在面对一篇课文时，常常以自己个人的好恶决定教学内容的取舍，因喜欢某一位作家的作品而“爱屋及乌”，不能用批判性质疑的目光去理性地看待文本的疏漏。特别是面对感性诗歌的时候，随意放大个人的感悟，脱离文本的语言层面的分析而主观臆断作者的情感。或者接受了某些既定的观念，对课文的解读缺乏思考的过程而陷入“我执”中，用自己的心理暗示取代客观的分析。比如教授《荷塘月色》这样一篇经典名篇，由教材中的文眼“这几天心里颇不宁静”生发开去，放大文本中作者的情感，以作者的忧伤、时代的黑暗等暗示先行，去寻找文本中的字词“印证”自己的结论，这些都忽视了解读的理性原则。当然，还有另一种倾向也同样需要引起我们的重视：有些语文教师盲目自信自己的学科背景，甚至有意炫耀自己的“学术”，因而不顾学生的认知结构和心理，强行“灌注”自己的结论，用各种“诱导”式的方法带引学生走向自己预设的结论，这也是教师个人权威性在课堂上的体

现。比如教学《雨巷》，常常有的教师在解读过程中喜欢将作家戴望舒与施绛年的情感经历移植到诗歌中，将丁香姑娘和施绛年画上等号，并津津乐道，喧宾夺主。这就会背离诗歌本身的教学目标——从诗歌语言、意境氛围和诗句形式上去感受理解诗人的情感。

3.因为要体现学生的主体性而误读多元解读

多元解读源于现代阐释学的兴起。在现代阐释学看来，阅读个体在和阅读文本建立联系时，读者所受到的文化、经验和习惯起着潜在的影响，这种影响在人们进行阅读活动中就会发生作用，恰如鲁迅对《红楼梦》的一段精彩诠释："单是命意，就因读者的眼光而有种种：经学家看见《易》，道学家看见淫，才子看见缠绵，革命家看见排满，流言家家看见宫闱秘事。"[①]《课程标准》强调在阅读教学中"重视语文的熏陶感染作用，注意教学内容的价值取向，同时也应尊重学生在学习过程中的独特体验"。的确，阅读是学生的个性化行为，不应以教师的分析来代替学生的阅读实践，但是，也不能一味强调学生的个性体验、多元解读，而忽视了课堂教学和班级学习的特点，忽视了教学内容的价值取向和教师的引导作用。教学中，常看到语文教师在解读文学性的作品时，有意夸大学生的主体性和多元解读的内涵，造成文章解读的肤浅、庸俗或者标新立异，而罔顾作品的真实性。因此，多元解读是有边界的，学生的主体性不能被无限制地放大。

基于以上问题，在语文教学解读过程中，教师作为课堂教学的组织者和学生阅读实践的引领者，要提高自身解读课文的能力，在朴素阅读中坚持和课文对话，尊重自身的阅读体验和课文的作者，同时能进行角色互换，理解和感受学生可能有的阅读疑难和困惑，从而更好地确定教学内容。同时，在阅读课文的过程中，要钩玄提要，针对课文进行理性分析，不能以主观的感受取代理性分析，要注重课文自身内在的逻辑性。

① 《鲁迅全集》，人民文学出版社1981年版，第145页。

五、从语文课程视角看语文教学解读的原则

（一）充分发挥课文的教学价值

教材上的文章有其自身的密码——语言。课文，是一连串的文字符号，有着相对的稳定性，作者用文字符号来表达自身对生活的感悟与思考，这些文字符号隐秘地传达着作者的独特生命体验，是作者对世界的“观照”。而教师作为解读者，要调动自身的见识、学养与经验，对课文发现、探索、解密与创建，这个过程是一个由静态文章生成动态文章的过程，也是读者对课文的第二次“观照”。正如德国文学评论家尔夫冈·伊塞尔在《文本的召唤结构》中所说：“作品的意义，只有在阅读过程中才能产生，它是作品与读者相互作用的产物，而不是隐藏在作品之中等待阐释学去发现的神秘之物。”而被选入教材中的文章，有着极强的目的性和育人价值，是民族传统文化和社会发展需求共同作用的特殊产物。其目的是让受教育者涵养强大的精神，锻造美丽的灵魂，成为符合国家和民族利益的有用人才。教材中的选文，或者以其情韵流动、思接千载的文字散发着优美的文字馨香，课文自身具有美的意蕴，教师和学生在阅读的过程中受到心灵的陶冶，培养一种审美的情趣和能力，这就具有了一种课文解读之外的教学价值；或者以其含蓄深沉的思想内涵召唤读者去解读其中的意趣，课文自身承载了厚重的文化内涵，师生在阅读的过程中探幽寻胜，提升自己的思维品质，也同样使文章具有一种不言自明的教学价值。教材的选文具有双重的解读价值，教师不仅对课文进行内容上的解读，也要对课文的教学价值和育人价值进行解读，这就决定了在对课文解读的过程中，教师要尊重课文自身，尊重其背后的作者和语言符号系统，最大限度地让课文发挥其自足的审美价值和思想价值。

（二）特别注重学生的主体地位

学生既是教育对象，同时也是教学解读的参与者和合作者。课堂教学中，

教师对课文的解读只是起引导的作用，而不能越俎代庖，用自身的经验和学术背景取代学生的认知体验。理想状态的语文教学解读，是教师引领学生，与文章对话，与作者对话，与语言文字对话，师生共同探幽寻胜，运用理性分析的态度抵达艺术真理的境界。

学生是鲜活的生命个体，对课文有着最真切和原始的体验。阅读《老王》，学生会对生活在底层的老王有着出于人性深处的同情和怜悯；阅读《故都的秋》，会对郁达夫笔下的故都的清和静有着直觉的感受。因此，在教学解读的过程中，我们要尊重学生朴素的阅读体验。当然，过分强调尊重学生的主体地位，对学生参与对话的过程中隐含的阅读谬误和心理偏差不能透视与纠偏，也会导致学生阅读水平的降低。坚持文章客观性和解读主体性的统一，就是要在不违背课文内在逻辑的基础上，对课文做出尽量丰富多元的阐释，进而培养学生的多元解读和创造性解读能力。因为阅读主体的元认知和生活背景有着比较大的差异，教师在课文解读的过程中，应该重视学生的认知结构和心理差异，善于为学生提供思维支架，将课文置于多元主体的复杂对话场域中，基于课文的原生价值，基于学生、教师和编者的心理认知，进行多视角全方位的品读、还原、比较、鉴别、欣赏，从而更好地发现和创造课文的教学价值。

（三）坚持以语文性为原点

语文教学解读所面对的文章，是根据一定的语言规则组成的语句系统，具有独立于作者和读者的客观性。王尚文教授曾说过："语文教学的聚焦点应该是'言语形式'即'怎么说、怎么写'，而非'说什么写什么'"[①]。在阅读教学中，学生既要学习特定的"言语内容"，更要学习特定的"言语形式"。这是语文阅读教学解读的基本价值取向。先秦诸子在关于语言与世界关系的讨论中认为语言是唯一的先决条件。"言以足志，文以足言"的观念认为读者的理解能与作者的意图达到同一；而"道不可言，言不尽意"的观念则强调文章意义的不确定性。先秦诸子非常强调从语言的层面去认识世界，例如墨子一派相信，语言有指称世界、传递知识、表达思想的作用，语言与世界并不是分离

① 王尚文：《语感论》，上海教育出版社2006年版，第1页。

的，而是可以契合的。对于教材选文的阐释来说，文字是唯一的先决条件，其他的语言、思想、真理等，都只能在文字中去发现。关于这一点的认识，最典型的莫过于诗歌的教学价值。古代诗歌的语言是精炼、微妙、典雅的，著名的“推敲”的典故，就说明了古人在炼字炼意的过程中的殚精竭虑的努力，而古代阐释学中的“以意逆志”也强调通过语言符号系统去回到作者的原意。虽然说“诗无达诂”，但诗歌是作者自我表现、自我抒发的文本，诗人期待自己的思想能被别人理解，那么诗歌语言作为最小的编码单位，承担了负载主题和情感的任务，因而，我们读诗的过程中，要通过诗歌的语言编码，去品读意象，感悟诗人传达的情感。这里要注意，诗歌的语言编码具有连贯性，解读时要注意语句之间、语意之间的关系，这样才能连贯地把握诗歌的主题和情感。例如辛弃疾的《鹧鸪天·石壁虚云积渐高》

石壁虚云积渐高。溪声绕屋几周遭。自从一雨花零乱，却爱微风草动摇。
呼玉友，荐溪毛。殷勤野老苦相邀。杖藜忽避行人去，认是翁来却过桥。

这首词描述的是有关村居的生活，具体是写作者应邀到山村老人家里去做客的情形。上阕写山村老人家所在居舍的环境和屋前之景——风吹山草的风姿。下阕主要是写山村老人的殷勤接待。整首词运用倒叙手法，将词人到山野老人那里做客的情形，非常简洁而又鲜明地表达出来。品读时需要关注“忽避行人”的主体对象，仔细揣摩“却过桥”的主客双方，如此才能理解这首词的语意顺序和诗人情感。

语言是语意传达的符号系统，语文教学解读过程中，通过语言符号系统去理解文意不独体现在诗歌教学过程中，也体现在文言文的教学过程中。“言为心声”，文言文中人物内心的想法、志趣和思想智慧往往从人物语言中显示出来。不仅如此，有时言语中还迂曲含蓄地体现古人的智慧，比如《殽之战》中秦国三位被俘的统帅被释放回去时对着秦国的追兵说的“三年将拜君赐”，如果不理解语言的独特表达方式，也就无从体会人物内心的羞辱和隐忍以待的坚忍。

（四）尊重课文、多元解读

课文是作家对世界的观照与思考，带有作家强烈的主观情感，自身有着相对的稳定性。读者阅读课文的过程，就是依循课文自身的语言符号系统，去寻找、发现作者隐含的情感和思想的过程。德国哲学家伽达默尔把解释文本看作解释者同文本的对话，他认为“理解总是以对话的形式出现，传递着在其中发现的语言事件”。同样，宋代人也相信，只有具备和诗人大致相等的知识储备，获得与文章共同的语言，破译密码，才能真正完成与文章的对话。因而，古人强调的“以意逆志”的目的就是重新回到作者本意。语文教学中所强调的知人论世和前人的“以意逆志”说是一脉相承的，脱离作者本意和创作背景，就会陷入课文阅读的误区。当然，语文教学解读不仅要关注作者的本意，还要深入领会编者意图，对课文的教学价值进行思考。在教学解读时，通过语言符号系统，精微地洞察作者写作背景和寄托的主旨情感，对课文的结构、语言、思想、文脉了然于心，深入揣摩编者意图，对教学重点、难点心中有数，根据文章特质，充分把握散文、诗歌、小说、戏剧等各种类型选文的阅读特质和内在语义系统，才能正确地理解课文的要义和作者的意图。

当然，“读者中心论”强调读者的阅读体验，《普通高中语文课程标准》（2017年版）也明确指出要“在阅读各类文本时，分析质疑，多元解读，培养思辨能力”。语文教学解读中，要尊重学生的阅读体验，引导学生在语言建构与语用过程中提升思维能力。要注意多元解读的边界，多元解读的前提是尊重文本自身的语言符号和自足的语义系统，即“多元有界”。童庆炳在《文学理论教程》中就反复指出：阅读接受，一方面是异变的、不确定的、无限的，存在着审美的差异性；另一方面是有阈限的、有范围的，存在着社会共通性。以自己个人天马行空的阅读感受去进行课文解读，无疑是不尊重文本作者和漠视社会共通性的表现。对此，王荣生说“我们既要坚决地、积极地鼓励、支持学生的个性阅读、多元阐释，又要大胆地、认真地对于那些‘越界’的解读加以纠偏”[1]。有教师在解读《荷塘月色》的时候，对文中的《西洲曲》进行过度解读，认为里面的“莲子清如水”，“莲子”是“怜子”的谐音，由此解读出此文是朱自清先生在家庭生活不和谐、夫妻关系紧张下写成的。

总之，语文教学解读的价值取向是尊重课文自身所具有的语意特征，借助语言符号系统，同时，客观地审视不同课文的内部语言形式和语言特征，对课文进行逻辑分析，力求在尊重课文自身语意系统的基础上进行解读，并根据教学重点和编者意图进行教学价值的取舍和确立，从而科学地解读教材选文。

① 王荣生，李海林：《语文课程与教学理论新探·学理基础》，上海教育出版社2008年版，第4页。

第七章　语文教学解读的实践探索

第一节　群文阅读的视角与切入

一、语文教学解读视野下的群文阅读

在语文教学的研究领域，群文阅读这个说法提出的时间并不太长。2013年，于泽元等学者第一次对“群文阅读”做出清晰的界定：

“群文阅读是师生围绕着一个或多个议题选择一组文章，而后师生围绕议题进行阅读和集体建构，最终达成共识的过程。”①

于泽元等学者认为：“群文阅读”中的群文，是围绕一个议题所选择的一组课文的整体，而非几篇文章的简单叠加，需要课文间有内在深层的关联。议题是群文可以作为整体进行阅读的关键，指人们在阅读时进行深入探讨的线索或讨论的话题。议题能够贯穿一组课文使课文形成一个整体。议题既可以从内容角度提炼，也可以从形式角度提炼。群文阅读是结构化阅读，它将阅读者置于更加复杂的课文信息中，阅读者通过对多课文信息的整合形成清晰的理解结构，从而超越碎片化的思维方式，走向高阶思维；群文阅读是探究性阅读，多

① 于泽元，王雁玲，石潇：《群文阅读的理念与实践》，西南师范大学出版社2018版，第73页。

课文的组合让课文拥有更多的探究价值，师生在探究过程中不断整合、不断探讨，最终形成自己的理解认识；群文阅读又是创新性的阅读，学生不仅需要理解课文自身的意义，还需要对课文之间的联结进行不断的建构与创造，在这样的过程中培养创新能力。①

群文阅读虽然比单篇阅读更为复杂，但在教学中同样应遵循教学解读的理念与方法，从语文教学的目标与需要出发，以培养学生的语文核心素养为旨归。基于教学解读的概念与群文阅读的内涵特征，群文阅读的教学应该形成以下的价值取向：

“群文阅读”中议题的选择与确定，应突出教学性，指向语文核心素养的培育。语文教学中的群文阅读，既不是娱乐消遣，也不是学术研究，而是师生共同探究的教学活动。因此，群文阅读议题的选择应符合语文课程培养学生语文核心素养的基本要求，能从语言、思维、审美、文化等不同层面指引学生开展语言实践活动，在群文的比较和统整中促进学生语文能力的提升。

“群文阅读”中一组课文的确定，应注重课文的教学价值与整体结构。在群文阅读教学中，课文的选择与议题的确定同样重要。首先，课文要有教学价值，有助于学生围绕议题开展语言实践活动。其次，课文不是单篇的简单叠加，而是根据群文阅读的议题形成有内在联系和整体结构的一组课文，有利于师生教学解读活动的开展。

“群文阅读”教学的开展，应尊重学生认知规律，循序渐进。群文阅读的难度本来就超过单篇阅读，群文阅读的过度经典化和多元化会成为学生无法消化的教学内容，反而干扰正常的语文学习过程。因此，教学开展应兼顾教师、教材与学生的认知背景，以语言解读为基础，找到学生的最近发展区，循序渐进，一步一个台阶地不断导向高阶思维。

---

① 于泽元，王雁玲，石潇：《群文阅读的理念与实践》，西南师范大学出版社2018版，第74—75页。

二、群文阅读的视角与切入

群文阅读的视角是多样的，切入方式也是多元的。但对于中学语文课堂来说，群文阅读的视角与切入不同于文艺学或语言学等领域学术研究，也不同于欣赏性的阅读，而应该根据教育教学的目标来选择合适的视角和切入方式进行教学解读。因此，群文阅读应遵循语文《课程标准》中所提出的学科核心素养培育的要求，关注并聚焦语言、思维、审美、文化四个视角。

（一）语言视角

《课程标准》中指出，语言建构与运用是语文学科核心素养的基础。教学解读将课文视作语言符号的结构系统，关注语言进入学生大脑的过程。相比单篇阅读，群文阅读中的语言鉴赏建立在多课文的基础上，又基于共同的议题展开，更有助于学生发现语言运用的一般规律，也能促进学生在比较中发现差异甚至区分优劣，从而培养阅读语感。

从语言视角切入群文阅读，可以根据语文学习任务群的要求选择适切的议题展开。比如在文学作品阅读与写作任务群中，可以关注文学作品的语言运用，如修辞手法、炼词炼句、语言风格等；思辨性阅读与写作任务群中，可以关注概念的界定、语言运用的严谨性等；实用性阅读与探究任务群中，可以对基于实用的语体文特点进行比较与探究。总之，语文学习中所涉及的不同文体的语言鉴赏都可以成为群文阅读的议题。比如以小说教学为例，如果将《百合花》《哦，香雪》《祝福》放在一起组成群文，可以把“人物称谓”作为议题进行群文阅读。《百合花》中的人物以“通讯员”“新媳妇”这样的身份特点来称谓，凸显的是小说中的主要人物都是萍水相逢的陌生人，但仅有两三次见面就能结下深厚的友谊，可见战争年代的人性与人情之美；《祝福》中的“祥林嫂”以她第一任丈夫的名字来称呼，尤其是再嫁之后第二任丈夫去世，“大家仍然叫她祥林嫂”，体现的是“从一而终”的封建女性观根深蒂固的存在于人们的思维之中；而《哦，香雪》中的人物命名则有象征意味，“香雪”两字中蕴含的芬芳与洁白展现了人物的美好性格与精神追求。人物称谓虽然是看似不起眼的细枝末节，但却能以小见大，凸显作品的主旨。把语言运用作为群文教学的议题，对培养学生的语言敏感有重要的促进作用。

从语言视角切入群文阅读，还可以跨越任务群选择不同文体的课文进行比对和分析。如沪教版《雪落在中国的土地上》是表现1937年中国命运的诗歌，在教学中可以引入其他文体表现同样主题的作品或文字来进行比较阅读，比如历史教材中对于1937年中国命运的概述性文字（实用性文体的语言）。通过诗歌与历史教材中文字的比对，能发现文学作品语言具有形象性和抒情性的特点，以生动鲜明的形象触动读者的情感；而历史教材中的语言具有概括性和客观性，通过对事实的冷静叙述诉诸读者的理智。两者因写作文体和写作目的的不同在语言运用上有鲜明的差异。跨越任务群的群文阅读聚焦的是不同文体的作品在语言运用上的特点，对培养学生的文体意识有重要的价值。

（二）思维视角

语文学科通过语言的学习促进学生的思维发展。语言和思维互为表里，有密不可分的关系。语言差异的背后，是思维方式的差异；语言优劣的背后，是思维能力的高下。在群文的教学解读中，可以把思维作为重要的视角，聚焦语言背后的思维从而形成议题，在比较与辨析中进行思维的训练，促进学生思维品质的提升。

思维视角的群文阅读在各任务群中都可以实施，而在思辨性阅读与写作任务群的教学中尤为常见。从高中语文的教学要求来看，思辨性阅读与写作任务群在很大程度上承载了逻辑思维、辩证思维、创造思维、批判思维培养的重任。因此，对于思辨性的议论文，在群文教学的设计与实施中首先要从思维视角思考议题。如陈赣老师的《劝学》《师说》群文阅读教学，以两篇作品的思维逻辑为议题，引导学生关注议论类文章的思路与手法。教学中，教师提问："从论证之道来看，你更喜欢哪一篇文章？" 有学生认为，《劝学》中运用的大多是比喻论证，比喻论证只能起到解释道理的作用，论证的说服力不强。在教师的追问与引导下，学生进一步分析文中比喻论证在逻辑上存在的瑕疵与漏洞。而对于《师说》，学生发现文中“爱其子，择师而教之”“巫医乐师百工之人，不耻相师”的表述与“师道之不传也久矣”的判断存在矛盾。在教师的点拨下，学生领会到文中的“师道”有特殊的内涵，文章在逻辑上能自圆其说。两篇文章的教学让学生明白了经典未必不能质疑，惯常的思维习惯未必就没有逻辑上的瑕疵。学生通过学习不仅仅更深刻地领会了学习之道，批判思维、逻辑思维的能力也得到了训练。①

当然，在文学作品的教学中同样可以关注作品的思维特点。比如叶剑波老师以《变形记》《骑桶者》为核心篇目的群文阅读设计，聚焦的是小说中虚构的隐喻意义。《变形记》中将主人公格里高尔变作一只甲虫，隐喻人生的无常感、悲剧感和灾难感；《骑桶者》中，空桶是一种匮乏、希求和寻找的隐喻，“我”幻想骑桶去，认为骑着桶比走着快，说明了“我”幻想尽快摆脱困境。虚构中的隐喻，是文学创作中的形象思维和创造思维，以非现实的描写揭示对现实的理解与思考。这种思维方式和表现方式在中国古典小说如蒲松龄的《促织》中也有体现。聚焦文学思维，能够帮助学生理解文学创作的一般规律，促进学生提高对文学作品的鉴赏能力。②

（三）审美视角

语文学科注重培养学生的审美鉴赏力和创造力。群文阅读中的审美视角主要依托文学作品的阅读与鉴赏开展教学解读活动，通过对不同文学作品在艺术形象、表现手法上的比较和梳理来丰富学生的审美体验，提高审美评价的能力。

审美视角的群文阅读，可以从艺术形象的角度切入。比如把“文人笔下的自然”作为议题，将《故都的秋》《荷塘月色》《我与地坛》组成群文，可以引导学生探究不同文章描写景物的艺术特点和审美情趣。三篇文章联读，可以发现“一切景语皆情语”，景物描写中渗透了文人的主观情绪。郁达夫笔下的秋，

① 陈赣：《〈劝学〉〈师说〉课堂教学实录》，《语文建设》2020年第1期，第29—31页。

② 叶剑波：《虚构的隐喻：〈变形记〉〈骑桶者〉等群文阅读教学设计》，《中学语文教学》2020年第9期，第63—66页。

渗透着“雅趣”和“物哀”之美，表现出作者因人生际遇所形成的人生体验和审美情趣；朱自清笔下的荷塘有着静谧、朦胧、梦幻之美，表现出作者在现实的羁绊中以诗意的想象来寄托心灵；史铁生笔下的地坛寂静荒芜而又充满生机，传递出作者内心的苦闷与矛盾，却又预示着作者在绝望处渴求着希望。三篇文章中的自然之美，是文人心灵的寄托。作品带给作者自己精神慰藉的同时，也给读者带来美的享受。

审美视角的群文阅读，也可以从表现手法的角度切入。比如将“词的结句艺术”作为议题，将一组在结句上有典型特点的词作组成群文，引导学生在艺术形式的比较中进行审美体验。古人论词，认为结句“有有余不尽之意为佳”。“有余不尽”，在于结句词尽而意未尽，给读者以想象和回味的空间。结句以描写作结，或是景物描写，或是人物描写，往往能达到这种效果。群文中可以选择《念奴娇·赤壁怀古》《沁园春·长沙》等篇章，通过对“一尊还酹江月”“到中流击水，浪遏飞舟”的赏析来引导学生认识这种艺术效果。然而，直抒胸臆的结尾是否就没有这种效果？如果以《声声慢》和《天净沙·秋思》为例，在前文景物描写和细节描写的基础上，结尾处承前而变，以“这次第，怎一个愁字了得”和“断肠人在天涯”作结，同样给予读者想象与思考的空间。因此，对诗歌结句的审美评价也不可机械，要根据诗歌谋篇布局的具体特点而定，但诗词结句词尽意不尽、余味无穷的审美追求，给读者带来的是想象与思索的广阔空间，具有重要的审美价值。学生通过群文的阅读，对诗词创造美的手法与途径有深入的探究，审美品位和审美能力也在这一过程中得到提升。

（四）文化视角

对文章的教学解读，必然会从表面的言语形式深入到文化理解的层面。因此，基于文化视角的群文阅读，在组文时可以选择体现不同文化观念的作品形成群文。教学中，从作品文化内涵的差异入手，呈现给学生多元文化观念的碰撞，促进学生对不同文化思想的理解。

比如在统编教材中选录多篇先秦诸子散文作品。先秦诸子的作品语言表达、艺术形式等方面固然有所区别，但在文化思想上的差异更为显著。对诸子散文的群文阅读最终会归结到不同思想流派在文化观念、思维方式、人生态度等方面的差异。如将儒家和道家相比较，《论语》节选中所传递的“仁”与“礼”的思想、《齐桓晋文之事》中表达的“仁政”思想，与《庖丁解牛》中“得养生之道”的顺应自然大异其趣；将儒家与墨家比较，儒家的“博爱”与墨家的“兼爱”也针锋相对、各持其说。对先秦不同文化思想的比较与理解，对学生正确认识中华传统文化有重要意义，也为继承与弘扬奠定坚实的基础。

中外文化的比较与辨析，也是群文阅读可以探索的方向。如统编教材必修下第二单元由《窦娥冤》《雷雨》《哈姆莱特》三部经典戏剧作品组成，三部作品所体现的文化心理也各不相同。《窦娥冤》是中国传统式的戏剧作品，其悲剧内涵是中国式的社会悲剧。自身的弱势地位、恶势力的欺凌、官吏的颟顸造成了窦娥的悲剧命运，人们通过观剧宣泄了内心对黑暗社会的不满与愤怒，最后的“团圆”结尾又满足了人们情感的需求。《哈姆莱特》是西方式的性格悲剧，其中的主人公往往是众人艳羡的强者，但在光鲜亮丽的外表下却有难以克服的性格弱点，最终导致悲剧的结局。而《雷雨》中的故事和人物是中国式的，但命运悲剧的内核却是西方式的，体现了中外文化的沟通与交融。虽然对于高中生来说，深度挖掘三部经典作品的文化内涵有一定的难度，但至少给他们打开了一扇窗，感受到中外文化的差异和文化理解的重要性。

第二节　群文阅读的方法

对于群文阅读，学者潘庆玉指出：

相比于单篇课文的教学，群文阅读的视野无疑被打开了，它最显著的特征就是多课文语境的交叉建构。多课文语境带来的是阅读视野、阅读方法、思维角度、体验过程等方面发生的一系列深刻变化，它为学生的语言建构与思维发展创造了条件。[①]

的确，群文阅读建立在单篇阅读的基础上，但从阅读方法的角度来看两者大不相同。单篇阅读的方法解决的问题是对单一课文的理解与赏析，而群文阅读的方法要解决的问题是对群文间的相互关系和结构化特点的理解与把握。因此，群文相比单篇，在阅读的方法上必然有着自己的特点。

在语文学习中，对群文的教学解读也必须适应这种变化，从培养学生的语文核心素养和高阶思维的目标出发，对课文的结构进行有意义的构建，并且注重群文阅读方法的指导和思维的训练。教学中，要关注群文的多课文语境存在的结构性特征。群文的内在结构，会因为课文间相互关系的不同而呈现出多种可能性。群文之间必然有关联性，否则不能成为一组文章。但是，课文间的关联方式各不相同，可以出现并列、对比、互补、主次等多种情况。课文间的关系不同，群文阅读的目的也就会有差异，在阅读中运用的思维方式也不尽相同，可能会出现归纳、演绎、迁移、比较、整合等多种思维活动。从这个角度来说，群文阅读的方法也应该匹配多种思维能力的培养，形成语文核心素养培育的不同路径。

从以上理解与思考出发，在群文的教学解读中最常运用的四种阅读方法为：归纳阅读法、对比阅读法、辅助阅读法、整合阅读法。

一、归纳阅读法

归纳是一种重要的推理方法，由一系列具体的事实概括出一般原理。归纳阅读，是指在群文教学解读的过程中侧重于运用归纳的思维方式，教师引导学生关注一组文章的共性，从而总结出某一类文章的基本特点，提升赏析此类文章的能力。

在群文阅读的设计中，一组文章既有共性也有差异。从“这一类”的共性和“这一篇”的个性出发，就形成群文阅读两种不同的方法与路径。归纳阅读

① 潘庆玉：《群文阅读：由链接而群聚，因密响而旁通》，《语文建设》2018年第1期，第27页。

法聚焦的是“这一类”的共性，以“类”的特点为议题来进行教学解读。组成群文的课文，在体现“类”的共性方面有一定的典型性，多篇文章的比较往往使“类”的共性更为清晰地凸显出来。教师在此基础上引导学生运用归纳思维阅读群文并总结创作与阅读的规律。

在群文阅读教学中，教师可以将写作内容、写作主题、写作手法等有共性的文章组合起来形成群文，通过归纳思维引导学生梳理“类”的共性。比如以“怀古诗词”的群文教学为例，作为古诗词中重要的题材之一，不同作者的怀古诗词作品虽然在主题、手法上会有差异，但在艺术构思上其相似性十分明显。在统编教材教学中，可将必修上的《念奴娇・赤壁怀古》《永遇乐・京口北固亭怀古》《桂枝香・金陵怀古》形成一组群文，以“怀古词”为议题进行教学。通过共性梳理，能够总结出怀古诗词在艺术表现上的主要特点。怀古诗词往往以古迹凭吊或故地登临为写作缘起，如“怀古词”群文中的赤壁古战场、京口登高所见的南朝旧地及六朝古都金陵。怀古诗词中最常见的手法是用典，《赤壁怀古》中以周瑜为代表的千古风流人物，《京口北固亭怀古》中的孙权、刘裕等金戈铁马的英雄以及名将廉颇，《金陵怀古》中“门外楼头”的陈后主，都成为作者思想感情抒发的重要寄托。怀古诗词的写作意图往往是借古讽今、借古喻今或怀古伤今。《赤壁怀古》中的“人生如梦”是苏轼对自身际遇的感怀，《京口北固亭怀古》的“廉颇老矣”是抒发自身壮志难酬的悲愤之情，《金陵怀古》表达的是对当朝时局的忧虑。通过三首词作的学习，学生对怀古诗的一般特点有了清晰的认识和准确的把握。

在群文阅读教学中，归纳思维又可以与演绎思维、迁移思维配合运用。通过归纳阅读对规律进行总结后，在课后作业的设计上形成一组新的群文阅读。比如在“怀古词”教学的作业设计中，可以引入《西塞山怀古》《山坡羊・潼关怀古》等诗、曲作品，学生可以运用演绎思维和迁移思维对同类作品进行自主阅读，从而进一步巩固课堂所学，将规律付诸阅读实践。

二、对比阅读法

对比在文艺和文学的研究领域是一种常用的方法。对比阅读，是指在群文教学解读的过程中，基于某一议题对一组文章进行比较分析，发现不同文章在思想情感、表现手法等方面的差异性，从而提升学生对语言文字个性化表达的鉴赏能力。

与归纳阅读不同，对比阅读侧重于在一组课文之间发现差异，语文学习的价值也在于课文间的差异，探究的重点不是“这一类”的共性，而是“这一篇”的独特性。对比阅读虽然重在对比，但阅读的前提还是共性。只有在表面的共性中发现潜藏于文字背后的独特，对比阅读才真正具有语文教学的价值。

运用对比法开展对群文的教学解读，可以从表面的共性出发，通过比较引导学生不断发现差异和独特，从中培养辨析能力和鉴赏能力。比如把史铁生的三篇散文《秋天的怀念》《合欢树》《我与地坛》组成群文，阅读和教学的切入点的是三篇文章的共性。其共性并不在于是同一位作者的作品，而在于三篇文章都以大量笔墨写到自己的母亲。但是，三篇文章写母亲，作者的意图是否相同？围绕这个议题对三篇文章进行深入阅读和比较，就会发现三篇文章的差异之处。《秋天的怀念》单纯明朗，表达了对母亲深切的怀念、对母爱的赞美以及“子欲养而亲不在”的悔恨之情。在《合欢树》《我与地坛》中也都流露出上述思想感情，但只是作品主题中的一部分。詹丹教授说：“母爱是《合欢树》的母题而不是主题”，的确如此。《合欢树》的结尾处出现的孩子，他“不会知道这棵树是谁种的，是怎么种的”，“我”和母亲之间的故事没有任何人能真正了解，这是个人生命体验的独特性，因而“合欢树”是一颗种在作者内心深处的树，是独特生命体验的象征。而在《我与地坛》中，写母亲的文字在深沉情感的背后多了对人生与命运理性的思索。母亲的命运是课文中命运思考的组成部分，写母亲的章节是合奏中的一个声部，与其他章节共同凸显的是命运的主题，表现作者对生命的沉思与理解。对三篇文章进行比较后，学生能够发现表面共性背后的独特性。教学培养的是学生深入课文的意识、发现差异的眼光和鉴赏评价的能力。

相比归纳阅读的一般规律性总结，对比阅读对课文的赏析更加深入细致，难度相对来说更大，但对学生语文能力的提升有更重要的促进作用。统编教材单元编写中的一组文章，往往也在主题、手法、风格等方面凸显独特性。这样，语文教师运用对比阅读法引导学生开展群文阅读大有可为。

三、辅助阅读法

在群文的教学解读中，一组文章间的关系并非一定是并重的，可以根据教学的实际需要分出主次。其中的某一篇可以是核心篇目，其他文章如众星捧月，为核心篇目的解读服务。这种群文教学解读的展开方式可以称之为辅助阅读法。辅助阅读法是一种聚焦式的群文阅读。对核心课文的理解与赏析是教学的最终目的，而其他篇目为解读核心课文提供了内容、思路或方法等方面的启发与借鉴。

在单篇教学中，学生对经典课文的隔膜经常发生。一方面是学生阅读积累不足所造成，另一方面与经典课文自身的时代背景、表达特点的独特性有关。因此，在教学中要为学生提供理解课文的途径和支架。其中一种方式，就是引入一组文章，通过多篇文章的阅读为经典课文的理解服务。在教学中，许多教师已经开展了有益的探索。比如曹茂昌老师以《短歌行》为核心课文的群文阅读，所提供的阅读篇目有《短歌行》诗歌、《三国演义》横槊赋诗节选、《诗经》中《子衿》《鹿鸣》原诗、曹操求贤三令。其他课文的引入，是为《短歌行》的理解与赏析服务的。《三国演义》节选在一定程度上还原了《短歌行》的写作背景（尽管对这一点仍有争议），将学生带入真实的历史情境中；《子衿》《鹿鸣》两首诗的引入帮助学生更好地理解“青青子衿”和“呦呦鹿鸣”两处作者运用典故的用意；而求贤三令和《短歌行》形成文体上的对照，主题上的相似性呈现出《短歌行》渴慕人才的迫切和建功立业的雄心，文体上的差异性体现诗歌借助意象与典故表达思想感情的形象性与抒情性。总之，其他课文的引入与比较成为一把把解读核心课文的钥匙，使《短歌行》的教学呈现出更丰富的内容，学生也可以依托群文对《短歌行》的主旨与艺术特点有更深入的理解。①

辅助阅读和对比阅读可以配合使用。特别是经典课文阅读的过程中，引入其他类似主题的文章进行比较，通过高下优劣的比较凸显出经典课文的艺术价值，也是另一种形式的辅助阅读。比如在教学《拿来主义》的时候，将论述“吸收外来文化”的常规议论文引入教学。通过比较，发现《拿来主义》作为杂文笔法灵活，语言生动形象、幽默讽刺，比常规议论文更有艺术性和战斗性。经典课文的理解与鉴赏，通过经典课文与一般课文组合成群文，通过比较来使辅助阅读更见成效。

四、整合阅读法

整合阅读法，是指一组文章围绕某个主题展开。单篇文章是从一个角度呈现了主题的某个方面，群文形成了并列、互补的结构。而群文阅读的目的，是从不同的文章中筛选、整合信息，从而对主题形成相对完整的认识与理解。

在现代传媒高度发展的背景下，语文学习的素材与资源是极其丰富的。在这种情况下，语文课程必须要培养学生对信息进行筛选分析、优化组合、综合利用、加工创新和创造的能力，即信息整合能力。一组文章的多样性、丰富性使群文阅读在培养信息整合能力上相比单篇更有效果，因此在群文的教学解读中不可忽视整合的方法与思维。

以必修上“家乡文化生活”单元的家乡风物志写作为例。风物志写作是写作活动，但其基础是广泛收集、阅读与风物相关资料，其中就包括阅读介绍风物的文章，构成的就是一组群文。比如一组学生拟以“武康大楼”为上海风物志的写作对象，于是通过百度搜索和中国知网寻找关于武康大楼的文章。搜索所得包括：武康大楼百度百科词条、新闻报道《武康大楼旧貌换新颜》《武康大楼教会我们“在跳动的心脏上做手术”》、散文随笔《武康大楼记事》、学术

① 曹茂昌：《指向核心文本的群文阅读教学策略——以〈短歌行〉为例》，《中学语文教学》2020第7期，第19—22页。

科普《经典武康大楼》、研究论文《浅谈城市文化建设与历史建筑保护——以武康路建筑保护与再利用为例》等。这些文章构成的一组以“武康大楼”为专题的群文，是学生了解武康大楼的重要途径。学生阅读的目的，是通过对信息的整合更全面的了解武康大楼。在阅读中，学生需要进行分析、取舍与综合。比如对武康大楼建筑艺术的认识，百度百科的权威性比不上学术科普与研究论文；要了解武康大楼的现状和最新动态，新闻报道更加及时和迅速；而武康大楼给市民带来的情感记忆则渗透于散文随笔的字里行间。一组群文中，以不同的文体帮助读者从不同层面和角度了解武康大楼的前世今生，获得对风物感性与理性的认识。

整合阅读的方法经常运用于真实的语文学习情境中。学生在开展研究性学习、撰写研究论文的实践中，整合阅读是不可或缺的重要环节。在这样的真实情境中，一组群文的生成不是事先预设的，而是通过检索寻找后客观形成的。对一组课文的整合，包括了分析、质疑、综合等高阶的思维活动。新课标强调语文学科的综合性与实践性，也更注重在真实情境中开展语文学习。整合阅读法的意义也因此而更加凸显出来。

第三节　整本书解读议题的选择

整本书阅读与研讨是统编教材高中必修教材七个学习任务群之一。本任务群旨在引导学生通过阅读整本书，拓展阅读视野，建构阅读整本书的经验，形成适合自己的读书方法，提升阅读鉴赏能力，养成良好的阅读习惯，促进学生对中国优秀传统文化、革命文化、社会主义先进文化的深入学习和思考，形成正确的世界观、人生观和价值观[①]。

整本书阅读在必修阶段安排了18课时，应完成一部长篇小说和学术著作

① 杜志兵:《经典作品阅读的教学与考试评价跟进——兼及〈普通高中语文课程标准〉中整本书阅读要求的理解与应对》,《中国考试》2020第1期，第37—46页。

的阅读，重在引导学生建构整本书的阅读经验与方法。在9个课时内完成一整本书的阅读指导，教师需要做好“顶层设计”，落实阅读指导、专题探究和交流提示，其中，议题的设计尤为关键。

整本书阅读与教学解读的出发点是一致的，同样是师生双边共通的教学活动。通过解读，极力发现汉语组合的规则，掌握汉语言的组合规律，在语言的理解分析中提升学生的思维，在语言学习中产生热爱汉语言的感情，并建构不同类别书籍的阅读经验、阅读方法和鉴赏方法，并以此带动更广泛的阅读，逐步完善学生的知识储备，拓宽学生的阅读视野，提高他们的审美鉴赏能力，全面提升学生的语文素养。

但是整本书解读与一般的课文解读又有不同之处：整本书更强调“整体感”，不能抽取片段孤立地分析词语组合规律，不能仅仅着眼于零敲碎打地局部片段分析，在议题的选择上必须慎重。

所谓议题，指在阅读解读一部作品中存在的可供师生展开讨论的话题，是“需要辨析预判断的命题”。它是整本书阅读与解读的重要支架，帮助学生有针对性并在一定高度进行阅读，提高阅读效率和阅读品质，也帮助教师深入了解学生阅读与思考的过程，更好地提供教学引导。议题不是“专题”，不能过于宽泛与平和，是要让学生在问题的牵引下，有章法地阅读。一般在整本书的阅读教学过程中，需要设置4—6个议题，比较完整地串联整本书，并使解读有层次地推进，有质量地表达。

整本书的解读议题的设置要注意把握它的几个主要特性：功能性、过程性和关联性。

一、功能性

（一）激发阅读兴趣

阅读，可以是轻松娱乐式的纯接受性的被动阅读，也可以是主动综合、侧重读者参与创造的积极阅读。消费式阅读算不上是一种真正的阅读，因为它已经被简化为消费。读者必须要在阅读中参与实践、参与作品再创作，也就是写作式阅读才是真正的阅读。

好的议题首先要有趣味性和活动性。学生面对一个有趣的、切口较小的、覆盖面比较广的问题，更容易激发起自身的主动性，在足够的思考空间下，根据自己思维特征切入整本书，获得不同的审美体验和学习体会，并有比较强的意愿与他人交流讨论，从而发现矛盾冲突与认识盲点。只有这样的议题才能更多更好地让教师发现学生视角下的整本书，在聚焦中获得足够的研究空间，达到整本书阅读的目标。

相对于长篇小说来说，学术著作更让学生敬而远之。如何让学生主动研读《乡土中国》，可设计让学生查阅、勾画家谱，并讨论如何从家谱中印证“中国社会是乡土性的”。《红楼梦》鸿篇巨制，前三章学生也是看得云里雾里。针对学生可能随意跳过的收租、发月钱的情节，以及他们看不懂的放高利贷、钱财往来和抄家的内容，可设计议题“《红楼梦》里的经济学”来激发他们的阅读兴趣，并且以一点带全篇，对荣国府由荣到枯、大厦将倾有了具体认识。有趣且有实践性的议题，确实是激发学生阅读兴趣的很好的突破口。

（二）梳理结构框架

学术著作内部自有以概念相勾连的研究体例，但是每一个概念的解读如果只是照本宣科一个一个落实，那么这些学术著作概念进入学生大脑过程将会是非常机械、割裂和被动的，采用议题的形式可以帮助学生梳理著作的结构框架，使概念易于理解。

比如在阅读《乡土中国》时，可设置“如果重新编排《乡土中国》，你如何编排目录”的议题。学生要回答这个问题，就必须通读整本书、概括章节内容及解读关键词，需要查找出关键词之间的联系，还要用思维导图的方式梳理文章结构。过程的“烧脑”往往更容易入脑，这样活动，学生就会对书的内容有比较深入理解。

文学作品也总是若隐若现地存有一个“预示结构”，但学生阅读往往“不识庐山真面目，只缘身在此山中”，陷入情节与人物特征中而无法生成自身清晰的阅读感受。通过议题的设置，帮助学生从纷繁的人物与情节中“拔”出来，有助于他们形成自己的阅读认知与判断。在《红楼梦》阅读指导中可提出问题“贾府由盛转衰的转折点是在哪一回?”学生认为是在“元妃省亲”，或是在“抄检大观园”，抑或是“探春理家”，他们梳理各章情节关系，并找出文中信息，在完成这个议题的过程中更好地把握了文章结构框架，为分析作品做好充分的铺垫。

（三）培养思辨精神

解释学认为，作品的意义是诉诸读者理解和阐释的有待实现的意义，它在课文与读者的交流对话中生成或建构。读者的每一次重新阅读都将产生新的意义，阅读的效能取决于思维参与的深度与准确度。

“问题是思维的引擎”，议题是可讨论的话题，是尚未形成众人都认可的结论，或者并不会有比较明确的结论。教师通过议题的设置，唤醒学生思维，帮助学生多角度全面看问题，客观理性地认识问题。而在交流中，议题结论的不明确能够激发学生各抒己见，不断评价着自己或他人的分析过程与结果，以评价推进解读。

学生在发现问题、分析问题以及解决问题的解读中，必然会对其在语言建构与运用、思维发展与提升、审美鉴赏与创造、文化传承与理解几个方面都将获得进一步的发展。

在《乡土中国》阅读课中，可设置“‘礼治’与‘法治’的矛盾，最终能得到解决吗?”的议题，同学们一方面引经据典，另一方面从现实生活的热点事件中找证据，反推作者观点的现实意义。有趣的是，不管一开始是认为“能”或“不能”的同学最终都会承认“礼治与法制矛盾的解决不会那么简单，但在社会文明不断进步的今天，终究会找到礼治与法治的融合点和平衡点，做到礼与法并行不悖”。

在《红楼梦》的阅读课中，可设置“后四十回的续写是否有艺术价值”这个议题。学生们从一开始上网查找资料，到认真阅读课文提出看法，再去研读“红学”专家的相关研究，他们回答不断被肯定、被质疑、被补充，再被肯定、被质疑……最终形成了绝大多数人所认可的结论。

议题讨论时的冲突是学生思维多样性的体现，有冲突才有对冲突的解决。呈现思维的结果并不是最重要的，在讨论过程中思维推论的严谨与查找课文证据的严谨，是最重要的考量因素，也是最重要的锻炼成果。

二、过程性

（一）尊重认知规律

学术著作与长篇小说的思维方式、阅读策略并不相同，每一位学生阅读能力与核心素养的层次也并不相同，因此在整本书阅读的解读教学中，要尊重学生现有认知水平，基于认知规律设置议题。

《乡土中国》是学术著作，内容较为抽象宏观，逻辑性也比较强，因而需要引导学生在加强概念理解的基础上借助书中所举例子加强对概念的把握，以及运用概念解读社会生活具体事件，运用热点新闻如“女儿举报父亲高速打电话”的事件进行评析，实现“理解理论—分析生活事件—加深理论认识”的过程。

《红楼梦》则是长篇小说，学生很容易将焦点集中到宝黛爱情故事情节，忽略更全面和深层的内容理解。因而需要通过议题的设置引导学生以某个情节统摄全篇整体把握，真正做到“整本书阅读”。但同时又要考虑到《红楼梦》博大精深，学生能力有限，整本书阅读并非专业的学术研究，设置议题要符合学生认知能力，不可过度挖掘。如可以设置“《红楼梦》中宴会描写的作用”，宴会描写本身很生动，人物性格明晰，学生在阅读时障碍不大，但因为回答议题需要，必须梳理和比对不同宴会中的人物关系及相应情节，依靠已掌握的背景知识与新的变化的情节理解人物性格逻辑、把握命运脉络，再从具体的内容中抽象出宴会描写的意义构建，再回到其他的宴会描写中进一步佐证，最终完成从具体—抽象—具体，局部—整体—局部的螺旋式上升的认知。

无论学生在解读中暂时停留在哪一层面的认识，教师都不必快速将其拔高到预设的解读目标，而是根据学情，调整议题设计框架和评价，尽力让学生处于高效的鉴赏状态。

（二）尊重阅读规律

作品的阅读不同对于具有外在形体的现实物体的观察和鉴赏。阅读是以语词为对象，在感知方式上具有语言艺术独特的间接性特征，作为符号，它必须等待读者想象的再度转换。英伽登在《对文学的艺术作品的认识》一书中曾说过："对文学作品的理解，发生而且必须发生在一系列连续的时间阶段中，这些时间阶段是互相综合地联系的。"在阅读的每个阶段，都要在文中现有含义的基础上建构新的语境并领会新的含义，不断再综合再加工，因而阅读是有序列性和过程性的，尤其是整本书阅读，关注作品的序列化、设置议题纵深化是需要重点考虑的问题。

教师通过带有整合及横向、纵向比较思考的议题的选取，帮助学生完成有序阅读，并引导他们在对课文的整体反思性阅读中参与构成整本书的核心视野或整体意境。例如在指导阅读《红楼梦》"林黛玉进贾府"的过程中，设置了"'林黛玉进贾府'与'周瑞家的送宫花'两处情节设置有何异同"的议题，要求学生在画出路线图的同时，借助林黛玉与周瑞家的视角，把握贾府及贾府中形形色色的人物，同时辨析两处情节各自独立性与独特性，体现作者显隐繁简的精巧构思。

（三）尊重解读差异

作者除了作品外，他是沉默的。课文阅读的交流是在阅读主体与书面课文之间进行的。读者与课文之间没有直接对话的特定语境来作为对立中介的语境来调节问与答的双方，读者除了依靠自己对作品书面文字的理解去揣摩作者的意图外，别无他途。

教学解读的一个重要层级，就是学生对课文进行阐释和评价。"教学解读"强调解读的科学性和规范性，在解读和阐释中，更关注作者写作中对语言符号的选择、组合意图和意义指向，关注语言符号为表述某种"意义"而形成的规则或约束。

与此同时，课文中可以调节相互关系，使读者理解课文的核心信息可能在文中已被分为断片，隐藏于课文各处，必须等待诸位读者的重新聚合，以及按某一参照框架重新组构。同一篇作品存在多元理解的可能性而读者受限于经历阅历、阅读能力、个性差异，对文中各处核心信息接收有差异，所形成的解读结果更是不相同，甚至是截然相反。

这样的问题在长篇小说《红楼梦》的解读过程中比较明显。《红楼梦》人物众多，情节繁复，伏笔草蛇灰线，诗词曲表达的隐晦性，八十回前后主笔者的不同……教师在设置《红楼梦》议题时应当尽量回避自身情感倾向与解读层级，让学生畅所欲言，但同时要注意大方向的引导。如在“性格与命运”的讨论中，学生对王熙凤的性格各有不同看法，教师无须直接判定对错，而是引导学生从文中找到更多核心信息综合判定，并认真倾听他人的解读。毕竟连名家点评都会各有立场，解读差异应当被尊重。议题的开放性可以更好地鼓励学生钻研课文，从多个角度思考问题，兼收并蓄，达到更深的理解层次。

三、关联性

（一）关注课文整合

整本书重在整，但议题需要一个具体的讨论点，过于琐碎则不能关联整本书，过于抽象宏大则空洞无味，因而充分整合整本书的内容和结构，或者整合其他单元内容与整本书相关联的部分，帮助学生见微知著，举一反三，从纲领上把握内容，提升理解深度。与此同时，整本书阅读效果的考查，不可能也不应当是完全拘泥于书本知识点的考查，这样的话就是把书读“死”了，可以整合不同阅读内容，采用关联性议题，帮助学生更好地将书中的理论融会贯通。

从议题本身来说，一个好的议题应当有迁移能力，能够将在这本书中探讨的问题或者思维方式迁移适用到别的作品阅读的过程中。具有迁移性的议题选择，可以更好地发展学生举一反三的能力，提升学生元认知能力。如“请用

《乡土中国》中的理论，分析《雷雨》中周朴园一家的家庭特征”；“用《乡土中国》中的理论，分析《祝福》中的祥林嫂是被谁杀死的？”甚至可以用《红楼梦》来佐证《乡土中国》中的理论。

在整合课文的过程中，蕴含了师生对阅读活动的反思与批判。学生通过对课文主题、历史、当下生活的分析，反思自己的阅读方法、思考路径、结论推断正确与失误的原因，这是一个扬弃的过程，也是一个整合的过程，课堂的开放性、延续性得到了很好发展，学生的阅读知识体系和能力得到不断提高。

（二）运用跨媒介手段

跨媒体阅读是新教改中的另一个任务群，但在整本书阅读中，跨媒体的作用也不可小觑。高中学生即使悟性再强、学术水平再高，也无法在一个学期吃透一本书，运用跨媒体的方式作为辅助教学方式，在议题中涉及跨媒体阅读内容，会让学生在单纯的文字阅读外打开视野，用更多元的方式接受和理解课文信息。艺术具有相通性，可将文学作品的未定之处与意义空白以另一种形式呈现。

比如，鼓励学生“解读《秋菊打官司》与《白鹿原》中乡土性中国的特点异同”，又比如“如何评价电影版《红楼梦》中对原著情节的改编”，“旧版电视剧与新版电视剧人物选取与原著的匹配度”等。学生兴趣普遍比较高，议题完成度也比较好。当然，比较的重心最终是要回归到对课文的解读上，教师要注意把控议题讨论的方向，避免内容游离偏移，导致议题空心化和形式化。

（三）注意现实意义

课文阅读具有历时性和共时性，阅读对于同一作家作品的理解、判断和评价，不同时代是不尽相同的。造成差异的原因一方面是读者期待视野的变化，另一方面是作品本身在历史的背景下呈现出丰富的“语义潜能”。一部作品的意义潜能不会也不可能为某一时代读者或某一读者穷尽，只有在不断延伸的接受之链中，才能逐渐由读者展开，而作品的历史意义也就在这过程中得到确定。这样，历史与现实、传统与当代之间必然会发生“视野融合”。

与此同时，阅读有着与生俱来的社会性，文学的功能是建筑在阅读的社会效果之上的。从现实意义的角度重新认识文学作品的价值，从而对整个社会的精神生活与思想认识产生重要影响。因而，教师在选择议题的时候，应当要考虑到作品的现实性。

无论是学术著作还是长篇小说，都有时代性的烙印和现实性关联的，《乡土中国》中费孝通先生对当时中国基础性特性的阐述，对于当下走在民族复兴道路上的中国，依然很有参考意义；《红楼梦》的研读不仅是“红学”，更是“人学”，正如曹雪芹所说“世事洞明皆学问，人情练达即文章”。在设置议题的时候注意到作品能够启发学生的现实思考，学生才不会把文学阅读作为与生活无关、可有可无的存在。如：《红楼梦》中人物是否有成长性？如何看待现代社会中人的欲望与需要？

整本书阅读是单篇教学、群文教学阅读空间的延伸与深化，也是对学生核心素养培育的重要战略组成，议题则是整本书阅读过程中由师生共同完成解读之路的起点。好的开始成功的一半，教师遵循整本书阅读要求和议题设置的特点，设计议题序列，将会对整本书阅读解读的成效有着举足轻重的作用。而对“议题”功能性、过程性和关联性的把握，将为老师们进行整本书教学，提供很好的路径。

第四节　整本书阅读策略

一、阅读目标的制定和阅读策略的选择

（一）教学目标的制定

既然是课程化的整本书阅读，就应该和教材教学一样，制定合适的教学目标，选择恰当的教学策略，达到整本书阅读的有效性。整本书阅读因为作品本身内涵丰富，体量大，所以教学目标不可能面面俱到。有些目标可能是情节梳理和人物解读，有些解读可能运用文学批评理论来提升学生思考的角度。教学目标或浅或深，或多或少，要根据具体课文和学生的情况来设计。

教学目标的确定应该有两个方面的考量。一是要符合课文的内在逻辑，课文的独特性与普遍的规律体现在何处。小说、戏剧、历史、社科，每种文体有不同的知识体系。对课文内在逻辑的思考，取决于教师对解读此类作品所储备的知识。二是要符合学情，符合阅读对象的认知规律。学生对阅读这类作品的起点在哪里，困惑在哪里，瓶颈在哪里。教师认为学生通过这类课文学习要帮助学生在那个层面上有所建构，是阅读路径、阅读方法，还是课文语言技巧，还是思维方式的提升或是价值观的建构。认识到学生的阅读起点，才能设定有效的阅读终点。

（二）教学策略的选择

教学策略涉及前期阅读指导、课堂教学、课后思考巩固以及拓展等多个阶段。首先要考虑阅读时间的合理性。学生略读、精读这部作品的时间大概多久，太短无法深入阅读，太长学生所读所思容易散碎。中短篇应该以一两周为

宜，比如《乡土中国》可以初读一周，但进一步梳理概念、分析说理思路，可以分阶段进行精读。有些短篇也适合在一两周内读完，比如《边城》《我们仨》；长篇可以以一两个月为宜，比如《四世同堂》《平凡的世界》；有些作品的精读可能需要一个学期，比如《红楼梦》《三国演义》等。

其次，要关注过程性。学生在阅读过程中可以作读书笔记，可以撰写读后感、书评、阅读报告等。如果篇幅长应该要分阶段根据情节发展和阅读进度，进行指导和督促。

第三，课堂教学可以组织学生交流汇报，组织学生小组合作，各组从一个角度解读课文，也可以以每个学生个体为单位进行阅读交流。课堂也可以是师生互动，采用与短篇教学相同的教学模式。

二、整本书阅读指导策略

（一）项目式任务辅助阅读梳理

项目式任务是阅读前教师根据课文特点，设定阅读目标，适合学生初步阅读的教学策略。项目式任务主要帮助学生明确阅读本书或本章节需要掌握的概念、观点，包括基础知识和基本人物情节。对学生的阅读能力要求相对较低，但对于进入阅读难度较大的篇目而言，明确的目标能帮助学生快速进入课文。如阅读学术类著作，获取课文信息，积累基本概念，掌握课文基本观点，是基础的阅读目标；阅读长篇小说，梳理情节，了解主要事件，主要矛盾，厘清人物关系，是基本的阅读要求。项目式任务可以引领学生更有效地进入本文。

比如《乡土中国》阅读指导，可以先从厘清每篇论文的基本概念，梳理每篇论文的行文思路开始。通过梳理的任务掌握核心概念，并了解作者如何围绕这一核心概念展开论述。

《红楼梦》的阅读指导，可以让学生制作人物关系图谱，《水浒传》可以制作每个人物事件综述。

（二）主问题设计寻找思考路径

整本书的阅读应该有主问题的引领帮助学生找到阅读路径。对小说而言，能整合单个人物和片段式情节的理解，使学生在阅读这个人物或情节的时候，深入思考作者的写作目的，整合前后情节及人物诸多行为的背后所指向的核心问题，从而把握课文的核心价值。

问题设计重在提升学生阅读思维。学生在阅读时更多是具象的、片段的，如何通过问题引领，从具象到抽象，在阅读过程中提升学生的整合思维、推断思维、想象思维、批判思维等。

杜威认为，思维不是自然发生的，它一定是由“难题和疑问”或“一些困惑、混淆或怀疑”引发的。杜威着重强调问题之于思维的重要意义，思维的发生就是反思—问题生成—探究、批判—解决问题的过程。

比如沈从文的《边城》，可以围绕“人生形式”的母题，设计如下问题：

①什么是“优美、健康、自然而又不悖乎人性的人生形式”？

②为什么要表现这种人生形式？

③既然是优美的人生形式，为什么小说是悲剧结尾的？

阅读杨绛的《我们仨》时，可以阅读前围绕“生活哲学”的母题，设计两个问题：

①第一部分的短梦和第二部分的万里长梦有什么关系？

②第三部分的琐事回忆体现了怎样的生活哲学（为学态度）。

余党绪老师在《经典名著的人生智慧》一书中，对九部经典著作做了母题的思考探索。如《鲁滨孙漂流记》的“流浪与穿越”，《西游记》的“成长与选择”，《三国演义》的“功名与道义”，《红与黑》的“野心与尊严”，《水浒传》的“反叛与规训”，《哈姆莱特》的“使命与命运”，《悲惨世界》的“苦难与罪恶”，《复活》的“堕落与拯救”，《俄狄浦斯王》的“命运与担当”。这些母题的选择聚焦于该书的核心价值，更是引向学生自身的价值思考，形成真正有效的思辨性阅读。

母题具有普适的基础性、广泛的开放性与多维的关联性，母题的探讨有助于学生对历史与文化的理解，母题又具有个体的切己性、体现了生活的同构性与生命的共同性，母题的探讨有助于学生的精神发育与个性成长。

母题避免了百科全书式的知识，而是更聚焦于适合学生思考的问题上。母题的确定和问题的设计使整本书阅读更有方向性，也可以启发学生多层面的思考，由浅入深，由表及里，最终形成由局部到整体的思考方式，形成由具体到抽象，由情景到哲学思考的逻辑认知。母题是开放而非封闭的，是多维的而非单一的，更能提升学生理性清明的思辨性思维品质，在对课文做出自己的评价和判断中形成自己的价值观。

（三）专题式研究延伸阅读价值

除此之外，整本书阅读在理解的基础上，还可引导学生作专题研究。学术类著作《乡土中国》可以延伸阅读费孝通的《乡土经济》《乡土重建》，也可拓展阅读哈佛大学社会学教授项飙的调查报告《跨越边界的社区——北京“浙江村”的生活史》，了解新时代新体制下的城乡接合部的社会结构。可以拓展阅读托克维尔的《旧制度与大革命》，了解法国革命前夕，法国社会体制的特点，并通过阅读此类学术著作，了解研究社会结构的方法与路径，探究论文写作的方式，探究完整的体系框架，这对学生探究性研究和论文写作都有一定的启发。

比如《边城》可以从“环境美”“风情美”“人情美”的角度来解读评价小说，从而使学生从一般的感受，获得书评写作的技能。还可引导学生阅读沈从文的其他作品，研究沈从文的地域写作。《课程标准》中学习任务群16，是对“中国现当代作家作品专题研讨”，学生也可由一篇小说进入一位作家的研究专题，或者由此打开京派小说的大门，进入流派研究的领域。

根据《如何阅读一本书》中的观点，在分析阅读的基础上，能进入主题阅读，那是阅读的最高层次。专题研究型拓展阅读，对学生的要求更高，这也需要教师做出一定的引导，避免研究范围太大，而使研究流于空洞，或者研究角度太小而价值不高。专题性研究的方向因学生的不同，和教师能力的不同，作适当的拓展。当然，这对教师提出了更高的阅读研究要求。

三、反馈和评价

（一）讨论交流拓展阅读视角

独学而无友，则孤陋而寡闻。每个学生根据自己阅读经验产生的阅读感受，也并非是思考全面，理解准确。弱水三千，只取一瓢。最打动学生的场景和人物也各有不同，最能激发学生认知的点也各有不同。如果阅读经验只有自己思考的一端，那么阅读经验又会陷入狭窄之中。

交流让学生看见他人的阅读经验，从而促使学生在其他整本书阅读中有更丰富的敏锐度，有更广泛的视角。学生对一本书的自由讨论，可以产生思想的碰撞，也可以发现自己阅读疏漏或理解偏差之处，对整本书的理解可以更有整体性和深入性。

整本书的阅读教学是复杂而艰难的，因为内容庞杂，我们的课堂不可能事无巨细地呈现，但由问题引领的阅读与思考，帮助学生更深层地走进课文，同伴的分享与交流让他们看到可以从不同的角度去认识一个问题，从而对于整本书的阅读角度有更多的启发。在阅读、观看、撰写、交流、再反思中，让学生对整本书阅读不再畏惧，认知也不再停留在故事梗概、人物性格上。

（二）评价反馈巩固阅读认知

评价能及时反馈出学生对整本书阅读的理解程度，评价应该是既开放，又让学生对整本书有话说，既考查学生理解的深度，又考查学生的思维能力。

北京高考语文卷的改革是成功的尝试，如2020年北京高考语文试卷中，第17题设计了如下的试题：

《红楼梦》第五回中晴雯的判词是：霁月难逢，彩云易散。心比天高，身为下贱。风流灵巧招人怨。寿夭多因毁谤生，多情公子空牵念。

请从判词的画线部分选择三处，各举出原著的一个具体情节加以印证。

这个试题是情节再现，主要考查学生对主要人物情节的把握，但又因为要结合试题中的要求，在情节回忆的基础上要准确表现其特点。“选择三处”在设计上既体现了对人物把握的完整性，又让学生在“四选三”的选择中对情节回忆有了转圜的空间。

在北京市教育考试院发布的权威分析中指出：试题既科学区分不同考生的阅读能力，还要引导语文教学有效开展整本书阅读活动。阅读《红楼梦》，人物和情节是“枢纽”部分，由此既能延展到对具体细节、主要方法和语言运用的把握，也能上升为对思想主题和艺术风格等的理解。晴雯是贯穿小说的重要人物之一，对其性格命运和有关情节内容进行考查，能够较好地检测考生是否真正地阅读了全书，阅读过程中是否理解了课文内涵。试题让真正读书的考生有获得感，由此引导中学语文遵循整本书阅读的规律和方法，深入开展阅读活动。

在2017年的北京高考语文试卷中，又是以微写作的方式，考查学生对整本书阅读的深入情况。读写的结合、多项选择的方式，让学生既可以选择自己熟读熟思的内容，又能考查学生阅读的深度，在评价阅读的形式多样性上，做了很好的范例：

从下面三个题目中任选一题，按要求作答。180字左右。

①《根河之恋》里，鄂温克人从原有的生活方式走向了新生活，《平凡的世界》里也有类似的故事。请你从中选取一个例子，叙述情节，并作简要点评。要求：符合原著内容，条理清楚。

②请从《红楼梦》中的林黛玉、薛宝钗、史湘云、香菱之中选择一人，用一种花来比喻她，并简要陈述这样比喻的理由。要求：依据原著，自圆其说。

③如果请你从《边城》里的翠翠、《红岩》里的江姐、《一件小事》里的人力车夫、《老人与海》里的桑提亚哥之中，选择一个人物，依据某个特定情境，为他（她）设计一尊雕像，你将怎样设计呢？要求：描述雕像的体态、外貌、神情等特征，并依据原著说明设计的意图。

我们可以将整本书阅读的考察与现代文阅读课文联系起来，以开放式的阅读题来考察学生的学习情况。

比如《边城》就选择《福山路：沈从文先生故居》一文，该文叙述了作者拜访先生故居的感受，对后人少有人问津颇有感触，对沈从文的文学启迪后人鲜有认识颇感遗憾。教师设计相关的试题，来考查学生对小说情节及主旨把握的情境题。

又如对《四世同堂》反馈评价，在高一暑期布置学生阅读并梳理相关人物情节，撰写读书报告的基础上，在开学的反馈测试中，选择了与老舍相关的阅读内容，并设计如下的试题：

①老舍的创作关注民族性格的健康，为民族性格中的庸俗、怯懦和苟且偷安的习气而焦虑，请结合《四世同堂》的相关人物或情节，就这三点中选择其中一点进行分析。

②下面语段选自《四世同堂》，这段话体现了“老舍式的幽默”的哪些特点？请根据材料一和材料二中的观点，结合具体语句进行分析。

蓝东阳不再出声，用力地啃手指甲。他恨李空山得到了美丽的招弟，而他自己落了空。他想起一共给招弟买过多少回花生米，哼，那些爱的投资会居然打了“水飘儿”！他的大指的指甲上出了血，他的脸紧缩得像个小干核桃。恨给了他灵感，他脑中很快的构成了一首诗：

“死去吧，你！

白吃了我的花生米，

狗养的！”

诗作成，他默念了两三遍，以便记牢，好写下来寄到报社去。

所考察的内容除了情节和人物外，还有小说鲜明的语言特点。若学生未通读全文，对小说整体风格的把握就不会那么准确。

评价形式可以是多样的，情节人物观点再现的填空题，对人物情节观点分析的思考题，对人物评价、事件反思、观点思辨的写作题，都可以以试卷形式来检测评价学生的阅读。一方面需要在试卷形式以及分值上作出改革，另一方面，需要在评价标准上设立一定的层级等第，以对不同程度的阅读作出相应的评价。这需要老师作出更大的探索。

项目设计、问题引领，平等交流，专题研究，评价反馈，整本书阅读要找到“入乎其内，出乎其外”的策略，使学生在更多的阅读活动中，既有自己独特的阅读见解，又有思考的深度。

整本书阅读要根据学生的实际阅读经验，循序渐进，引导学生在阅读中，探索阅读整本书的路径，形成丰富的阅读经验。在梳理内容，理解情节的基础上，把握作品的重要观点和价值取向。在阅读的过程中培养学生良好的阅读习惯，寻找有效的阅读方法，提升学生的阅读思维，使整本书阅读成为学生的阅读常态。

第五节　戏剧解读的三个视角

戏剧，指以语言、动作、舞蹈、音乐、木偶等形式达到叙事目的的舞台表演艺术的总称。本书所要解读的戏剧实际上是指文学上的戏剧，是为戏剧表演所创作的脚本，即剧本。它是一种侧重以人物台词为手段、集中表现矛盾冲突、浓缩地反映现实生活的文学体裁，与小说、诗歌、散文并列的一种文体，而不是舞台艺术。戏剧的教学解读需要从学生视角、教材视角和教师视角三个方面来解读。

一、学生视角

人生如戏，戏如人生。阅读剧本，要了解戏剧是如何通过人物对话来推动情节、展开矛盾、塑造人物形象的，需要了解剧本的特点，尤其要注意体味人物语言的个性化特征。

在中学语文教材中，戏剧的选文并不多，部编版教材初中只有九年级下册选了一个单元四篇：郭沫若的《屈原》（节选），何冀平的《天下第一楼》（节选），孙鸿的《枣儿》和厄内斯特·勒曼的《音乐之声》（节选）。高中也只在高一下学期选了一个单元三篇：关汉卿的《窦娥冤》（节选），曹禺的《雷雨》（节选），莎士比亚的《哈姆雷特》（节选），在选择性必修的教材里还有老舍的

《茶馆》（节选）和易卜生的《玩偶之家》（节选）。可以说戏剧在整个中学的语文教材中的选文无论是篇数还是所占的比例都是较低的。

戏剧虽然与诗歌、小说相比在教材里的比重不高，在教学中的重视度也有待提高，但戏剧这一文体，戏剧这一综合性艺术，近年来却是得到了很大的重视，戏剧进校园，在中小学进行教育戏剧，开展戏剧教育，却是越来越得到重视了。那些参与到戏剧活动的学生，有的观看欣赏，有的排练表演，有的甚至自己创作剧本，这些学生对于剧本自然不会陌生，而更多的学生对于戏剧的了解还是不够的，解读戏剧还需要从基础讲起。

二、教材视角

虽然在部编教材中，初中和高中都只选了一个单元的戏剧，但戏剧作为一个重要的文体，仅有的几篇课文却承担了向学生传授戏剧知识学习的重任，因此，越是选文少，越是应该重视，越是要把课文上好，不能因为戏剧与中考、高考的关系不大而不够重视。

在部编教材中，选入的七篇课文包涵了古今中外的作品，有话剧、音乐剧、戏曲，有多幕剧也有独幕剧，有悲剧也有喜剧，代表的面比较广。因此对于教材的解读既要照顾到学生原有的知识，也要尽可能全面、深入地解读，要有概括性，能够体现出教材的广度，也要有一定的深度，能够在不多的课文里，让学生比较多地了解到戏剧的特点和魅力，能够激发学生对于戏剧的热爱。

现在部编教材中选入的古代戏剧只有关汉卿的《窦娥冤》（节选），2007年8月华东师范大学出版的高中语文教材还选过王实甫的《西厢记》（节选）。在教学中，要让学生对古代戏剧能够有个基本了解，就需要对此有一些概括介绍。中国古代戏曲与古希腊戏剧、印度梵剧并称为世界三大古老的戏剧文化。戏剧是一种融文学、音乐、舞蹈、歌唱、美术、武术、杂技于一炉的高度综合的艺术，是一种载歌载舞、以歌舞之功演绎的故事的艺术，是一种讲求虚拟性和程式性，进而追求意境之美的艺术。

元代，北方形成“北杂剧”，南方南戏进一步发展成熟，戏曲形成。元杂剧是中国戏曲的第一个繁盛期，第二繁盛期是明清传奇。在漫长的发展历程中，戏曲产生了繁多的优美声腔，固定了生、旦、净、末、丑的行当之分，并形成唱、念、做、打之“四功”和手、眼、身、步、法之“五法”等独具美感的艺术表现手段。在不断发展、演变和完善中，中国戏曲逐步迈入唯美之境。中国戏曲凝聚着中国传统文化的美学思想，浸透出华夏文明的艺术审美之趣。所以，解读古代戏剧必须关注到它的这些特点。

所选的现当代戏剧主要是话剧，如曹禺的《雷雨》，老舍的《茶馆》，何冀平的《天下第一楼》等，这和戏曲在艺术手法上都有着很大的差别。莎士比亚的《哈姆雷特》和易卜生的《玩偶之家》都是世界戏剧史上的名篇大作，这在教学时都要结合时代背景做进一步的深入解读。

三、教师视角

教学活动应该以学生为主体，教师为主导，要保质保量地完成戏剧教学任务，教师对于戏剧的教学解读，就需要基于不同的学情，针对不同的剧本来分析教材，安排教学内容，确定教学重难点，并设计出能够培养语文核心素养的教学活动和课外拓展。

首先，教师对戏剧教学要有足够的重视。我们看到，戏剧和中考、高考的关系不是很大，因此在语文教学中，教师对于戏剧教学的研究与分析往往关注不够，教学时照本宣科，甚至将戏剧忽略不上，或者是简单地一笔带过，这样就严重影响了学生学习戏剧的效果。其次，教师要掌握戏剧方面的专业知识，能够很清晰地讲解戏剧的特点功能，对于戏剧的台词、舞台说明要能够精准分析，对于矛盾冲突人物形象的把握也要很到位，这样才可能教好戏剧。

戏剧教学要善于挖掘剧本，言语性是语文的本质属性，戏剧教学始终都要围绕言语这个主轴展开，在教学过程中，要认真研读剧本，也可以改编剧本、排演戏剧并互相点评。要尽力做到以语言学习带动思维品质的提升，在语言学习中学会思辨，学会鉴赏戏剧的美，进而形成学生特有的审美情趣，在语言学习中实现文化的传承。

第六节　戏剧解读的三个层次

戏剧这一文体比较特殊，学生的接触相对不多，因此在解读时要特别注意由“低”向“高”、由“浅”入“深”的过程，要先了解戏剧的结构、特点，关注台词与舞台说明，分析矛盾冲突与人物形象，赏析它独特的艺术魅力，并从中发现它的社会价值和人生意义等。

一、积累文化和语言知识

（一）了解戏剧的基本特点

解读戏剧，先要了解剧本的特点。剧本的创作不是为了阅读，而是为了演出。所以，在剧本的创作过程中，从布局、构思到每个细节的安排和处理，都要考虑到戏剧艺术的特点，特别是它的直观性和舞台性，这些特点也决定了戏剧文学的独特性。

第一，戏剧冲突是指表现人与人之间矛盾关系和人的内心矛盾的特殊艺术形式，戏剧表演因为受严格的时空限制，要求剧中人物、时间和场景都要高度集中，即在有限的舞台空间和时间内，展开激烈的矛盾斗争，突出地刻画人物，推动剧情的发展，以揭示生活的本质，反映具有一定社会意义的主题。可以说，没有冲突就没有戏剧。

第二，剧本的语言包括台词和舞台说明两个部分。剧本的语言主要是台词，就是人物说的话，包括对白、独白、旁白等，剧本主要是通过人物的台词推动故事情节发展，表现人物性格的，因此要求能够充分体现人物性格、身份和思想感情。分析人物、剖析冲突，必须要从台词入手。

舞台说明又称舞台提示，是剧本语言不可或缺的一部分，是帮助导演和演员掌握剧情的说明性文字，要求写得简练、扼要、明确。舞台说明包括对人物、时间、地点、场景的说明，对人物动作和表情以及上下场的说明，对舞台美术、音乐、开幕和闭幕的说明。如果没有舞台说明，就难以充分掌握剧情的发展和人物性格的主要特征。因而阅读剧本一定不能忽视舞台说明。

第三，戏剧的结构又称布局，就是情节的安排。狄德罗在《戏剧艺术》第十章指出："布局就是按照戏剧体裁的规则而分布在剧中的一段令人惊奇的历史"。胡可认为它包括怎样分场，角色怎样出场、如何上下场、怎样介绍，场与场之间如何衔接；哪些是正戏，哪些是过场，哪些草草带过；何处从容描绘，何处步步紧逼，何处卖何关子，何处插科打诨；何事先埋伏笔，何时前后呼应；何处跌宕，何处高潮；怎样开场，怎样闭幕；等等。[①]戏剧的结构在时间和空间上都有一定的限制，不能安排太多的场次，演员也不能上下场太频繁，这就要求在有限的时间、场景内，集中地表现出一段完整的情节和许多人物的活动。哈密尔顿在《剧场理论》一书中说："剧作家的问题，不是如何写的问题，而更多的是如何结构的问题"[②]。

（二）作者的生平和写作背景

了解作者的个性、人格、思想、风格、所处的时代及课文写作的背景、创作过程等，既能丰富学生的文化知识，又能够拓宽学生的文化视野，还有利于学生对课文进行深入解读。

学习《雷雨》，要先了解它的作者。曹禺（1910—1996），中国杰出的现代话剧剧作家、戏剧教育家，原名万家宝，字小石，汉族，祖籍湖北潜江，出生在一个没落的封建官僚家庭里。他是"文明戏的观众，爱美剧的业余演员，左翼剧运动影响下的剧作家"[③]。曹禺幼年丧母，在继母的怀抱里就开始观看文明戏。1922年，入读南开中学，并参加了南开新剧团。1929年由南开大学转

① 胡可：《习剧笔记》，解放军文艺出版社1962年版，第67页。
② 参见陆军：《编剧理论与技法》，中国戏剧出版社2009年版，第114页。
③ 孙庆升：《曹禺论》，北京大学出版社1986年版。

入清华大学西洋文学系，开始潜心钻研戏剧。曹禺是杰出的现实主义文学大师，中国现代话剧史上成就最高的剧作家。其代表作品有《雷雨》《日出》《原野》《北京人》等。

曹禺作为中国新文化运动的开拓者之一，与鲁迅、郭沫若、茅盾、巴金、老舍齐名。他是中国现代戏剧的泰斗，戏剧教育家，历任中国文联常委委员、执行主席；中国戏剧家协会常务理事，副主席；中国作协理事，北京市文联主席；中央戏剧学院副院长，名誉院长；北京人民艺术剧院院长等职务。他所创造的每一个角色，都给人留下了难忘的印象。1934年曹禺的话剧处女作《雷雨》问世，在中国现代话剧史上具有极其重大的意义，被公认为是中国现代话剧成熟的标志，他也因此被誉为“东方的莎士比亚”。

（三）厘清矛盾冲突与高潮

戏剧冲突是戏剧的核心。法国戏剧理论家布伦退尔说过“没有戏剧冲突就没有戏”。老舍先生也说过：“写戏需先找矛盾与冲突，矛盾越尖锐，才越会有戏。”[①]在戏剧教学时，教师需要根据戏剧的特点，对学生进行合理且深入的引导，帮助他们找出戏剧中人与人、人物内心以及人与环境的冲突。例如教学《雷雨》时，教师就需要引导学生了解到它的激烈的矛盾冲突。

三十年前，周朴园爱上了女佣梅妈的女儿侍萍，并与她有了周萍和大海两个儿子。后来周家为了给他娶一位门当户对的小姐，逼得侍萍在大年三十的夜里抱着刚出生三天的二儿子大海投河自尽。侍萍母子侥幸被人救起后流落他乡，靠做用人为生，后又嫁与鲁贵并与之生女四凤。

那位小姐死后周朴园又娶繁漪，并与之生子周冲。繁漪与周萍私通，后来周萍逐渐疏远繁漪并移情于使女四凤。与此同时，周冲也向四凤求爱。繁漪不甘心周萍移情，一直不放弃。周萍为了摆脱繁漪，打算离家到父亲的矿上去。繁漪找来四凤之母侍萍，要求她将女儿带走。侍萍来到周家，急于把四凤领走，以免重蹈自己当年之覆辙，但又与周朴园不期而遇。此时正在周家矿上做工并作为罢工代表的大海也来与周朴园谈判，期间与周萍发生争执，结果遭周

① 老舍：《老舍论创作》，上海文艺出版社1980年版，第188页。

萍率众殴打。

夜晚，周萍跳窗进鲁家与四凤幽会，繁漪跟踪而至，将窗户关死。大海把周萍赶出，四凤出走。雷电交加之夜，两家人又聚集于周家客厅。周朴园以沉痛的口吻宣布了真相，并令周萍去认母认弟。

此时周萍意识到了四凤是自己的妹妹，大海是自己的亲弟弟。四凤羞愧难当，逃出客厅，雷雨之夜触电而死，周冲出来寻找四凤也触电身亡，周萍开枪自杀，大海出走，侍萍和繁漪经受不住打击而疯，周朴园则一个人在悲痛中深深忏悔。

冲突是戏剧最重要的特征，也是戏剧的生命所在，分析把握冲突是戏剧解读的关键所在。《雷雨》这部剧作基本遵循了“三一律”，即在二十四小时以内，在同一个场景里（《雷雨》仅有很小的一部分发生在鲁家，其余都在周公馆），一条线索贯穿始终，集中展开了周鲁两家三十年来的恩怨情仇。这种整体上的紧致、紧凑，很容易将戏剧的矛盾冲突集中到一起，能够猛烈地震撼着人们的心灵世界。因此解读《雷雨》，首先就要从这激烈的矛盾入手，理清人物之间复杂的关系。

“名剧之所以成为名剧，一个极为重要的原因是，戏中的高潮非同一般。”[①]《雷雨》作为现代话剧成熟的标志，它的高潮是一直为人称道的。“戏剧的高潮，即全剧最紧张的一点，最完整地表现了剧作家心目中的现实发展规律。”[②]美国的劳逊曾说过：“高潮是考验结构中每一个元素的效用的试金石。”他还认为，“高潮不是最喧闹的一刻，但他是最富有意义的一刻，所以也是最紧张的一刻。”因此，解读戏剧文本，不仅要了解它的矛盾冲突，还要重点关注戏剧的高潮部分。

《雷雨》第四幕中四凤告诉母亲，自己已经怀上周萍的孩子三个月，鲁侍萍强忍悲痛让周萍把四凤带走，永远不再相见。繁漪带周冲进来并喊叫周朴园来认现在的儿媳妇，在疯狂中讲出她和周萍的往事。周朴园命令周萍跪下认自

---

① 陆军：《编剧理论与技法》，中国戏剧出版社2009年版，第163页。

② 约翰·霍华德·劳逊：《戏剧与电影的剧作理论与技巧》，邵牧君，齐宙译，中国电影出版社1978年版，第226页。

己的生母鲁侍萍，周萍和四凤是同母异父的兄妹。这一残酷的现实让四凤无法面对，她冲到花园中触电身亡，周冲跑出去救四凤也触电而死。周萍在书房里羞愤开枪自杀……在电闪雷鸣的狂风暴雨中给人以极大的震动，令人惊悚。这样的高潮绝对具有超强的震撼力。

（四）分析人物与剧作意义

教学解读的一个重要层级，就是引导学生对课文进行阐释和评价，在戏剧解读过程中，尤其需要通过台词和动作评析角色的塑造和剧作的意义。

一个剧本的永久价值在于其中的性格的描写。在话剧《雷雨》中，不仅主要人物周朴园、繁漪、侍萍等塑造得栩栩如生，就连鲁贵这样的次要人物也写得血肉丰满、活灵活现，具有典型意义。那么，怎样去分析这些人物呢？怎样把握他们的性格呢？这就要求我们从人物的动作着手。

戏剧的情感表达、情节推动和矛盾发展等都离不开戏剧动作。黑格尔说："可以把人的思想、性格和目的清楚、直接地表达出来的是动作。"乔治·贝克则说得更清楚："毫无疑问，性格描写最好的办法是通过动作。"那么什么样的动作才算独特呢？恩格斯说："我觉得一个人物的性格不仅表现他做什么，而且表现他怎样做的。"[①]"一个人物，只写出了他在'做什么'，通过表现哪类人干哪类事，最多也只是勾画出一个类型化的人物，只有写出了'怎样做'人物的独特个性才能呈现出来。"[②]

在《雷雨》第三幕中，当屋里只剩四凤一人时，就有一组外部形体动作——叹气倒在床上、拿起蒲扇用力扇、开窗、擦汗、喝酒……这一系列动作突出展示了她当时非常烦躁与担心：周萍要来约会，她既渴望相见又不敢相见，很是矛盾；自己将要离开济南，担心与周萍未来渺茫；担心父亲利用周萍与自己的关系进行敲诈……种种愁思剪不断理还乱，难免让她心烦意乱。这一系列的动作都源于她的内心不安，也用于表达她的情感。

外部动作也可以推动情节的发展，它就是舞台说明，是剧情的一部分。第

① 《马克思恩格斯选集》第4卷，人民出版社1956年版，第344页。
② 陆军：《编剧理论与技法》，中国戏剧出版社2009年版，第257页。

二幕中，周朴园看到窗户被打开，指着窗户问："窗户谁叫打开的?"侍萍很自然地走到窗前，关上窗户，慢慢地走向中门。周朴园看她关好窗户，忽然觉得她很奇怪"你站一站。"侍萍的这个动作为什么会让周朴园觉得奇怪呢?她有什么独特性呢?剧本没有交代，但我们可以去挖掘，是推测，或许是侍萍的动作与三十年前很相似，让周朴园忽然想到了什么，勾起了他的回忆，于是就让侍萍站一站，问她贵姓，问她是哪里人，然后两个人开始聊起无锡，聊到那个三十年前的故事，这样就推动了情节的发展。当然，戏剧的外部动作还会使舞台表演更丰富，提升观剧的体验。阅读剧本也会让人想象更丰富，更有画面感。

优秀的剧作家总是十分重视层层深入地揭示人物性格的发展，并以此作为塑造人物的重要法则。《雷雨》人物性格的刻画就是通过复杂的关系、紧张的冲突、鲜活生动的语言、鲜明有力的行动，塑造出了许多栩栩如生的人物。在剧中，作者通过戏剧的言语动作（分为对话、独白和旁白）一步一步地刻画着一个又一个人物。周朴园曾经是与鲁侍萍真心相爱过，所以事隔三十年了他还怀念着，当原以为早已死去多年的侍萍出现在他的面前时，他的第一反应就是警惕防备，他连续问出"你来干什么?""谁指使你来的?"这样他的性格就得到了发展。随着情节的深入，周朴园的形象越来越丰满。在《雷雨》中，不仅主要人物周朴园、繁漪、侍萍等塑造得栩栩如生，就是次要人物鲁贵也写得血肉丰满、活灵活现，具有典型意义。

曹禺最初创作的三部话剧作品《雷雨》《日出》《原野》，被称为抗战前的三部曲。《雷雨》奠定了曹禺在中国话剧史上现实主义剧作家的地位，也是中国话剧艺术走向成熟的标志之一。曹禺"善于深入到现实世界的错综复杂的生活关系中，运用艺术形式表现出自己对社会生活发展的某种本质意义及必然规律的感受与理解，因此人物的血缘纠葛与命运巧合更真实，更典型地反映了人们的阶级关系和阶级压迫的残酷性，悲剧的结局引人思索，在思索中探究悲剧的深刻社会根源"①。

① 陈白尘，董健：《中国现代戏剧史稿》，中国戏剧出版社1989年版，第339页。

第七节　戏剧解读的教学重建

戏剧教学解读要基于学生视角、教材视角和教师视角，在教学过程中要遵循由“低”向“高”，由“浅”入“深”的原则，在对剧本文化知识的学习、语言的理解与积累、课文言语结构的分析和阅读中获得人生的意义。

戏剧教学内容的确定首先要考虑学情，了解学生的基础和兴趣点，如果所教的学生是没有戏剧基础的首先要考虑让他们了解戏剧的基本常识，要对戏剧有初步的了解，对剧本的格式有明确的知晓，然后介绍作家作品，介绍写作的时代背景以及作品在戏剧史上的地位与影响。当然，还要依据课文在教材中的位置，考虑到教材分析剧本，研读赏析剧本的台词和舞台说明，分析戏剧的矛盾冲突，分析把握人物等。如果学生是有一定戏剧基础的，如果学生对于表演很有兴趣，老师也有能力进行指导，不妨放手带领学生一起去改编和表演，完成一次轰轰烈烈、扎扎实实的戏剧学习与表演的实践活动。

（一）课堂教学模型初构

戏剧的课堂教学要依据《课程标准》进行，从祖国语言的特点和学生学习语言的规律出发，以语文学习核心素养为纲，以学生的语文实践为主线，整合学习情境、学习内容、学习方法和学习资源，引导学生在运用语言的过程中提升语文素养。

以关汉卿的《窦娥冤（节选）》为例，本文是中学阶段选入的唯一一篇中国古代戏曲，学习时应该让学生大致了解一下中国古代戏曲发展的基本脉络，通过对矛盾冲突的梳理，体会情节设计的精妙，借助对台词的分析而把握人物性格特征，从而培养学生阅读古代戏曲文学的能力，感受文学经典的魅力。

《窦娥冤》的教学解读除了课堂阅读教学以外，还要进行大胆的课本剧实践活动。要让同学们改编剧本、表演体验和互相点评，这样才能让学生更好地学习这一中国戏剧史上的经典力作，才能更好地培养学生的语文核心素养。

1. 介绍作家与时代背景

元代，是中国戏曲的黄金时代，它以元曲闻名于世，而元曲中影响最著名者是元杂剧。关汉卿是元代杂剧奠基人，元代戏剧作家，他和白朴、马致远、郑光祖并称为“元曲四大家”。

关汉卿出生于金末，元统一全国以后被编入医户，实际上是一个接近群众的普通下层医人，编剧和演出活动只不过是兼职和谋生的手段。他先是北漂大都，后流寓江南，结识了很多杂剧作家和知名女优，他自己也有丰富的舞台经验，这些都为他的艺术创作奠定了基础。关汉卿的杂剧创作始终将深刻的社会现实意义与对浪漫理想的追求融为一体，具有高度的思想性与艺术性。1958年关汉卿被世界和平理事会提名为世界文化名人，他的作品已经成为中国人民和世界人民共同的精神财富。

元代社会矛盾重重，知识分子大多怀才不遇，这使得他们产生了以往知识阶级所罕见的对劳苦大众的认同感，于是他们亲近底层，更关注底层人民的生活，创作了大量表现民间疾苦的戏曲，关汉卿笔下的《窦娥冤》就是最有代表的名篇。它代表着众多劳苦民众，他们得不到社会的公平待遇，叫天天不应，叫地地不灵，使人闻之唏嘘不已。

2. 分析尖锐的戏剧冲突

《窦娥冤》全剧四折，讲述的是贫寒秀才窦天章因无力偿还蔡婆的高利贷，无奈把七岁的女儿瑞云（后改名窦娥）送给蔡婆当童养媳抵债。窦娥长大后与蔡婆儿子成婚，婚后两年蔡子病死。后来蔡婆向赛卢医索要高利债，被赛卢医骗至郊外谋害，为流氓张驴儿父子撞见救下。赛卢医惊走后，张驴儿父子强迫蔡婆与窦娥招他父子入赘，遭到窦娥的坚决反抗。为了与窦娥成婚，张驴儿想毒死蔡婆不料却把他老子毒死了。张驴儿以“药死公公”为名把窦娥告到官府，昏官、贪官桃杌横加迫害，窦娥屈打成招，成为杀人凶手，被判斩首示众。临刑前满腔悲愤的窦娥许下三桩誓愿：血溅白练，六月飞雪，大旱三年。果然窦娥的冤屈感天动地，三桩誓愿一一灵验。后来窦天章考取进士，官至两淮提刑肃政廉访使，在窦娥被杀的第三年来到楚州山阳考察吏治。窦娥的鬼魂向她父亲诉冤，窦天章查明事实，为窦娥昭雪了冤案。

有人说戏剧冲突是戏剧艺术的核心和灵魂。在处理戏剧冲突方面，关汉卿善于提炼激动人心的戏剧情节。《窦娥冤》全名《感天动地窦娥冤》，取材于民间传说《东海孝妇》，注入了大量的现实内容，抨击了当时社会的黑暗腐朽，蕴含了深刻的时代意义和反抗精神。“其倾向之鲜明，思想之尖锐，是前代传说无法比拟的。”①

《窦娥冤》戏剧结构完全遵循元杂剧“四折一楔子”的结构，从事件的开端、发展、高潮、结局来架构。窦天章因为借高利贷而将窦娥给了蔡婆当童养媳，这是引子；蔡婆因讨债的意外遇见张驴儿父子，他父子要霸占婆媳二人是故事的开端；窦娥坚决反对，张驴儿投毒误杀其父，窦娥含冤被判极刑这是故事的发展；窦娥被绑缚刑场，立下三桩誓愿，这是高潮；楚州大旱，窦天章为窦娥雪冤，这是故事的结局。全剧矛盾冲突激烈，不可调和，既有社会矛盾：阶级压迫、社会混乱、高利贷的剥削；也有伦理道德的矛盾：婆婆被迫同意改嫁，张驴儿逼迫窦娥改嫁；贪官的严刑逼供，窦娥为保护婆婆而不得不屈服……《窦娥冤》就是通过这一激烈的矛盾冲突来反映当时已经十分混乱的社会现实的。

3.探讨鲜明的人物形象

中国戏曲源远流长，而作为戏曲重要表现手法的戏曲人物，在经历了风雨岁月的洗礼以后，在艺术领域展现着独有的光辉。戏曲领域的经典人物，既具备寻常人物的喜怒哀乐，又代表着其所处时代的特性。经历了时光的洗礼，这些人物愈发饱满丰厚，值得我们细细地品味。

我国的古代戏曲人物丰富多彩，生旦净末丑千姿百态，手眼身步法缤纷五彩。这里既有卖马的秦琼，审案的包公，探母的杨四郎，逼上梁山的林冲，单刀赴会的关二爷，打渔杀家的阮小七和泪洒乌江的楚霸王；也有为爱抗争的崔莹莹，才貌双全的谭记儿，替父从军的花木兰，大破天门阵的穆桂英，更有醉酒的贵妃，出塞的昭君……每一个人物都刻画得有血有肉，性格鲜明，十分精彩。

① 刘立滨，杨占坤：《戏剧鉴赏》，北京大学出版社2018年版，第313页。

关汉卿笔下的窦娥形象丰满，熠熠生辉。她富有忠贞、刚烈的个性，拥有疾恶如仇、不畏强权的品格；同时，还心存善良与孝道，因心疼婆婆受刑之苦而委屈认罪。窦娥被绑缚刑场问斩，这个时候的她已经不仅仅是一个被压迫被残害的妇女了，而是一个反抗者在代表民众喊冤：她的控诉展示了下层人民任人宰割，有苦无处诉的悲惨处境，控诉了贪官草菅人命的黑暗现实。这一场把那感天动地的特点发挥到了极致。

窦娥一出场就直接控诉："没来由犯王法，不提防遭刑宪，叫声屈动地惊天。顷刻间游魂先赴森罗殿，怎不将天地也生埋怨。"

"没来由""不提防"，反复突出这惨遭杀头的遭遇是无缘无故、从天而降的"动地惊天"的冤屈，一个"屈"字紧紧扣住窦娥冤的主题，因此她"将天地也生埋怨"合情合理，发自肺腑。这一段唱腔紧扣"屈"与"怨"两个字，将人物的情感推向高潮，将全剧的矛盾冲突推向高潮。紧接着她的控诉直指罪恶的封建统治阶级，毫不留情地鞭挞这腐朽的封建制度，向青天发出了强烈的质问："为善的受贫穷更命短，造恶的享富贵又寿延。天地也！做得个怕硬欺软，却原来也这般顺水推船。地也，你不分好歹何为地！天也，你错勘贤愚枉做天！"

"天地也！做得个怕硬欺软，却原来也这般顺水推船！"这一句探索天地忠奸不辨的原因，一向标榜惩恶扬善，为人间主持公道的天地，原来也是这般欺软怕硬、欺善怕恶！这就撕下天地貌似公正的假面具，暴露了它助纣为虐、为虎作伥，残害善良、欺压弱小的反动本质。紧接下来，悲愤之情达到极致，对天地发出强有力的指斥。"地也，你不分好歹何为地！天也，你错勘贤愚枉做天！"这已经不只是对天地的怀疑，而是向天地提出了严正的警告，发出愤怒的声讨。这种对天地的大胆的指责批判，实际上是直接指向了最高封建统治。

在窦娥即将行刑的时候，她发下了三桩誓愿，她对于这不公的世道是多么憎恨啊，但是她又有什么办法呢？"不是我窦娥罚下这等无头愿，委实的冤情不浅；若没些儿灵圣与世人传，也不见得湛湛青天。"这是她死前的最后抗争，这是她最无奈也是最悲情的抗争。她要用她的誓愿来证明她是冤枉的，她要用她死后的灵验来证明她的清白。

窦娥临刑的三桩誓愿，层层深入地表现了她对自己蒙冤受刑的强烈愤怒和坚决抗争。这一段抒情，这一段抗争既是本折的高潮，也是全剧的高潮，是窦娥反抗精神的完美体现，是人物性格的充分展示，是一个善良而又冤屈的劳动妇女的最后抗争。这一折揭示了封建吏治压迫人民、贪赃枉法、草菅人命的腐朽黑暗本质，这一折也使窦娥的形象更加丰满，是抗争精神最好的呈现。

改编剧本：

窦娥冤（第三折）

原著：关汉卿　改编：许织云

[元代。夏天。中午。]

[刑场。]

[旁设监斩官椅。断头台后竖着旗杆。]

[低沉的锣声中，四个衙役手持棍棒急速上场，走边，两边站立。]

衙　役：威……武……

[监斩官匆匆上。]

监斩官：下官——监斩官是也。今日在此处决女犯窦娥，百姓不得喧哗，肃静！（坐定）来啊！

衙　役：有！

监斩官：把住巷口，不要让他人走近。

衙　役：是！

衙　役：行人闪开了！行人闪开了——（下）

监斩官：来啊！把女犯窦娥押上来！

[两衙役持棍走在前，两衙役押着窦娥，身后的刽子手持刀跟上。]

窦　娥：（内喊）冤——枉——啊——

衙　役：快走！

[窦娥一身红罪衣，被五花大绑着，长发披散，背插着亡命牌，神情恍惚地被架着拉上，推走一圈，窦娥被押跪在地。]

窦　娥：（挣扎着）苍天啊，窦娥我冤枉啊——

监斩官：（打断）休要胡说！

衙　役：威……武……

窦　娥：（不由惊恐，却怨恨难忍）良善人无辜遭大难，而该死的作恶人却平平安安。苍天啊，为什么好人不长寿，坏人活百年？天啊天，你是欺软怕硬，还是顺水推船？（愤而挺身欲争辩）

［衙役们冲上前去押住窦娥。］

窦　娥：（悲愤地）地啊，你不分好歹何为地？天啊，你错杀好人枉做天！（绝望地垂下头去）

监斩官：时辰将到，刽子手！

刽子手：（横刀上前）有！

［蔡婆拖着病体，手持饭篮哭喊着上。］

蔡　婆：媳妇——天啊，我的媳妇——

衙　役：（横棍阻挡）那婆子靠后。

窦　娥：婆婆——

衙　役：大人，有个老太婆要探望女犯。

监斩官：好吧。

蔡　婆：（冲向窦娥）可怜的孩子，痛杀我也。

窦　娥：婆婆，那张驴儿把毒药放在羊肚儿汤里，实指望药死了你，好霸占我为妻。不想婆婆却让他老子吃了。我怕连累婆婆，才屈招了……

蔡　婆：窦娥啊，临走再吃一口吧！（端上饭碗）

窦　娥：不！留着婆婆你吃吧，我不饿……

蔡　婆：窦娥，我给你梳梳头发！孩儿，你从小到了我家，那么孝顺，吃了那么多苦，想不到，为了我今日却要……天哪！

窦　娥：婆婆……我死后谁来孝敬你啊？

蔡　婆：窦娥啊！（两人相拥难舍）

［响起锣声。］

刽子手：大人，时辰已到。

监斩官：来人！把那老太婆赶出去。

[众衙役把蔡婆拖下。窦娥喊“婆婆……”蔡婆喊着“儿啊……”。]

监斩官：来人！把人犯押上断头台！

[众衙役如狼似虎，把窦娥押跪在地。]

监斩官：刀斧手！

刽子手：有！

窦　娥：（猛抬头）大人，窦娥临刑有一事请求，如若答应，便是死而无怨。

监斩官：什么事？说！

窦　娥：我要一领净席，让我站立在清白地上，还要丈二白练，挂在旗枪之上。

监斩官：好，好，就依她的办。

[衙役取席铺地、高挂白练。]

窦　娥：（走上净席）大人！乡亲们！不是我窦娥今日要罚下这等无头愿，实在是冤情太深啊。我不要半星热血红尘洒，都只在八尺旗枪素练悬。（悲愤而跪）

监斩官：胡说！

窦　娥：大人，眼下虽是六月天，只因我窦娥委实含冤而死，你若开刀，老天就会飞降瑞雪，遮掩我窦娥清白之身。

监斩官：越说越奇了?!

窦　娥：大人，你一定听说过六月飞霜，只因当年邹衍有冤！今日窦娥我死得冤枉，要让这楚州大旱三年。

监斩官：啊?!

衙　役：威……武……

窦　娥：乡亲们，谁说是天公不可欺，人心不可怜，皇天也会从人愿！当初东海曾经孝妇冤，三年不见甘霖降。如今轮到山阳县，只因为官吏们无心正法，使百姓有口难言。

刽子手：（慌）大人！天色怎么变阴了?!

监斩官：呀呀呀，好冷的风啊！快开刀！

刽子手：有！

窦　娥：苍天啊，浮云为我阴，悲风为我旋，我屈死的窦娥冤魂显。

[刽子手举刀。]

监斩官：（惊）哎呀，真的下雪了?!（逃下）

[衙役等也逃下。]

[慌乱中窦娥倒下。]

[血染的白练飘下。]

蔡　婆：（奔上，抱起窦娥）我冤死的窦娥儿啊……

[悲愤的音乐大作。]

[剧终。]

【改编说明】

本剧改编是站在巨人肩膀上的力作。剧本改编过程中，改变了原著中的唱段，像“正宫”这样的宫调，“端正好”“滚绣球”等曲牌都不再保留，一些文言语句和元曲里的一些衬字也都一并由现代文取代了，因为这不适合现代中学生排练。但是原著里的精髓依然很好地保留着，毕竟《窦娥冤》是元杂剧中艺术性和思想性达到高度统一的杰作。

在故事情节方面，基本保留原作的风采，在人物语言方面虽然运用了现代文，但窦娥那指天斥地的反抗精神和善良淳朴的美好心灵，依然得到了很好的体现，原著中夸张和想象的浪漫主义手法在现代文运用中更加凸显，“地啊，你不分好歹何为地？天啊，你错杀好人枉做天！”等基本保留了原著的语言风格。

在剧本的最后，增加了婆婆找寻窦娥的一幕，六月飞雪中，婆婆奔上，抱起窦娥的尸体，悲愤欲绝“我冤死的窦娥儿啊……”，音乐大起，把故事的悲剧情节推向了高潮，令人荡气回肠，感慨万千。

本剧在音乐、舞美等方面进行了大胆尝试，取得了很好的成效。参加上海市第三届中学生话剧节和上海市中学生戏剧节的演出，获得上海市最佳女主角和二等奖的好成绩。

后　记

我时常在心里问自己：语文教学是一门独立的学问吗？之所以会发出这样的疑问，是因为任何一门独立的学问都有自己的学术话语体系和理论系统，而语文教学却似乎缺少完整的独立的话语体系和教学理论体系。虽然语文是一门独立的学科，但长期以来，语文教学仿佛是一根攀援在文科大树上的常春藤，看上去枝繁叶茂，一片葱绿，但却一直没有直立。我们借用其他学科的专业术语，我们借用其他学科的理论来营养自己的枝蔓和叶片，但一百多年来却没有吸收这些术语和理论来形成自己的独立的学科话语体系和理论体系。

也正是因为语文教学没有形成自己独立的话语体系，所以导致语文教学备受非专业人士的指责和评价。现实中，仿佛谁都可以对语文教学说上两句，谁都可以对一堂语文课进行点评，谁都能够对中考、高考的语文命题发表自己的看法，这些状况都是由于语文教学的话语体系不专业造成的。换句话说，正是语文教学自身缺少独立的专业的话语体系，为那些不专业的评论提供了方便。

是的，语文教学是一门极为庞杂的学问，从教学的性质来看，它涉及语言学、文学、文章学、教育学、心理学等，但语文教学应该吸收这些学科的理论成果而建立自己的学科教学体系。交叉、跨界、融合是现代学科的特点，但这丝毫没有影响学科的独立，相反，相互吸收最新的研究成果，更增强了学科的丰富性和独立性。语文教学也应该在吸收和借鉴其他学科研究成果和理论的基础上，丰富完善自己的话语体系和教学理论体系。

从20世纪90年代起，语文教学就一直在路上，一直在学习和摸索中。新课改、三维目标、新教材、新理念、新技术手段等，直到《高中语文课程标准》（2017年版）和部编语文教材的使用，语文教学又开始了漫长的学习新课标和适应新教材的过程。语文教师学习的任务很重，但这并不意味着语文教学可以停止探索的脚步，因为在现代科学的发展中，语文教学裹挟在时代发展的洪流必须前行，否则就会逐步失去自己的话语而日渐苍白和微弱。

语文的阅读教学，同样也经历了漫长的探索过程。从“红领巾教学法”的字词、作者、时代背景、段落大意、中心思想、写作特点等的讲解分析，到90年代强调语文的人文性，人们开始不满足传统的单调而又机械的课文解读。正当一线教师处于困惑之时，高校教师的介入与对文学性课文的解读，为语文老师打开了另一扇窗，并且这扇窗外风景别致，更美丽诱人，更凸显了语文的人文性特点，这便是流行至今的“文本解读”。

回首20世纪80年代，我们可以发现，那时的语文教学流派很多，各种教学方法像走马灯一样层出不穷，但这些教学的改革者依然拘囿于“红领巾教学法”的框架，没有突出语文的言语性特征，没有把课文看成是一个有机的生命体，没有突出语文的人文性特点，这些教学方法的改革没有带来语文阅读教学的实质性变革。可以说，是“文本解读”给处于困境中的语文阅读教学带来了生机与活力，它帮助一线教师走出了“红领巾教学法”的窠臼，摆脱了那种浅显、机械、单调的语文阅读教学的困境。直到今天，一些文学研究者对语文课文“文本解读”的成果还被广大一线教师运用于阅读教学课堂。

但是，在教学实践中，人们很快发现，“文本解读”的成果过于艰深和独特，它太专业，太个性，超出了学生的知识储备和认知能力，学生无法理解和接受这些解读的结论。同时，这种“文本解读”的成果由于执着于“解读”而忽视了语文教学的自身目标，教师为了达到一定的解读深度，不惜以教师的讲代替学生的读，课堂看似高深，而学生却如坠雾里，教学效果十分低下。有位老师在讲《荷塘月色》一课时，为了独辟蹊径，借鉴“文本解读”的成果，带领学生在课文中寻找带有女性描写的词语，在学生找出了亭亭、袅娜、羞涩、美人、倩影及《采莲赋》和《西洲曲》等一大堆女性化描写的词语后，教师再联系开头和结尾，最后得出朱自清性苦闷的结论。从学术研究的角度看，这样的解读毫无问题，但从语文教学的角度看，这样的解读却是非语文的。

七八年前，我意识到了语文阅读教学把文学研究中的“文本解读”的成果直接运用于教学课堂带来的教学问题，觉得我们应该从“文本解读”走向“教学解读”。我认为，“教学解读”是一项实践性很强的阅读活动，它的意义应该体现在学生的阅读收获上。“教学解读”是师生双边交流的、充满研究性和思辨性的阅读，教学中，教师为学生建立起一个解读、理解的空间，师生通过研究性、批判性的学习，形成问题的框架，在问题分析与解决的过程中，提升学生的语言感受力和思辨能力等。我把这种想法跟很多师友交流过，他们也深有同感，并且非常支持“教学解读”的提法。于是，我于四年前完成了这本《语文教学解读论》的框架，我希望能够吸纳阅读学、解释学、语言学及现代文艺理论的研究成果来丰富“教学解读”理论，为建设语文教学理论大厦添砖加瓦。

本书的框架形成后，我又用约一年的时间进行修改，然后组织我两届工作室的学员和部分文艺学、语言学专业背景的优秀教师开展研究和写作，历时三年，终于完成此书。我认为，对语文“教学解读”的研究，不能仅凭教学经验来研究，更不能停留在教学方法、教学策略的层面进行探索，我们需要从理论上对阅读的本质、意义的发生等问题进行阐述和解释，基于这种原因，本书的作者都是有着扎实的专业功底和丰富教学经验的老师。尽管这项带有开拓性质的研究和写作非常艰苦，但他们都勇于探索并充满激情，我们在多次的线上线下的交流中，相互切磋，共同进步。我们在无数次双休日的个别交流中相互启迪，相互砥砺。这个研究的集体把一次艰难的语文“教学解读”理论的探索之旅变成了一次享受语文教学理论之美的精神狂欢。

2016年6月，当我在写《教师话语系统研究》一书的后记时，也正是梅雨季节，那时雨水把植物的枝叶浇灌得葱绿而又肥大，我的心中充满了各种期待。恰巧，昨日夏至，我又在这个梅雨季节为本书写后记，望着枝头渐熟的果实，读着既成的书稿，心中充满甘甜和欣喜。我为我们这个写作团队共同努力的成果而高兴，也为我们这个研究团队科学、理性、执着的研究精神而自豪。

本书写作的分工如下：（排名按写作内容顺序）

导论　王林撰写；

第一章　语文教学解读的主体性　欧阳华、张微撰写；

第二章 语文教学解读中课文意义的生成与途径 林启华、卢骄杰撰写；

第三章 语文教学解读的阅读理论 张华中、李卫华、周海燕、王子玥撰写；

第四章 语文教学解读的基本方法 岑哲、王德高、刘静撰写；

第五章 学科交融背景下的语文教学解读 张硕、范童心、卢骄杰撰写；

第六章 语文教学解读的理论视角 范雅君、常丽娟、张燕撰写；

第七章 语文教学解读的实践探索 钟明、周琦、邵英英、许织云撰写。

在本书付梓之际，我要特别感谢为本书作序的陈军兄，几十年的交往中，他一直像兄长一样地关心我，支持我，引领我。这些年来，他在处理繁忙的行政工作的同时，依然坚守课堂，进行语文教学研究，取得累累硕果。每次去他办公室交谈，进他的课堂听课，我都收获多多。正是他兄长般的襟怀，所以他在序言中给予我很多夸奖，我深知这是陈军兄对我的厚爱与鼓励。

我要感谢我的这个研究团队，他们都是年富力强、善于思考且很有学术功底、很有建树的优秀教师，在本书的写作中，我不仅感受到了他们对语文教学的热爱，更看到他们认真、刻苦、专业、规范的学术态度。

我要感谢我的母校安徽师范大学出版社的李克非老师和胡志恒老师，他们为本书的出版付出了很多心血。

本书写作的过程中，我工作室的学员张君平、吴玉萍、翁敏霞、张新萍、高菊香等，参与了本书前期的讨论和资料收集等工作，安徽师范大学的侯宏堂教授和我的同事朱诵玉老师为本书的出版出了很多主意，写作中，参考了前人时贤的诸多论著，在此一并表示感谢。

王林、欧阳华、林启华、张硕负责全书的最后统稿工作。

最后，感谢本书的读者朋友，我们因语文而结缘，因本书而相识，这样一种精神的交流和思想的分享，于我是一种莫大的回报。

王 林

2021年6月22日于沪上诵芬堂